国家职业技能鉴定培训用书
中等职业教育改革发展示范学校成果教材

汽车维修工（中级）

主　编　衡卫军
副主编　郭　正　段忠蕾
参　编　王福刚　赵　亮
　　　　赵坤东　张良伟
主　审　于万成

机 械 工 业 出 版 社

本书根据最新国家职业技能鉴定标准，结合中等职业教育特点，以能力培养为根本出发点，采用了项目式的编写方式。全书主要内容包括汽车维护、汽车修理、汽车故障诊断与排除三大模块。每个模块又分解成多个项目。通过对本书的学习，学生可以达到汽车维修工（中级）国家职业技能标准（或更高）要求。

本书可作为汽车维修类职业教育集团和公共实训基地工学结合、顶岗实习的职业技能培训教材，也可作为中等职业学校汽车运用与维修专业及其相关岗位培训教材。

图书在版编目（CIP）数据

汽车维修工．中级/衡卫军主编．—北京：机械工业出版社，2012.3（2026.1 重印）
国家职业技能鉴定培训用书．中等职业教育改革发展示范学校成果教材
ISBN 978-7-111-37525-8

Ⅰ．①汽…　Ⅱ．①衡…　Ⅲ．①汽车—车辆修理—中等专业学校—教材
Ⅳ．①U472.4

中国版本图书馆 CIP 数据核字（2012）第 027140 号

机械工业出版社（北京市百万庄大街 22 号　邮政编码 100037）
策划编辑：齐志刚　责任编辑：王莉娜
版式设计：霍永明　责任校对：张　薇
封面设计：路恩中　责任印制：单爱军
北京盛通数码印刷有限公司印刷
2026 年 1 月第 1 版第 14 次印刷
184mm×260mm · 13 印张 · 317 千字
标准书号：ISBN 978-7-111-37525-8
定价：32.00 元

电话服务　　　　　　　　　　网络服务
客服电话：010-88361066　　机　工　官　网：www.cmpbook.com
　　　　　010-88379833　　机　工　官　博：weibo.com/cmp1952
　　　　　010-68326294　　金　书　网：www.golden-book.com
封底无防伪标均为盗版　　机工教育服务网：www.cmpedu.com

前　言

为了适应社会经济发展和汽车维修专业技能型紧缺人才培养的需要，本教材借鉴先进职业教育观念，为“以项目为主体的模块化职业教育课程”职业技能鉴定配套教材。它从职业活动对从业人员操作技能要求的本质入手，以职业操作技能的技术内涵为基本标准，采用模块化结构，内容涵盖了职业技能鉴定的具体要求和考核内容，以满足职业技能鉴定的培训需求。

本教材力求突出“学习内容项目化，理论知识依附工作过程”的特点，便于指导学生实习实训，为培养职业学校学生的职业能力创造条件。

根据社会需求和中职学生的特点，结合汽车运用与维修专业的技能要求，本教材分为汽车维护、汽车修理、汽车故障诊断与排除三大模块。每个模块又由若干项目组成，教学过程通过各个项目的实施来完成。项目内容注意保证专业技能的系统性，并结合汽车维修工中级考核、鉴定标准来制订，强调学生动手能力的培养。教材内容突出实践教学的主导地位，根据技能鉴定的具体要求和考核标准来设计训练项目。

使用本书的建议：

1）由具备较强动手能力的双师型教师任教。教学中宜采用讲练结合的教学方法，由学生按照操作步骤完成项目操作，并达到规定的目标。

2）教师示范与学生实践课程的比例约为1∶2，应尽量留出更多时间让学生操作。

3）各学校可根据专业具体要求以及教学和培训条件，选择相应项目进行教学。

学时分配建议如下：

序号	教学内容	学时数
1	汽车维护	50
2	汽车修理	60
3	汽车故障诊断与排除	40

参与本书编写的人员有衡卫军、郭正、段忠蕾、王福刚、赵亮、赵坤东、张良伟，其中衡卫军担任主编并负责统稿工作，郭正、段忠蕾担任副主编。

于万成任主审，为本书的改进提出了许多宝贵意见，在此表示衷心的感谢。

由于编者水平所限，缺点和错误之处在所难免，敬请使用本书的教师及广大读者批评指正。

编　者

目　录

模块一　汽车维护

项目一　气门间隙的检查与调整

【技能目标】

1. 按正确的操作规程检查气门间隙。
2. 正确地调整气门间隙，使之符合技术标准。

【知识目标】

1. 了解发动机配气相位的定义。
2. 掌握气门间隙的含义。
3. 掌握气门间隙的检查与调整工艺及工具、量具的使用方法。

【工具设备】

1. 准备好拆、装所用工具和器材，包括套筒扳手、一字螺钉旋具、盘车工具、塞尺、千分尺、组合工具一套。
2. 4JB 发动机一台、丰田 5A 发动机一台。

【操作步骤】

一、有摇臂的配气机构气门间隙的检查与调整

1）在冷车情况下，先拆除气门室罩盖等附件，检查摇臂与气门杆尾端接触面是否平整。

2）摇转曲轴，确定第一缸压缩终了上止点位置（四缸发动机的第四缸或六缸发动机的第六缸的进、排气门处于叠开时，正时标记对齐，即第一缸活塞处于压缩行程上止点位置）。

3）采用“双排不进”的方法确定可调气门。用 0.20 ~ 0.25mm 塞尺检查摇臂与气门杆尾端间的间隙。

4）气门间隙失准，应松开摇臂后端调整螺栓的锁紧螺母，用螺钉旋具调整螺栓，再用塞尺检查气门间隙，待间隙合适，用螺钉旋具固定住调整螺栓，用扳手拧紧调整螺母。

5）紧固好后，再用塞尺检验一下气门间隙是否符合标准。

6）转动曲轴 360°，使第六（四）缸活塞位于压缩终了上止点位置，再用塞尺检测剩余气门，其间隙失准的调整法同上。

7）复查所有气门间隙。

二、无摇臂的配气机构气门间隙的检查与调整

1）转动曲轴，找到第一缸上止点，如图 1-1 所示。

2）拔下高压线，如图 1-2 所示。

3）拆下连接的软管，如图 1-3 所示。

4）拆下气门室盖，如图 1-4 所示。

图 1-1　找第一缸上止点

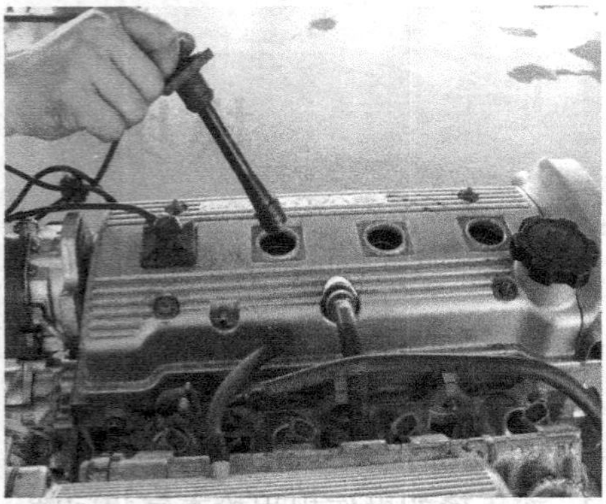

图 1-2　拔下高压线

图 1-3　拆下连接的软管

图 1-4　拆下气门室盖

5）使用塞尺测量气门挺柱和凸轮基圆之间的间隙，如图 1-5 所示，并记录超出标准的间隙值，这些值在以后考虑更换调整垫片时使用。标准的气门间隙值为：

进气门：0.15～0.25mm（0.006～0.010in）；

排气门：0.25～0.35mm（0.010～0.014in）。

6）按规定工艺拆下凸轮轴并拆下挺柱调整垫片，如图 1-6 所示。

图 1-5　测量气门间隙值

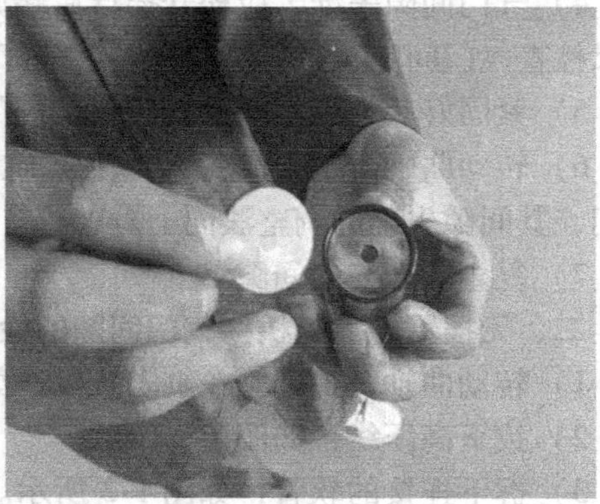

图 1-6　拆下挺柱调整垫片

7）将垫片擦净后，使用千分尺测量拆下的垫片的厚度，如图 1-7 所示。

如需更换垫片，按下列公式确定更换调整垫片的厚度。

进气门：$N = T + (A - 0.20)$

排气门：$N = T + (A - 0.30)$

式中　T——拆下调整垫片的厚度（mm）；

A——测量的气门间隙（mm）；

N——新调整垫片的厚度（mm）。

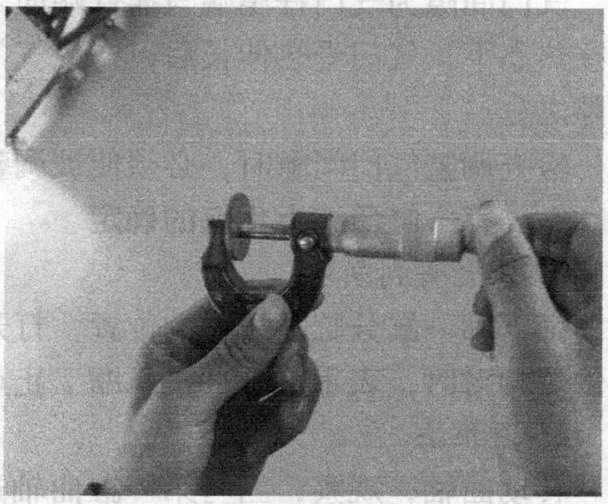

图 1-7　测量垫片厚度

8）选择一个厚度尽可能接近计算值的新垫片，调整气门间隙。

提示：调整垫片的厚度从 2.55mm 到 3.30mm 有 16 级尺寸，每级增加 0.05mm。

9）按与拆卸相反的顺序装复挺柱和凸轮轴并复检气门间隙。

【考核要求】

1. 按正确的操作规程检查气门间隙。
2. 正确地调整气门间隙，使之符合技术标准。
3. 考核时间：30min，考核记录及评分标准见表 1-1。

表 1-1　考核记录及评分标准

序号	考核内容	配分	评分标准	考核记录	扣分	得分
1	正确使用工具	10	工具使用错误扣 1～5 分			
2	摇转曲轴，使第一缸处于压缩行程上止点	15	操作方法不正确扣 10 分 操作不熟练扣 5 分			
	用塞尺测量可调的气门间隙	20	测量方法不正确扣 10 分 测量结果不正确扣 10 分			
3	调整气门间隙	20	调整方法不正确扣 10 分 调整结果不正确每处扣 5 分			
	转动曲轴 360°，检查并调整剩余气门的间隙	10	操作方法不正确扣 5 分 操作结果不正确扣 5 分			
4	对所有气门间隙进行复检	15	检查方法不正确扣 5 分 检查结果不正确扣 5 分 每漏检一项扣 1 分			
5	遵守安全操作规程，正确使用工具、现场清洁	10	每项错误扣 2 分，扣完为止			
	安全用电，防火，无人身、设备事故		因违规操作发生重大人身和设备事故，此题按 0 分计			
6	分数合计	100				

评分人：　　　年　　月　　日

【相关知识】

气门间隙为气门杆尾端与摇臂端面之间的间隙。其作用是保证气门关闭严密，防止发动机在热态下，气门受热伸长后，产生气门关闭不严或漏气现象。气门间隙有冷态间隙和热态间隙之分。

检查调整气门间隙时，必须使被调整的气门处于完全关闭状态。

一、第一缸压缩上止点的确定

1. 分火头判断法

记下第一缸分缸高压线的位置，打开分电器盖，转动曲轴，当分火头与第一缸分缸高压线位置相对时，表示第一缸在压缩上止点。

2. 逆推法

转动曲轴，观察，当与第一缸曲轴连杆轴颈同在一个方位的第六（四）缸的排气门打开又逐渐关闭到进气门开始动作的瞬间，第六（四）缸在排气上止点，即第一缸在压缩上止点。

二、气门间隙的调整方法

1. 逐缸调整法

气门间隙的检查和调整是在气门完全关闭，气门驱动机构位于凸轮的基圆范围内时进行的。为此，通常在气缸处于压缩上止点时，同时调整该缸进、排气门的气门间隙，也就是分火头指向的那缸的进、排气门的气门间隙。这种方法叫做逐缸调整法。

2. 两次调整法即“双排不进”调整法

1）先将发动机的气缸按工作顺序分为两组。

2）第一次调整。将第一缸活塞转到压缩终了上止点，按双、排、不、进的规律调整半数气门的间隙。

3）第二次调整。曲轴转动一周，使末缸达到压缩行程上止点，仍按双、排、不、进的规律调整余下气门的间隙。

注意：

1）找到正时标记，正确判断第一缸的压缩上止点。

2）调好气门间隙后要拧紧锁紧螺母，并要复检。

【拓展练习】

1. 汽车修理挤压强化用于（　　）的加工。

A. 曲轴曲柄圆角　　B. 内孔　　C. 气门　　D. 连杆

2. 发动机气缸盖上气门座的裂纹最好的修理方法是（　　）。

A. 无机粘结剂法　　B. 焊接法　　C. 堵漏剂法　　D. 堵漏剂法和粘结剂法均可

3. 对于配气相位的检查，以下说法正确的是（　　）。

A. 应该在气门间隙调整前检查　　B. 应该在气门间隙调整后检查

4. 安装桑塔纳 2000 型轿车 AFE 发动机正时齿形带，应使凸轮轴齿带轮标记与（　　）平面标记对齐。

A. 曲轴齿轮　　B. 气门室罩盖

C. V 带轮盘　　D. 齿带张紧轮

5. 汽车零件修复时，下列选项中（　　）可用镶套法进行修复。

A. 转向拉杆　　B. 气门座
C. 发动机缸体　　D. 传动轴花键轴

6. 发动机总成拆装过程中，不需要的机具是（　　）。
A. 活塞环拆装钳　　B. 气门弹簧拆装架
C. 千斤顶　　D. 专用扳手

7. 曲轴弯曲常采用冷压校正法，校正后还应进行（　　）。
A. 时效处理　　B. 淬火处理　　C. 正火处理　　D. 表面热处理

8. 画零件草图时，首先应画出各视图的（　　）。
A. 尺寸线　　B. 基准中心线　　C. 表面粗糙度　　D. 结构形状

9. 同一台发动机各缸燃烧室容积差一般不大于其平均值的（　　）。
A. 4%　　B. 5%　　C. 3%　　D. 6%

10. 发动机缸套镗削后，还必须进行（　　）。
A. 光磨　　B. 珩磨　　C. 研磨　　D. 铰磨

项目二　气缸压缩压力的测量

【技能目标】

1. 按正确的操作规程检查气缸压力。
2. 判断气缸压力是否符合技术标准。

【知识目标】

1. 熟悉发动机气缸压力的含义。
2. 掌握气缸压力的检查工艺规程。
3. 掌握气缸压力表的使用方法。

【工具设备】

1. 准备好拆、装所用工具和器材，包括组合工具一套，专用工具：火花塞高压线钳、火花塞套筒扳手、气缸压力表各一。

2. 桑塔纳轿车一辆、发动机台架若干。

【操作步骤】

1）起动发动机，让其运转，使水温达75℃以上。

2）停机后，拆下空气滤清器，用压缩空气吹净火花塞或喷油器周围的灰尘和脏物。

3）用高压线钳拔下高压线，如图1-8所示。

4）拆下全部火花塞，如图1-9所示，并按气缸顺序放置。

5）对于汽油发动机，还应把分电器中央电极高压线拔下并可靠搭铁，以防止电击和着火。

6）把气缸压力表的橡胶接头插在被测缸的火花塞座孔内，扶正压紧，如图1-10所示。

7）将节气门和阻风门置于全开位置，用起动机转动曲轴3～5s（不少于4个压缩行程）。

8）待压力表头指针指示并保持最大压力后使发动机停止转动。

9）取下气缸压力表，如图1-11所示，并记下读数。

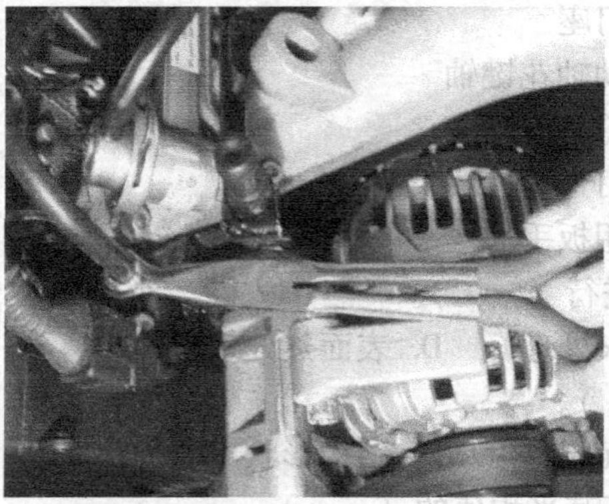

图 1-8　拔下高压线

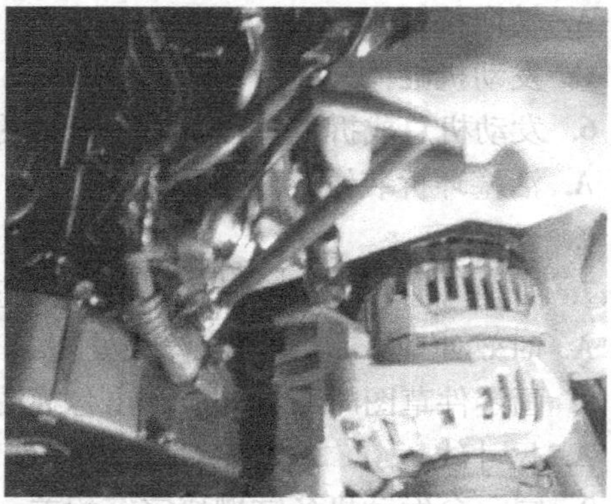

图 1-9　拆卸火花塞

图 1-10　连接气缸压力表

图 1-11　取下气缸压力表

10）按下单向阀使压力表指针回零，如图 1-12 所示。

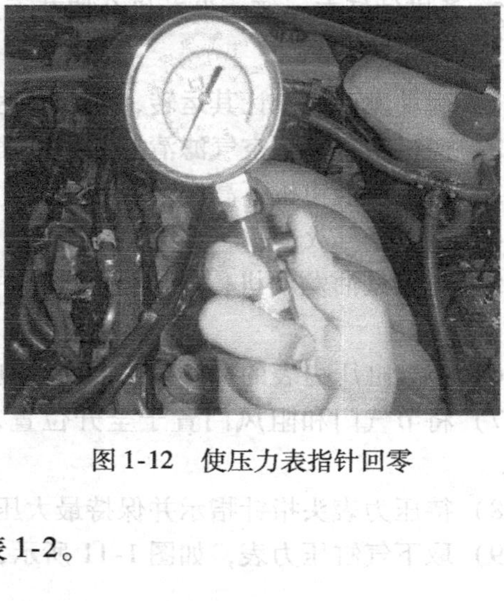

图 1-12　使压力表指针回零

11）按上述方法依次测量各缸，每缸测量次数不少于两次。

就车检测柴油机气缸压力时，应使用螺纹接头的气缸压力表。如果该发动机要求在较高转速下测量，则除受检气缸外，其余气缸均应工作。柴油发动机气缸压力的其他检测条件和检测方法同汽油机。

【考核要求】

1. 按正确的操作规程测量气缸压力。
2. 正确判断气缸压力是否符合技术标准。
3. 考核时间 40min，考核记录及评分标准见表 1-2。

表1-2 考核记录及评分标准

序号	考核内容	配分	评分标准	考核记录	扣分	得分
1	正确使用工具、仪器	10	工具使用错误扣10分			
2	拆除全部火花塞	10	操作方法不正确扣5分			
			操作不熟练扣5分			
	检验气缸压力表	10	检验方法不正确扣10分			
3	正确安装气缸压力表	10	安装方法不正确扣10分			
			操作不熟练扣5分			
	起动发动机并读取测量数据	20	操作方法不正确扣5分			
			操作不熟练扣5分			
4	测完一次后，再复检一次取其平均值	20	检查方法不正确扣5分			
			检查结果不正确扣5分			
			每漏检一项扣5分			
5	遵守安全操作规程，整理工具、清理现场	20	每项错误扣4分，扣完为止			
	安全用电，防火，无人身、设备事故		因违规操作发生重大人身和设备事故，此题按0分计			
6	分数合计	100				

评分人： 年 月 日

【相关知识】

检测活塞到达压缩终了上止点时气缸压缩压力的大小可以表明气缸的密封性。气缸密封性与气缸体、气缸盖、气缸垫、活塞、活塞环和进、排气门等零件的技术状况有关。在发动机使用过程中，由于这些零件磨损、烧蚀、结焦或积炭，会导致气缸密封性下降，使发动机功率下降，燃油消耗增加，使用寿命大大缩短。因此，气缸密封性是表征发动机技术状况的重要参数。

在不解体的条件下检测气缸密封性的常用方法有测量气缸压缩压力、测量曲轴箱窜气量、测量气缸漏气量或气缸漏气率和测量进气管负压等。在就车检测时，只要进行其中的一项或两项，就能确定气缸密封性的好坏。

一、气缸压缩压力的检测

气缸压缩压力的检测方法有用气缸压力表检测和用气缸压力测试仪检测。由于用气缸压力表检测气缸压缩压力（简称气缸压力）实用性强，检测方便，因而在汽车维修企业中应用十分广泛。本项目采用气缸压力表检测法。

检测气缸压力所用的气缸压力表如图1-13所示。

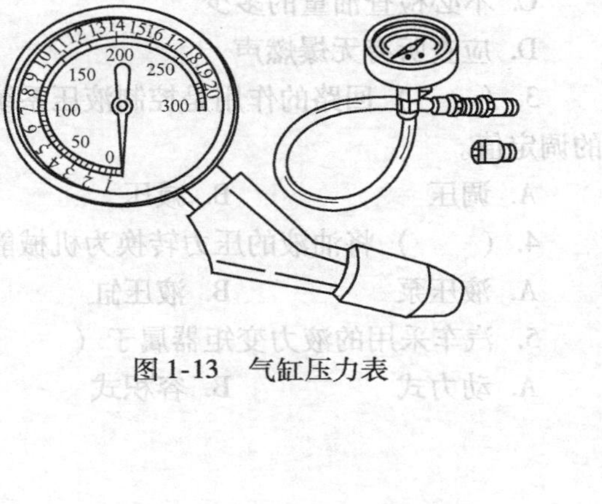

图1-13 气缸压力表

二、气缸压力诊断参数标准

气缸压力标准值一般由制造厂提供。根据GB/T 15746.2—1995《汽车修理质量检查评定标准　发动机大修》的规定：大修竣工发动机的气缸压力应符合原设计规定，每缸压力与各缸平均压力的差，汽油机不超过8%，柴油机不超过10%。

几种常见车型发动机气缸压缩压力的标准值见表1-3。

表1-3　几种常见车型发动机气缸压缩压力的标准值

发动机型号	压缩比	气缸压缩压力值/kPa	各缸压力差/kPa
奥迪100 1.8L	8.5	新车：800～1000 极限：650	不大于300
捷达EA827	8.5	900～1100	不大于300
桑塔纳AJR 1.8L	9.3	1000～1350	300
富康TU3	8.8	1200	300

三、气缸压力检测结果分析

1）测得结果如高于原设计规定，可能是由于燃烧室积炭过多、气缸衬垫过薄或气缸体与气缸盖结合平面经多次修理，加工过甚而造成的。

2）测得结果如低于原设计规定，可向该缸火花塞或喷油器孔内注入适量机油，然后用气缸压力表重测气缸压力并记录。

① 如果第二次测出的压力比第一次高，说明气缸、活塞环、活塞磨损过大或活塞环对口、卡死、断裂及缸壁拉伤等原因造成气缸不密封。

② 如果第二次测出的压力与第一次相近，说明进、排气门或气缸衬垫不密封。

③ 如果两次检测某相邻两缸压力均较低，说明该两缸相邻处的气缸衬垫烧蚀窜气。

【拓展练习】

1. 下述选项中，（　　）影响发动机的充气效率。

A. 润滑油品质　　B. 空燃比　　C. 进气终了时压力　　D. 气缸容积

2. 对于送厂大修的汽车进厂检验，下列说法中不正确的是（　　）。

A. 应查看气缸体有无漏水

B. 不必查听正时齿轮有无异响

C. 不必检查油量的多少

D. 应查听有无爆燃声

3.（　　）回路的作用是控制液压系统的最高工作压力，使系统压力不超过压力控制阀的调定值。

A. 调压　　B. 减压　　C. 增压　　D. 换向

4.（　　）将油液的压力转换为机械能，带动负载运动。

A. 液压泵　　B. 液压缸　　C. 压力阀　　D. 方向阀

5. 汽车采用的液力变矩器属于（　　）式液压传动。

A. 动力式　　B. 容积式　　C. 压力式　　D. 体积式

6. 汽车发电机的（　　）是用来产生三相交流电的。

A. 转子总成　　B. 定子总成　　C. 整流器　　D. 电压调节器

7. 汽车（　　）由低压电路和高压电路组成。

A. 起动系　　B. 充电系　　C. 点火系　　D. 灯系

8. 汽油机点火系可以将（　　）供给的 12V 低压电变为 15 ~ 30kV 的高压电。

A. 蓄电池　　B. 发电机　　C. 起动机　　D. 电源

9.（　　）将金属物放在蓄电池壳体上。

A. 禁止　　B. 可以　　C. 必须　　D. 允许

10. 进气终了时气缸压力的高低不影响发动机的充气效率（　　）。

项目三　正时同步带的检查与调整

【技能目标】

1. 按正确的操作规程检查正时同步带。
2. 正确调整正时同步带，使之符合技术标准。

【知识目标】

1. 了解发动机正时同步带的作用。
2. 掌握正时同步带的检查与调整工艺。

【工具设备】

1. 准备所用工具和器材，包括梅花扳手、呆扳手各一套，棉纱若干。
2. 桑塔纳轿车一辆或该型车发动机台架一台。

【操作步骤】

因为正时同步带断裂时会造成严重的后果，所以多数汽车生产厂家都规定了正时同步带的更换周期，一般为 6 万 ~ 8 万 km。在日常维护中也应该经常对正时同步带进行检查，一旦发现其出现裂纹或其他异常，即使使用时间还没有达到规定的里程，也必须更换。

1）打开发动机舱盖，如图 1-14 所示。

2）取下发动机防尘罩，如图 1-15 所示。

图 1-14　打开发动机舱盖

图 1-15　取下发动机防尘罩

3）打开正时带防护罩卡扣，如图1-16所示。

4）取下正时带防护罩，如图1-17所示。

图1-16 打开正时带防护罩卡扣

图1-17 取下正时带防护罩

5）检查正时带外观有无裂纹和异常磨损，如图1-18所示。

6）检查正时带的预紧度，如图1-19所示。

图1-18 检查正时带外观

图1-19 检查正时带的预紧度

7）所需其他各项检查。

① 首先应检查正时带的表面是否粘有油污和冷却液。正时带紧贴发动机布置，很多正时带还为冷却水泵提供驱动，因此有时会因为发动机机油渗漏或水泵漏水造成正时带脏污。正时带脏污后容易出现打滑现象，而且机油和冷却液会腐蚀橡胶，极大地缩短正时带的使用寿命。

② 检查正时带表面是否有裂纹或纤维断裂。如果正时带表面出现裂纹或带齿磨损严重，应尽快更换。

③ 松紧度检查。目前大多数轿车发动机都装有具有自动调节功能的同步带张紧器，当同步带长度发生变化时，张紧器会进行自动补偿。虽然是这样，仍然需要从外观检查同步带

的松紧度，以免张紧器等部件出现故障造成正时带长度的异常变化。

④ 同步带张紧器的检查。据统计，几乎一半的正时带故障是由于同步带张紧器的原因造成的，其中张紧器的滚轮轴承卡死、导向轮轴承卡死以及液压张紧器漏油导致的故障比较常见。有故障的张紧器会增大同步带传动的负荷或使正时带的松紧度不适当，甚至会导致同步带的断裂。

有些同步带张紧器从发动机表面不容易被看到，因此在更换正时带时必须检查张紧器的状况。在日常维护中，可以通过张紧器是否有异响或漏油的痕迹来判断其好坏。

【考核要求】

1. 按正确的操作规程检查正时带。
2. 正确调整正时带，使之符合技术标准。
3. 新的同步带，用拇指和食指捏住后，刚好能扭转90°为合适。
4. 考核时间30min，考核记录及评分标准见表1-4。

表1-4 考核记录及评分标准

序号	考核内容	配分	评分标准	考核记录	扣分	得分
1	正确使用工具、仪器	10	工具使用错误扣10分			
2	拆下正时带罩，检查同步带的磨损情况	15	检查方法不正确扣10分			
			操作不熟练扣5分			
	检查正时带的张紧	20	操作方法不正确扣10分			
			检查结果不正确扣10分			
3	调整正时带的张紧	20	调整方法不正确扣10分			
			调整结果不正确每处扣5分			
	再次检查正时带的张紧	10	检查方法不正确扣5分			
			检查结果不正确扣5分			
4	起动发动机并检查工作情况	15	检查方法不正确扣5分			
			检查结果不正确扣5分			
			每漏检一项扣3分			
5	遵守安全操作规程，整理工具、清理现场	10	每项错误扣2分，扣完为止			
	安全用电，防火，无人身、设备事故		因违规操作发生重大人身和设备事故，此题按0分计			
6	分数合计	100				

评分人：　　　　　年　　月　　日

【相关知识】

为了实现正确的配气正时，发动机的凸轮轴和曲轴之间需要使用传动部件连接起来。常见的正时传动部件有齿轮、金属链条以及橡胶正时带，其中以橡胶正时带传动最为常见。为了使正时带保持适当的松紧度，不会因为过松而跳齿，也不会因为过紧而降低同步带的寿命，正时带需要与张紧器配合使用。

正时带是由多种材料复合而成的，其脊部和带齿由非常耐用的氯丁基橡胶制成，具有很长的使用寿命。由玻璃纤维制成的帘线以螺旋曲线形状沿整个带宽布置，使齿带具有很高的长度稳定性和抗拉强度。

1. 正时带传动的优点

正时带传动噪声小，不需要润滑，能够满足发动机高转速传动的需要，而且正时带需要的安装空间小，具有较好的环境适应能力。在很多发动机上，特别是在V型发动机上，正时带不只是在凸轮轴和曲轴之间实现正时传动，而且还驱动水泵、发电机、空调压缩机以及转向助力泵等部件，因此正时带已经实现了多功能化。

2. 正时带传动的缺点

相对于链条传动，正时带能够承受的载荷较小，因此一般只用于轿车发动机，而且由于橡胶材质和受力的原因，长期使用的正时带会被拉长和变形，有时会出现跳齿现象，导致配气正时错误。当正时带跳齿过多、带齿断裂或正时带疲劳断裂时，还可能发生气门与活塞碰撞的事故，从而导致严重的后果。

【拓展练习】

1. 安装桑塔纳2000型轿车AFE发动机正时带，应采用（　　）保证发动机正时同步带不因过松而跳齿。

A. 曲轴齿轮　　B. 气门室罩盖　　C. V带轮盘　　D. 同步带张紧轮

2. 对于送厂大修的汽车进厂检验，应检验下述（　　）项目。

A. 查看气缸体有无漏水　　B. 查听正时齿轮有无异响

C. 查看发动机有无爆燃声　　D. 以上全正确

3. 用固定式镗缸机镗削发动机缸套，应选用气缸体的（　　）作为定位基准。

A. 下平面　　B. 上平面

C. 曲轴主轴轴承孔中心线　　D. 凸轮轴孔中心线

4. 下列汽车零件中，（　　）是用铸钢材料制造的。

A. 发动机曲轴　　B. 变速器壳体　　C. 发动机凸轮轴　　D. 齿轮

5. 发动机曲轴现广泛采用（　　）制造，可满足强度和刚度要求并具有较高的耐磨性。

A. 合金钢　　B. 球墨铸铁　　C. 灰口铸铁　　D. 特殊合金钢

6. 奥迪A6发动机曲轴径向间隙可用（　　）进行检测。

A. 百分表　　B. 塞尺　　C. 塑料塞尺　　D. 千分尺

7. 发动机曲轴磨削的目的是恢复曲轴轴颈的几何尺寸、几何精度和表面粗糙度，同时纠正曲轴的（　　）。

A. 形位误差　　B. 形状误差　　C. 平行度误差　　D. 位置误差

8. 下列选项中，（　　）不是载货汽车车身总成的大修送修标志。

A. 驾驶室变形严重　　B. 货箱纵、横梁腐朽

C. 货箱底板，栏板破损面积较大　　D. 驾驶室轻微锈蚀

9. 解放CA1092汽车变速器壳体前端面对第一、二轴轴承孔轴线的端面圆跳动应不大于（　　）mm。

A. 0.05　　B. 0.035　　C. 0.10　　D. 0.025

10. 发动机正时带的更换周期为（　　）km。

A. 3万~8万　　B. 4万~8万　　C. 5万~8万　　D. 6万~8万

项目四 点火正时的检查与调整

【技能目标】

1. 按正确的操作规程检查点火正时。

2. 调整点火正时，使之符合技术标准。

【知识目标】

1. 了解发动机点火系统的功用和基本组成。

2. 掌握发动机点火正时的检查和调整方法。

【工具设备】

1. 准备好拆、装及调整所用工具和器材，包括点火正时仪、正时灯、呆扳手、梅花扳手、一字螺钉旋具、十字螺钉旋具各一，棉纱若干。

2. 桑塔纳轿车一辆或 CA6102 型汽油机台架一台。

【操作步骤】

点火正时的检查方法。

1. 使用专用仪器检查

用点火正时测试仪或频闪灯检查点火正时。在检测时，要按其使用说明书进行接线和操作。如果使用桑塔纳的专用检测仪 V. A. G1367 进行测试，其连线方式如图 1-20 所示。

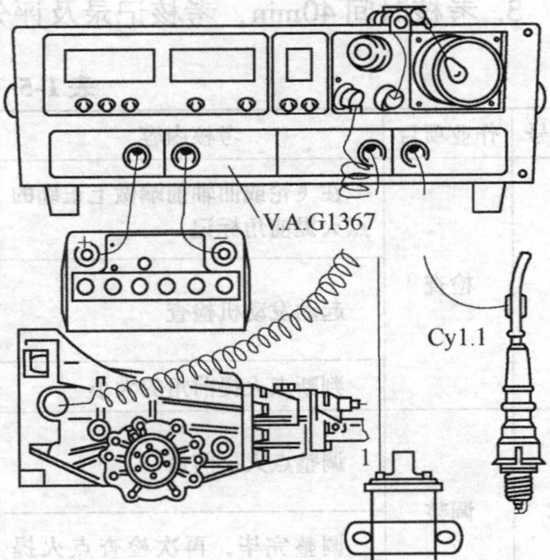

图 1-20 V. A. G1367 仪器接线示意图

2. 静态检查法

慢慢摇转发动机至第一缸压缩行程终了，观察飞轮上的记号应与离合器壳正时记号对正，此时断电器触点应正好被顶开，分火头应正对第一缸高压线插孔。若有明显偏差应予调整。

3. 发动机原地运转检查法

起动发动机，升温至正常温度，观察发动机的工作情况。当加速踏板迅速踩到底时，应有轻微的爆燃声且很快消失。如装有爆燃限制器，则不允许出现爆燃，加速应迅速轻快。

调整点火正时应在下列条件下进行：

1）保持发动机机油温度在60℃以上，油路正常，配气相位正常。

2）单真空吸管的分电器应在真空软管拔下的情况下测试，双真空吸管的分电器仍保持真空软管插好的状态下测试。

3）KEIHIN 型化油器的阻风门应保持全开。

4）发动机的怠速应符合规定值。

不同车型点火正时调整的方法略有不同，下面以解放 CA1091 型汽车所使用的 CA6102 型汽油机为例进行说明。

1）拆除爆燃限制器，按常规接好点火系统电路。

2）断电器触点间隙为0.35~0.45mm。

3）旋转曲轴，使第一缸活塞处于压缩行程的上止点，此时飞轮上的标记“1—6”应与离合器外壳上的刻线重合。

4）使分电器联轴器端面上槽的中心线位于水平位置，槽口偏心的大面在下、小面在上。

5）将分电器装入座孔，稍微转动分电器外壳，使分电器触点刚刚分开，此时分火头应正好指向分电器盖上插孔第一缸位置，即在分电器盖上标有“1”的插孔。

6）把6根高压线按顺时针方向以1—5—3—6—2—4的顺序分别插入分电器盖并连至各火花塞。

7）发动试验。将加速踏板自怠速位置迅速踩到底时：有轻微的爆燃声，但很快消失，说明正时合适；有强烈的爆燃声，说明点火太早，可将分电器外壳按顺时针方向稍微转动，进行调整；没有爆燃声，说明点火太迟，将分电器外壳按逆时针方向稍微转动，进行调整。

8）装复爆燃限制器，紧固分电器底板的固定螺钉。

【考核要求】

1. 按正确的操作规程检查点火正时。

2. 调整点火正时，使之符合技术标准，点火提前角5°~7°。

3. 考核时间40min，考核记录及评分标准见表1-5。

表1-5 考核记录及评分标准

序号	作业项目	考核内容	配分	评分标准	评分记录	扣分	得分
1	检查	在飞轮或曲轴前端做上正确的点火提前角标记	20	操作方法不正确扣10分 操作不熟练扣10分			
		起动发动机检查	20	操作方法不正确扣10分 检查方法不正确扣10分			
		判断点火提前角的大小	10	判断错误扣10分			
2	调整	调整点火提前角	20	调整方法不正确扣10分 调整结果不正确扣10分			
		调整完毕，再次检查点火提前角	10	检查方法不正确扣5分 检查结果不正确扣5分			
3	安全文明生产	遵守安全操作规程，正确使用工量具，操作现场整洁	20	每项错误扣5分，扣完为止			
		安全用电，防火，无人身、设备事故		因违规操作发生重大人身和设备事故，此题按0分记			
4	分数合计		100				

评分人：　　　年　　月　　日

【相关知识】

发动机点火系统的工作过程是分电器将点火线圈产生的高压电按照发动机的工作顺序，依次分配给各缸火花塞，火花塞产生高压电，火花点燃混合气。点火系统是由分电器、点火线圈、火花塞等组成的。

1985 年以前生产的桑塔纳轿车的发动机使用的是有触点的点火装置，其分电器结构如图 1-21 所示。该结构的主要特点是触点用高熔点合金材料制作，在两触点之间并联了一个电容，有效地防止了电火花的产生，从而提高了触点的抗烧蚀能力，延长了使用寿命。

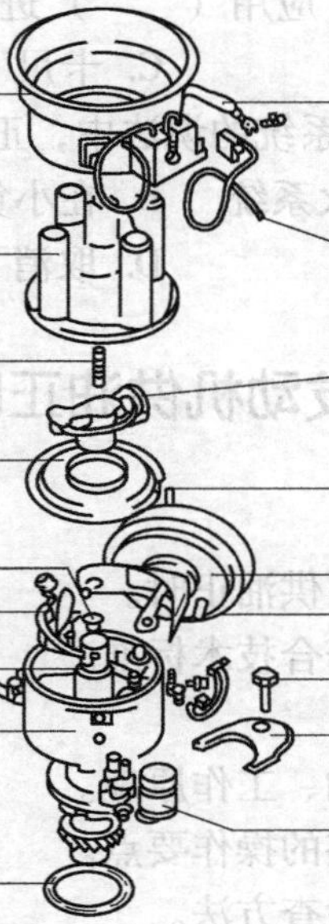

图 1-21 有触点点火装置分电器的结构

1—屏蔽罩 2—分电器盖 3—套筒及弹簧 4—防尘罩 5—润滑衬垫 6—断电器触点 7—接头 8—分电器 9—垫圈 10—接地线 11—导线 12—分火头 13—真空提前装置接头 14—真空提前装置 15—延滞装置接头 16—固定螺栓 17—支架 18—电容

【拓展练习】

1. 开磁路点火线圈内充满沥青的作用是（　　）。

A. 绝缘　　B. 防潮　　C. 散热　　D. 绝缘、防潮和散热

2. 汽油机分电器轴向间隙不得大于（　　）mm。

A. 0. 25　　B. 0. 50　　C. 0. 75　　D. 1. 25

3. 发动机电子点火波形的低压波形，在充磁阶段电压没有上升，说明（　　）。

A. 电路限流作用失效　　B. 点火线圈损坏

C. 高压线损坏　　D. 传感器故障

4. 通电线圈插入铁心后，它的磁感应强度将（　　）。

A. 增强　　B. 减弱　　C. 不变　　D. 不一定

5. 磁通势的单位为（　　）。

A. Ω　　B. A　　C. H　　D. Wb

6. 晶体管发射结和集电结均处于反向偏置是（　　）状态。

A. 放大　　B. 截止　　C. 饱和　　D. 以上答案都不对

7. 桑塔纳轿车火花塞的间隙为（　　）。

A. 0. 7 ~0. 9mm　　B. 0. 7 ~0. 9cm

C. 0. 9 ~1. 1mm　　D. 0. 9 ~1. 1cm

8. 发动机点火线圈附加电阻的作用是（　　）低速时的初级电流，改善高速时的点火特性。

A. 增大　　B. 减小　　C. 改变　　D. 不确定

9. 测量发动机火花塞的间隙时，应用（　　）进行。

A. 塞尺　　B. 专用量规　　C. 卡尺　　D. 百分表

10. 下面关于微机控制电子点火系统的说法中，正确的是（　　）。

A. 无分电器点火系统即独立点火系统　　B. 在小负荷时提供较大的点火提前角

C. 不能实现闭环控制　　D. 取消了分电器

项目五　柴油发动机供油正时的检查与调整

【技能目标】

1. 按正确的操作规程检查柴油泵供油正时。

2. 调整柴油泵供油正时，使之符合技术标准。

【知识目标】

1. 了解柴油发动机柴油泵的结构、工作原理。

2. 掌握柴油发动机供油正时调整的操作要点。

3. 掌握柴油发动机供油正时的检查方法。

【工具设备】

1. 准备好拆、装所用工具和器材，包括呆扳手、梅花扳手各一套，鲤鱼钳一把，棉纱若干。

2. YC6105QC 柴油发动机一台、柴油泵实验台。

【操作步骤】

一、利用柴油泵试验台进行检查调试

1. 调试前的准备工作

1）根据柴油泵的型号，选择合适的高压油管、喷油器及调整垫片。

2）固定柴油泵前，先将万向节与试验台驱动盘连接，并扳动主轴刻度盘，检查其转动是否灵活。转动灵活时方可紧固柴油泵，并接好高、低压油管。

3）检查柴油泵和调速器内的机油量，不足时应适当添加。

4）将柴油泵供油齿杆移到不供油位置，松开柴油泵上的放气螺钉，起动试验台，排除油路中的空气，然后旋紧放气螺钉。

5）继续提高试验台转速到 600～800r/min，全负荷运转 2～3min，检查柴油泵运转是否平稳，有无异响；各操纵部分是否运动灵活，有无漏油、温度过高等不良现象；试验台各仪表指示是否正常。发现故障，及时排除。

2. 供油正时的检查与调整

1）将油量控制杆推至最大供油位置。

2）利用柴油泵试验台内部专设的高压输油泵供给高压柴油（压力应调整在 3.92MPa 以上），柴油通过油路转换阀进入喷油泵油腔中，当柱塞处于下止点，柱塞套上的进油孔露出时，高压柴油便克服出油阀弹簧的压力把出油阀顶开，柴油从标准喷油器的放气回油管中

流出。

3）缓慢转动柴油泵凸轮轴，使第一缸柱塞（靠近万向节一端的柱塞）逐渐上行到柱塞刚刚遮住柱塞套上的进油孔时，高压油被切断，回油管立即停止流油，这就是第一缸活塞的开始供油时刻。

4）此时，将试验台上的指针对正刻度盘的零度，这样反复试验几次，最后确定指针对刻度盘的位置。

5）第一缸柱塞开始供油时，要求万向节上的刻线记号与柴油泵壳体前盖上的记号对正（正时刻度线）。正时刻度未对正，说明供油不正时，若万向节上的刻线记号已超过柴油泵壳体前盖上的记号，则说明供油时间太晚；若万向节上的刻线记号未达到柴油泵壳体前盖上的记号，说明供油时间过早。

若万向节上的刻线记号已超过刻线，应将挺柱上的正时调整螺钉旋出（如A型泵、B型泵），或增加滚轮传动部件上的调整垫块厚度（如国产Ⅰ、Ⅱ、Ⅲ号系列泵）。

若万向节上的刻线记号未达到刻线，应将挺柱上的正时调整螺钉旋入或减少滚轮传动部件上的调整垫块厚度。经反复调整，直到刻线对正，第一缸柱塞的供油开始时刻便调整结束。

第一缸柱塞调整结束后，以第一缸为基准，调整其他各缸的供油间隔时间，如六缸发动机可按1—5—3—6—2—4的供油顺序，以供油间隔时间60°进行检查调整。

注意：当供油时间经过上述调整后，若柱塞滚轮转动机构上调整螺钉向上旋出过多或调整垫块增厚过多，柱塞上端面就有碰触出油阀座的可能性。实际情况证明，这是柱塞事故性损坏的重要原因。

二、柴油发动机就车检查与调试

1. 供油提前角的检查

1）将柴油泵第一缸高压油管卸去，把发动机减压手柄移至减压位置，柴油泵处于最大供油位置，以排除柴油供给系统管路内的空气，使之充满柴油。

2）转动曲轴，使第一缸活塞处于压缩上止点（进、排气门均处于关闭状态），此时飞轮或带轮上的刻线应对准机体上的标记。

3）将曲轴反向拨转一个角度，应稍大于供油提前角。

4）均匀地按工作顺序转动曲轴，同时密切注意出油阀座的油面情况。

5）当油面发生波动时，即为第一缸供油开始时刻，此时，从飞轮指示的刻度即可确定供油提前角是否合适。

2. 供油正时的调整

1）拨转发动机曲轴，使飞轮壳上的箭头指向飞轮边缘的提前角刻度线。

2）观察柴油泵壳体前盖上的记号与万向节上的刻线记号是否对齐，若对齐则为第一缸活塞在压缩行程；反之则第四缸活塞在压缩行程，应继续拨转曲轴。

3）如果万向节上的刻线超过壳体上的刻线，说明供油过迟，应将挺柱上的正时螺钉旋入。调好第一缸柱塞后，依照柴油泵的供油顺序，以第一缸为准，调其他各缸的供油时间，四缸发动机的供油顺序为1—3—4—2。如第三缸的供油时刻应从第一缸开始供油算起，刻度盘上的标记转过90°后，即为第三缸开始供油时刻。各缸供油时间相差不得超过±0.5°凸轮转角的范围。

发动机发动后，视情况进行喷油早晚的微量调校。在运行中，如感觉供油时间不合适，可松开联轴器凸缘接盘连接头上的紧固螺栓，改变驱动盘与万向节的相对位置。顺时针转动提前器（从发动机前端看）时，供油提前角增加；反之减少。对供油正时进行适当调整后，再拧紧紧固螺栓。

【考核要求】

1. 按正确的操作规程检查柴油泵供油正时。

2. 调整柴油泵供油正时，使之符合技术标准，供油提前角为16°~20°。

3. 考核时间40min，考核记录及评分标准见表1-6。

表1-6 考核记录及评分标准

<table>
<tr><th>序号</th><th>作业项目</th><th>考核内容</th><th>配分</th><th>评分标准</th><th>评分记录</th><th>扣分</th><th>得分</th></tr>
<tr><td rowspan="5">1</td><td rowspan="5">检查</td><td rowspan="2">从柴油泵上拆下第一缸的高压油管</td><td rowspan="2">10</td><td>操作方法不正确扣5分</td><td rowspan="2"></td><td rowspan="2"></td><td rowspan="2"></td></tr>
<tr><td>操作不熟练扣5分</td></tr>
<tr><td>转动曲轴，使柴油泵供油，直至在出油阀座上能看到柴油</td><td>10</td><td>操作方法不正确扣10分</td><td></td><td></td><td></td></tr>
<tr><td>慢慢转动曲轴，仔细观察出油阀座上的油面，在油面刚刚发生波动开始上升的瞬间，即停止转动</td><td>10</td><td>操作方法不正确扣5分</td><td></td><td></td><td></td></tr>
<tr><td>检查正时记号是否对正，以判定供油提前角</td><td>10</td><td>检查方法不正确扣5分
判断错误扣5分</td><td></td><td></td><td></td></tr>
<tr><td rowspan="4">2</td><td rowspan="4">调整</td><td rowspan="2">调整供油提前角</td><td rowspan="2">20</td><td>调整方法不正确扣10分</td><td rowspan="2"></td><td rowspan="2"></td><td rowspan="2"></td></tr>
<tr><td>调整结果不正确扣10分</td></tr>
<tr><td rowspan="2">调整完毕，再次检查供油提前角</td><td rowspan="2">20</td><td>检查方法不正确扣10分</td><td rowspan="2"></td><td rowspan="2"></td><td rowspan="2"></td></tr>
<tr><td>检查结果不正确扣10分</td></tr>
<tr><td rowspan="2">3</td><td rowspan="2">安全文明生产</td><td>遵守安全操作规程，正确使用工量具，操作现场整洁</td><td>20</td><td>每项错误扣5分，扣完为止</td><td></td><td></td><td></td></tr>
<tr><td>安全用电，防火，无人身、设备事故</td><td></td><td>因违规操作发生重大人身和设备事故，此题按0分记</td><td></td><td></td><td></td></tr>
<tr><td>4</td><td>分数合计</td><td></td><td>100</td><td></td><td></td><td></td><td></td></tr>
</table>

评分人：　　　　年　　月　　日

【相关知识】

柴油机供油正时（即提前角）是指喷油泵某缸开始供油到该缸活塞运动到上止点过程中的曲轴转角，也就是将喷油泵调整到规定的供油提前角时供油。如果喷油提前角过大，由于喷油时气缸内空气温度较低，混合气形成条件差，备燃期较长，柴油机就会工作粗暴，还会伴有明显的敲缸声，同时还会伴有油耗增高、功率下降、怠速不稳和起动困难等现象。如果喷油提前角过小，则燃油不能在上止点附近迅速完全燃烧，而在活塞接近下行时燃烧，此时燃烧速度缓慢，燃烧时间加长，燃烧温度升高而压力下降，发动机会出现过热，热效率显著下降，排气管还会冒白烟，发动机无力，严重影响发动机的动力性和经济性。

【拓展练习】

1. 比较不同转速下的柴油机的负荷特性，甲说：“同一功率下，速度高的耗油率高。”；乙说：“同一功率下，速度高的耗油率低”。则下列说法正确的是（　）。

A. 甲正确　　B. 乙正确　　C. 甲乙都不正确　　D. 甲乙都正确

2. 下列不属于车辆检测诊断内容的是（　　）。

A. 主减速器啮合印痕　　B. 发动机异响　　C. 底盘功率　　D. 排放性

3. 由柴油机负荷特性可知，随功率的增加，排气烟度（　　）。

A. 增加　　B. 减小　　C. 与速度成正比　　D. 与速度成反比

4.（　　）是柴油机排放的主要有害成分之一。

A. CO　　B. HC　　C. NOx　　D. 炭烟

5. 柴油机在进气行程进入气缸的是（　　）。

A. 混合气　　B. 纯空气　　C. 先空气后混合气　　D. 雾化的柴油

6. 柴油机尾气检测的主要项目是（　　）。

A. 烟度　　B. CO 质量分数　　C. NOx 质量分数　　D. HC 质量分数

7. 柴油机活塞座孔与活塞销的配合过盈是（　　）mm。

A. 0.0050 ~ 0.0075　　B. 0.0015 ~ 0.0050　　C. 0.002 ~ 0.004　　D. 0.0025 ~ 0.0075

8. CB-9 型计算机车轮动平衡测试仪的显示控制部分，按下“STATIC”，显示为（　　）。

A. 静不平衡量　　B. 动不平衡量　　C. 状态　　D. 停止

9. 柴油机烟度计常采用滤纸式。（　　）

10. 一般柴油机耗油率比汽油机高。（　　）

项目六　连杆轴承间隙的检查

【技能目标】

1. 按正确的操作规程检查连杆轴承间隙。
2. 判断连杆轴承间隙是否符合技术标准。

【知识目标】

1. 了解连杆的维修方法。
2. 掌握连杆轴承间隙的检测要点。
3. 掌握装配连杆轴承的操作要点。

【工具设备】

1. 准备好拆、装所用工具和器材，包括塑料规、间隙测量规、棉纱、套筒扳手、扭力扳手、内径千分尺、外径千分尺、一字螺钉旋具、锤子、组合工具一套、专用工具一套。

2. 桑塔纳 2000 轿车一台或该型发动机一台。

【操作步骤】

1. 经验检查法

将连杆轴承盖螺栓按规定力矩拧紧后，摇转曲轴，将需检查的连杆轴承转至下方，用锤柄沿曲轴轴向（前后）轻轻敲击连杆轴承盖，连杆大端应能移动，两手上下推动连杆大端应无明显的间隙感，否则，说明连杆轴承间隙过大。

2. 测量检查法

用内径千分尺和外径千分尺分别测量轴颈的外径和轴承的内径，测得的这两个尺寸的差，就是它们之间的间隙。

3. 利用间隙测量规测量间隙

1）拆下某一道连杆轴承盖紧固螺母，如图 1-22 所示。

2）取下连杆轴承盖及轴瓦，如图 1-23 所示，并将轴承与轴颈擦干净。

图 1-22　拆下某一连杆轴承盖紧固螺母

图 1-23　取下连杆轴承盖

3）根据连杆轴颈长度剪下一段塑料间隙条。

4）将塑料条按与连杆轴颈轴线平行的方向放置在连杆轴颈上，如图 1-24 所示。

5）将连杆轴承盖按原有规定记号（或现做的记号）装复，并按规定力矩拧紧螺栓，如图 1-25 所示。

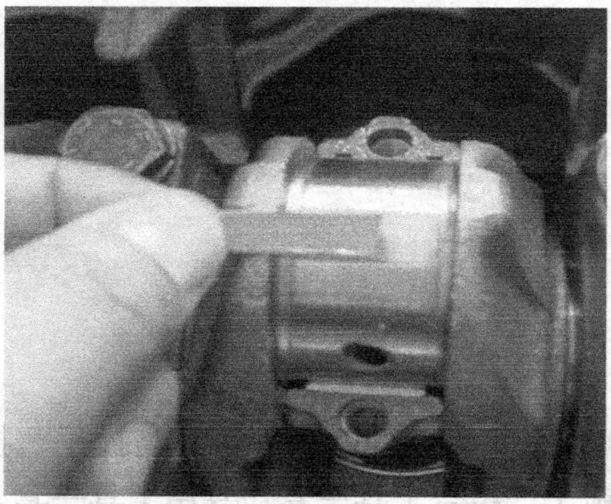

图 1-24　将塑料条放置在连杆轴颈上

图 1-25　拧紧螺栓

6）拆下连杆轴承盖，对照塑料间隙条的宽度调整间隙测量规，间隙测量规宽度对应的间隙值即为连杆轴承间隙。

注意：整个拧紧过程不得转动曲轴，以防止损坏塑料间隙条。

不同车型连杆轴承盖的拧紧力矩为：

奥迪轿车 30N · m；

桑塔纳轿车 30N · m；

依维柯汽车 50N · m 加拧 60°

不同车型连杆轴承间隙见表1-7。

表1-7　不同车型连杆轴承间隙

车型类别	标准/mm	使用限度/mm
奥迪	0.03～0.08	≤0.17
桑塔纳	0.03～0.08	≤0.17
依维柯	0.028～0.075	≤0.13

【考核要求】

1. 按正确的操作规程检查连杆轴承间隙。

2. 判断轴承间隙是否符合技术标准。

连杆轴承间隙为0.03～0.06mm，使用极限为0.08mm。

3. 考核时间40min，考核记录及评分标准见表1-8。

表1-8　考核记录及评分标准

序号	作业项目	考核内容	配分	评分标准	评分记录	扣分	得分
1	检查	拆下被检查的某道轴承盖，擦净曲轴及轴承上的润滑油	10	操作方法不正确扣5分 操作不熟练扣5分			
		根据轴径长度剪下一段专用的塑料规，按与曲轴轴线平行方向将其放在轴承盖上	20	操作方法不正确扣10分 操作不熟练扣10分			
		装上轴承盖，并按规定力矩拧紧	20	操作方法不正确扣15分 操作不熟练扣5分			
		拆下轴承盖，用专用的间隙测量规对照塑料规的宽度，读取间隙值	20	测量方法不正确扣10分 测量结果不正确扣10分			
2	判断	判断是否符合技术标准	10	判断错误扣10分			
3	安全文明生产	遵守安全操作规程，正确使用工量具，操作现场整洁	20	每项错误扣5分，扣完为止			
		安全用电，防火，无人身、设备事故		因违规操作发生重大人身和设备事故，此题按0分记			
4	分数合计		100				

评分人：　　　　　　　年　　月　　日

【相关知识】

曲轴连杆轴颈与轴承配合间隙的检查同曲轴主轴颈与主轴承配合间隙的检查方法基本一样，都有两种方法。

1）测量线法。在所有连杆轴颈上放置一段测量线，测量线应平行于所有轴颈的轴线方向。按照正确的安装方法，将选配好的连杆轴承和连杆盖装到连杆轴颈上，并以规定的力矩和转角拧紧连杆螺栓，然后拆下连杆盖，取出压扁后的测量线，把压扁的测量线的宽度与测量线包装袋上的标准刻度相比较，即可确定连杆轴颈与轴承配合间隙的大小。

2）量具测量法。将连杆轴承正确地装入到连杆轴承座孔内，按照规定的力矩和拧紧转角拧紧连杆螺栓，然后用已调零的量缸表测量连杆轴承的内径，并记录下测量结果，再用外径千分尺测量连杆轴颈，并记录下测量结果。把两次测量的结果进行比较，两者之差即为连杆轴承与连杆轴颈的配合间隙。

如果连杆轴颈与轴承的配合间隙与规定值不符，应当选配合适级别的连杆轴承，并按选用的修理尺寸光磨连杆轴颈，以取得合理的配合间隙。

【拓展练习】

1. 汽车发动机配气机构零件包括（　　）。

A. 曲轴曲柄圆角　B. 内孔　C. 气门　D. 连杆

2. 发动机连杆轴承轴向间隙的使用极限为（　　）mm。

A. 0.40　B. 0.50　C. 0.30　D. 0.60

3. 奥迪 A6 发动机曲轴轴向间隙可用（　　）进行检测。

A. 百分表　B. 塞尺　C. 塑料塞尺　D. 千分尺

4. 桑塔纳 2000 型轿车 AFE 发动机曲轴轴向间隙为（　　）mm。

A. 0.07 ~ 0.17　B. 0.10 ~ 0.25　C. 0.15 ~ 0.25　D. 0.05 ~ 0.10

5. 发动机 VTEC 机构有（　　）个进气摇臂。

A. 2　B. 3　C. 4　D. 5

6. 浸洗、喷洗和浸喷复合洗属于（　　）。

A. 干洗　B. 湿洗　C. 混合洗　D. 以上都不是

7. 适当推迟汽油机点火时间，可使（　　）在排气过程中燃烧掉。

A. CO　B. HC　C. NOx　D. 炭烟

8.（　　）是汽车发生碰撞时用来减少乘员在车窗内部振击能量的安全装置。

A. 安全气囊　B. ABS　C. EFI　D. EGI

9. 确定汽车修理工艺规程的原则不包括（　　）。

A. 技术上的先进性　B. 经济上的合理性

C. 质量上的可靠性　D. 性能上的稳定性

10. 若电控发动机进气压力传感器出现故障，则 ECU 将采用（　　）。

A. 标准值　B. 当前值　C. 不定值　D. 任意值

项目七　柴油滤清器的更换

【技能目标】

1. 正确地更换柴油发动机柴油滤清器。

2. 更换柴油滤清器后发动机能正常运转，无柴油泄漏。

【知识目标】

1. 掌握滤清器的更换方法。

2. 了解滤清器的工作原理。

【工具设备】

1. 准备好拆、装所用工具和器材，包括柴油滤清器扳手一把、通用拆装工具一套和棉纱若干。

2. K4100ZHQ 柴油发动机实验台。

【操作步骤】

1）关掉柴油发动机电门开关，如图 1-26 所示。

2）用工具拆掉滤清器固定螺栓，如图 1-27 所示。

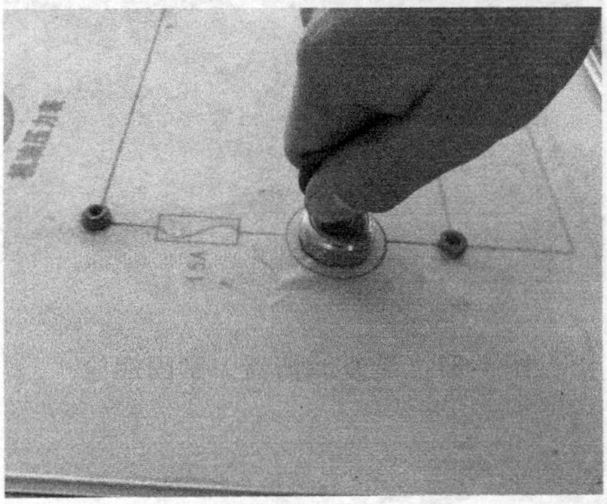

图 1-26 关掉柴油发动机电门开关

图 1-27 拆掉滤清器固定螺栓

3）取下柴油滤清器外壳及滤芯，如图 1-28 所示。

4）检查纸质滤芯并按使用情况更换，如图 1-29 所示。

图 1-28 取下滤清器外壳及滤芯

图 1-29 检查纸质滤芯

5）把新的纸质滤芯放入滤清器外壳，如图 1-30 所示。

6）装复柴油滤清器并用工具紧固滤清器螺栓，如图 1-31 所示。

7）拧松出油管固定螺栓，如图 1-32 所示。

8）使出油螺栓中的出油孔露出，如图 1-33 所示。

9）按动手动油泵泵油，使柴油泵入滤清器内，如图 1-34 所示，直到出油螺栓有油流出，如图 1-35 所示。

10）用工具拧紧出油螺栓，如图 1-36 所示。

11）清洁滤清器外壳，如图 1-37 所示。

图 1-30　更换滤芯

图 1-31　装复滤清器，紧固螺栓

图 1-32　拧松出油管固定螺栓

图 1-33　露出出油螺栓中的出油孔

图 1-34　手动泵油

图 1-35　使出油螺栓有油流出

图 1-36 拧紧出油螺栓

图 1-37 清洁滤清器外壳

注意：更换新柴油滤清器后，应起动发动机，在发动机运转时观察有无泄露和堵塞。如有泄露或堵塞，应及时排除。

【考核要求】

1. 正确地更换柴油滤清器。更换柴油滤清器后发动机应能正常运转，无柴油泄漏。

2. 考核时间 20min，考核记录及评分标准见表 1-9。

表 1-9 考核记录及评分标准

序号	作业项目	考核内容	配分	评分标准	评分记录	扣分	得分
1	拆装滤清器	拆装方法和拆装工艺	25	拆装工艺错误扣 5 分			
				拆卸方法错误扣 10 分			
				装配方法错误扣 10 分			
2	供油系统排气	排气工艺和排气方法	25	排气工艺错误扣 10 分			
				排气方法错误扣 15 分			
3	检查	更换质量	25	发动机不能正常运转扣 20 分			
				柴油有泄漏每处扣 1 分			
4	安全文明生产	遵守安全操作规程，正确使用工量具，操作现场整洁	25	每项错误扣 5 分，扣完为止			
		安全用电，防火，无人身、设备事故		因违规操作发生重大人身和设备事故，此题按 0 分计			
5	分数合计		100				

评分人：　　　　年　　月　　日

【相关知识】

当前，有些驾驶人认为自己使用的柴油机所加注的柴油，已经经过了长时间的沉淀，并且通过了三级过滤，所以是非常清洁的，因此柴油机上的燃油滤清器就是可有可无的了。放在维修中不去认真地检查和保养，结果使车上的柴油滤清器形同虚设，柴油都通过短路走了，根本不通过滤芯，导致柴油机燃油系的三大精密偶件急剧磨损，造成不应有的损失。应当指出，即使柴油在加入柴油机油箱前经过了沉淀和过滤，是清洁的，但是在加油过程中，由于加油工具、加油环境、油箱口不清洁等因素，仍会使柴油受污染，而且在柴油机运转过程中，由于燃油系统中沉积的杂质、空气中悬浮的尘埃，也会使柴油污染，因此柴油滤清器是必不可少的，更何况柴油在加入油箱前并不一定是真正清洁的。

目前国产柴油机多使用结构简单、体积小、质量小、滤清效果好、成本低的纸质滤芯柴油滤清器，如图1-38所示。

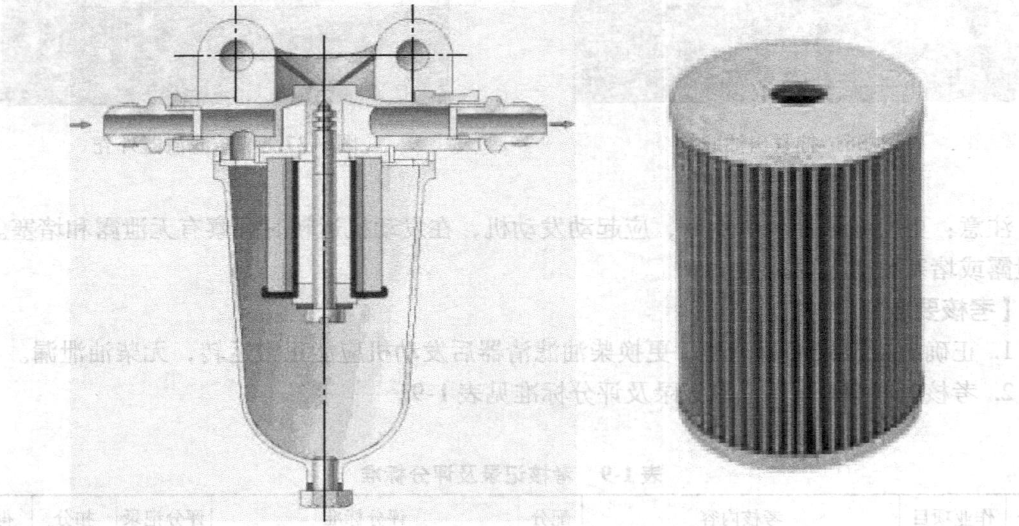

图1-38 纸质滤芯柴油滤清器

纸质滤芯滤清器主要由铝制的滤清器盖、钢板冲压而成的外壳及纸质滤芯组成。滤清器盖上进油口与输油泵相通，出油口与喷油泵相通，回油管接头与喷油器油管相连，盖上还装有放气螺塞，纸质滤芯总成的里面是一个冲有许多小孔的圆桶，外面围上折叠的特制滤纸，两端用盖板胶合密封。

【拓展练习】

1. 汽油机在进气行程进入气缸的是（　　）。

A. 混合气　　B. 纯空气　　C. 先空气后混合气　　D. 雾化的柴油

2. 比较不同转速下的汽油机的负荷特性，甲说："同一功率下，速度高的耗油率高"；乙说："同一功率下，速度高的耗油率低"。则下列说法正确的是（　　）。

A. 甲正确　　B. 乙正确　　C. 甲乙都不正确　　D. 甲乙都正确

3. （　　）不是汽油机排放的主要有害成分之一。

A. CO　　B. HC　　C. NOx　　D. 炭烟

4. 柴油机的组成不包括（　　）系统。

A. 润滑　　B. 冷却　　C. 起动　　D. 点火

5. 由柴油机负荷特性可知，随功率的增加，排气烟度（　　）。

A. 增加　　B. 减小　　C. 与速度成正比　　D. 与速度成反比

6. 柴油机尾气检测的主要项目是（　　）。

A. 烟度　B. CO 质量分数　C. NOx 质量分数　D. HC 质量分数

7. 发动机在某一转速发出的功率与同一转速下所可能发出的最大功率之比称为（　　）。

A. 发动机工况　B. 有效功率　C. 工作效率　D. 发动机负荷

8. 柴油车自由加速时，烟度排放不大于（　　）（FSN）。

A. 3.0　B. 2.0　C. 1.0　D. 5.0

9. 柴油机耗油率曲线较汽油机（　　）。

A. 平坦　B. 弯曲　C. 无法比较　D. 不确定

10. 汽车耗油量最少的行驶速度是（　　）。

A. 低速　B. 中速　C. 全速　D. 超速

项目八　前轮前束的检查与调整

【技能目标】

1. 按正确的操作规程检查前轮前束。
2. 正确调整前轮前束，使之符合技术标准。

【知识目标】

1. 了解前轮前束的含义。
2. 掌握汽车前轮前束的检查与调整方法。

【工具设备】

1. 准备好拆装与检测所用的工具和器材，包括梅花扳手、呆扳手、卷尺、管子扳手、鲤鱼钳各一，棉纱若干。
2. 桑塔纳轿车一辆，四轮定位仪一台。

【操作步骤】

一、前轮前束的检查

1. 使用四轮定位仪检查

在使用四轮定位仪进行前轮前束的检查与调整时，应严格按照四轮定位仪的操作规程进行。

2. 测量法检查

测量两前轮中心线的距离 A 和 B，其差值即为前轮前束，即 $B-A=$ 前轮前束。测量时，在两前轮前部水平方向的车轮中心线上各找一点，测量两轮中心线上两点之间的距离 A；然后，将车轮旋转半周，在水平方向上再次测量这两点间的距离 B，然后即可计算前轮前束值。如果前轮前束值超过规定值时，应进行调整。此方法具体操作如下：

图 1-39　沿前轮中心线水平位置做好记号

1）将车停在水平路面，将转向盘打正，沿前轮中心线水平位置做好记号，如图 1-39 所示。

2）将直尺放在轮胎的中心位置，如图 1-40 所示。

3）读出另一端轮胎中心位置的尺寸数，如图 1-41 所示。

图 1-40　将直尺放在轮胎的中心位置

图 1-41　读出另一端轮胎中心位置的尺寸数

4）向前推车，使车轮旋转半周，如图 1-42 所示。

5）用同样的方法测量记号点的尺寸，如图 1-43 所示。

图 1-42　使车轮旋转半周

图 1-43　测量记号点的尺寸

6）计算前轮前束值的大小。

二、前轮前束的调整

1. 调整前的检查

1）检查所有车轮的气压是否正确，其胎面的磨损是否大致相同。

2）检查球节是否松动。

3）检查转向横拉杆接头，如发现松动过大，在调整之前应校正。

4）检查车辆和轮胎是否有跳动。

5）检查车辆翘头高度，如超过限度应进行校正，而且必须在调整前校正。左右翘头高度差在全装备重量下应在 15mm 内。

翘头高度的测量如图 1-44 所示。

6）检查控制臂是否松动。

7）检查稳定杆附件是否松动或有漏装。

8）检查工具箱等是否超载。

2. 前轮前束的调整

前轮前束调整的方法是调整横拉杆的长度，具体操作如下：

1）拧松左、右横拉杆接头锁紧螺母，然后转动左、右横拉杆接头，以使前轮前束调到规定值，如图1-45所示。

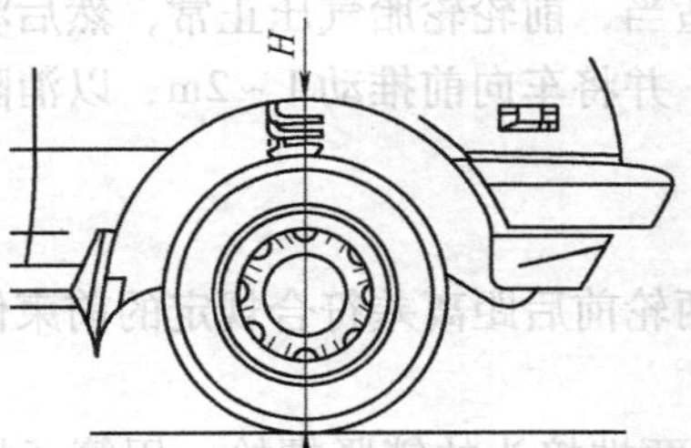

图1-44 测量翘头高度

图1-45 调整前束值

2）调整时，左、右横拉杆接头的长度应调至等长。

3）调整好后，按规定拧紧力矩拧紧锁紧螺母，并检查防尘罩是否有扭曲。

【考核要求】

1. 按正确的操作规程检查前轮前束。

2. 调整前轮前束，使之符合技术标准，桑塔纳2000GSi型轿车前束值为0～1.6mm。

3. 考核时间30min，其考核记录及评分标准见表1-10。

表1-10 考核记录及评分标准

序号	作业项目	考核内容	配分	评分标准	评分记录	扣分	得分
1	检查	在每一前轮轴线的胎面中心做记号	10	操作方法不正确扣10分			
		测量前轮前束值	30	测量方法不正确扣20分			
				测量结果不正确扣10分			
2	调整	调整前轮前束值	30	调整方法不正确扣20分			
				调整结果不正确扣10分			
		调整完毕，再次检查前轮前束值	20	检查方法不正确扣10分			
				检查结果不正确扣10分			
3	安全文明生产	遵守安全操作规程，正确使用工量具，操作现场整洁	10	每项错误扣5分，扣完为止			
		安全用电，防火，无人身、设备事故		因违规操作发生重大人身和设备事故，此题按0分计			
4	分数合计		100				

评分人：　　　　年　　月　　日

【相关知识】

为保证汽车稳定地直线行驶，应使转向轮具有自动回正作用，即当转向轮在偶然遇到外力（如碰到石块）作用发生偏转时，在外力消失后能立即自动回到直线行驶的位置。这种回正作用是由转向轮的定位参数来保证实现的，前轮前束就是这些定位参数中的一种。

为了消除车轮外倾带来的不良后果，在安装车轮时，使汽车两前轮的中心面不平行，两轮前边缘的距离小于后边缘的距离，两距离之差即为前轮前束。

为了保持合适的前轮前束值，需要定期进行四轮定位。

一、前轮前束的测量

在正式测量之前，应首先保证前轮轮毂轴承紧度适当，前轮轮胎气压正常，然后将汽车停放在平坦的场地上，使两前轮处于直线行驶的位置，并将车向前推动1～2m，以消除影响检查效果的各个间隙。

二、前轮前束的调整

调整时可根据汽车生产厂家规定的测量位置，使两轮前后距离差符合规定的前束值，一般前束值在0～12mm为正常。

1）如果汽车横拉杆是平直的，可以先旋松横拉杆两端接头的锁紧螺栓，用管子扳手旋转横拉杆，使横拉杆伸长或缩短。横拉杆伸长，前轮前束值增大；横拉杆缩短，前轮前束值减小。

2）如果汽车横拉杆是弯曲的，在调整时不能旋转横拉杆，而应旋转横拉杆两端的拉头，又因为左右两端螺纹螺距不同，因此在调整时应先旋转某一边的横拉杆接头，如果旋转一圈就会超过前轮前束值而退回一圈又达不到要求时，可以再旋转另一边的拉杆接头，配合调整，直到符合要求为止。

【拓展练习】

1. 汽车转向节臂变形会造成（　　）。

A. 转向沉重　B. 前轮摆头　C. 行驶跑偏　D. 制动跑偏

2. 下列选项中，（　　）是汽车车架总成大修送修的标志。

A. 以下各项都是

B. 断裂、锈蚀、变形超限

C. 车架大部分铆钉松动

D. 车架弯曲变形超限

3. 汽车前轴裂纹、变形，主销承孔磨损严重是（　　）总成大修的送修标志。

A. 前桥　B. 中桥　C. 后桥　D. 前轮

4. 汽车使用－45号冷却液，其沸点可达到（　　）。

A. 102℃　B. 104℃　C. 106℃　D. 108℃

5. 在检验汽车的近光灯光束照射位置时，向左向右偏移量应都不大于（　　）mm。

A. 80　B. 90　C. 100　D. 1000

6. 汽车振动的固有频率的理想值为（　　）次/min。

A. 30～40　B. 40～50　C. 55～70　D. 60～85

7. 越野车要爬很大的坡度道路，要求其最大动力因数（　　）。

A. 较小　B. 较大　C. 适中　D. 比轿车小

8. 大部分自动变速器 N-D 换挡延时时间小于（　　）s。

A. 1.0～1.2　　B. 0.6～0.8

C. 1.2～1.5　　D. 1.5～2.0

9. 发动机废气分析仪取样导管长度规定为（　　）m。

A. 3　　B. 4　　C. 5　　D. 6

10. 汽车前轮定位不准，特别是前轮前束不正确，对燃油消耗影响很大。（　　）

项目九　前轮侧滑量的检查与调整

【技能目标】

1. 按正确的操作规程检查前轮侧滑量。

2. 调整前轮侧滑量，使之符合技术标准。

【知识目标】

1. 了解前轮侧滑量的含义。

2. 掌握前轮侧滑量的检查与调整方法。

【工具设备】

1. 准备好拆、装所用工具和器材，包括呆扳手、梅花扳手、鲤鱼钳、一字螺钉旋具、管子扳手各一，棉纱若干。

2. 桑塔纳轿车一辆、汽车前轮侧滑试验台一台。

【操作步骤】

侧滑试验台的型号、结构形式、允许轴重不同，其使用方法也有所区别，因此在使用前一定要认真阅读使用说明书，以掌握正确的使用方法。侧滑试验台的一般使用方法如下：

1. 检测前的准备

（1）试验台的准备

1）检查侧滑试验台的导线连接情况，在导线连接良好的情况下打开电源开关，查看指针式仪表的指针是否在机械零点上，或查看数码管是否亮度正常并都在零位上，发现故障及时清除。

2）检查侧滑试验台上面及其周围的清洁情况，如有油污、泥土、砂石及水等应予清除。

3）打开侧滑试验台的锁止装置，检查滑动板能否在外力作用下左右滑动自如、外力消失后回到原始位置，且指示装置指在零点。

4）检查报警装置在规定值时能否发出报警信号，并视需要进行调整或修理。

（2）被检汽车的准备

1）轮胎气压应符合规定。

2）轮胎上粘有油污、泥土、水或花纹沟槽内嵌有石子时，应清理干净。

3）轮胎花纹深度必须符合 GB 7258—2004/XG 3—2008《机动车运行安全技术条件》的规定。

2. 前轮侧滑量的检测

1）拔掉滑动板的锁止销钉，接通电源。

2）汽车以3~5km/h的速度垂直侧滑板驶向侧滑试验台，使前轮平稳通过滑动板。

3）当前轮完全通过滑动板后，从指示装置上观察侧滑方向并读取、打印最大侧滑量。

4）检测结束后，切断电源并锁止滑动板。

注意：对于后轮有定位的汽车，仍可按上述方法检测后轴的侧滑量，从而诊断后轴的定位值是否失准。

3. 前轮侧滑量的调整

通过检测，当汽车的前轮侧滑量超出标准规定时，一般情况可通过调整其前轮前束的方法，使其侧滑量合格。

【考核要求】

1. 按正确的操作规程检查前轮侧滑量。

2. 调整前轮侧滑量，使之符合技术标准。使用双板侧滑试验台测量时，侧滑量不大于5m/km。

3. 考核时间40min，其考核记录及评分标准见表1-11。

表1-11 考核记录及评分标准

序号	作业项目	考核内容	配分	评分标准	评分记录	扣分	得分
1	检查	检查轮胎气压及轮胎的表面状况	15	检查方法不正确扣15分			
		将汽车以规定的速度驶过侧滑试验台，并读取前轮侧滑量	25	测量方法不正确扣20分			
				测量结果不正确扣5分			
2	调整	调整前轮侧滑量	20	调整方法不正确扣20分			
		调整完毕，再次检查前轮侧滑量	30	检查方法不正确扣10分			
				调整结果不正确每次扣10分			
3	安全文明生产	遵守安全操作规程，正确使用工量具，操作现场整洁	10	每项错误扣5分，扣完为止			
		安全用电，防火，无人身、设备事故		因违规操作发生重大人身和设备事故，此题按0分计			
4	分数合计		100				

评分人：　　　　年　　月　　日

【相关知识】

侧滑是指由于前轮前束与车轮外倾角配合不当，在汽车行驶过程中，车轮与地面之间产生一种相互作用力，这种作用力垂直于汽车行驶方向，使轮胎处于边滚边滑的状态，它使汽车的操纵稳定性变差，油耗增加，轮胎的磨损加速。

如果让汽车驶过可以在横向自由滑动的滑板，由于存在上述作用力，将使滑板产生侧向滑动。检验汽车的侧滑量，可以判断汽车前轮前束和外倾角这两个参数配合是否恰当，而并不测量这两个参数的具体数值。《机动车运行安全技术条件》规定：汽车转向轮的横向滑移量，用汽车侧滑台检测时侧滑量应不大于5m/km。

一、正前束引起正侧滑，正外倾引起负侧滑

在侧滑试验台上，滑板向外滑动的数值记为“+”（进口设备记为“IN”），向内滑动记为“－”（进口设备记为“OUT”）。所谓“正前束引起正侧滑”的意思是，当前轮前束的作用大于车轮外倾的作用时，产生的作用力使滑板向外滑动，仪表显示数值的符号为“＋”；当车轮外倾的作用大于前束的作用时，滑板向内滑动，显示数值的符号为“－”。根据仪表上显示数值的正负号，即可知道如何调整前束。

侧滑是两个参数匹配的结果，因而两参数都合格时，侧滑合格；但反之，当侧滑合格时，并不一定能保证两个参数都是合格的。

二、影响侧滑量的因素

1）当车轮外倾角一定时，改变前轮前束值就会导致侧向力及侧滑量成正比地变化。因此当侧滑量超标时，一般情况下调整前轮前束就能使侧滑量合格。但也有特殊情况，如当汽车前部因碰撞变形时，会导致左右轴距不相等或使前轮定位角发生较大的变化，这时会出现这样的现象：汽车侧滑不合格时，驾驶人感觉转向盘还能掌握；当采用调整前轮前束的方法使侧滑合格以后，反而觉得汽车的转向盘掌握不了，汽车无法驾驶。遇到这种情况，应首先测量前轮前束值，看其是否在原厂规定的范围内，如超出原厂规定的范围较多，应将其调回原厂规定的范围内，再检查左右两侧的轴距是否一致、前轮定位的其他三个参数是否符合要求。侧滑不合格不能一味用改变前轮前束的办法去调整。

2）汽车轮毂轴承间隙过大，左右松紧度不一致；转向节主销与衬套磨损，或转向节臂松动；左右轮胎气压不等，花纹不一致，轮胎磨损过甚以至严重偏磨；横、直拉杆球头松旷；左右悬架性能不等；前后轴不平行，都会影响侧滑量。因此在检验侧滑前，应首先消除这些因素。当检验车辆的侧滑不合格时，应注意在这些方面查找原因。

3）汽车通过侧滑板时的速度，规定为3～4km/h，而一般人快步行走的速度可达到6km/h，故3～4km/h的速度只相当于一般人中速行走的速度。在检验侧滑时，有的驾驶人不自觉地将车速加快，这时由于冲击的作用，滑板产生的侧滑量会显著增加。

4）轮胎气压不符合规定，轮胎上有水、油或花纹中嵌有小石子，都会影响轮胎与滑板之间的作用力，从而影响侧滑量。

【拓展练习】

1. 转向盘自由行程一般不超过（　　）。

A. 10°～15°　B. 25°～30°　C. 25°～35°　D. 30°～40°

2. 下列关于汽车制动跑偏和制动侧滑关系的说法中，正确的是（　　）。

A. 制动跑偏不会引起制动侧滑　　B. 制动侧滑不会引起制动跑偏

C. 严重的制动跑偏会引起制动侧滑　　D. 两者在概念上是一致的

3. 汽车制动侧滑与（　　）有关。

A. 制动力大小　　B. 地面附着系数

C. 制动力增长快慢　　D. 同一轴上两车轮制动力的增长快慢

4. 汽车过度转向特性（　　）。

A. 使转向操纵轻便　　B. 能使车轮自动回正

C. 会导致侧滑　　D. 为理想转向特性

5. 汽车侧滑试验台的测量装置主要有（　　）两种。

A. 电位计式和应变仪式　　B. 差动变压器式和应变仪式

C. 电磁感应式和电位计式　　D. 电位计式和差动变压器式

6. 汽车的安全性能检测不包括（ ）。
A. 制动性能 B. 侧滑 C. 前照灯 D. 车速
7. 汽车在紧急制动时，不易发生侧滑。（ ）
8. 一般要求汽车侧滑先于侧翻。（ ）
9. 汽车前轮定位不准，特别是前束不正确，对燃油消耗影响很大。（ ）
10. 全面质量管理的主要特点是突出“全”字。（ ）

项目十 离合器分离杠杆高度的检查与调整

【技能目标】

1. 按正确的操作规程检查离合器分离杠杆的高度。
2. 调整离合器分离杠杆高度，使之符合技术标准。

【知识目标】

1. 了解离合器的构造、工作原理与维修方法。
2. 掌握检查、调整离合器分离杠杆高度的操作要点。

【工具设备】

1. 准备好拆、装所用工具和器材，包括深度游标卡尺、呆扳手、梅花扳手、鲤鱼钳、手摇柄各一，棉纱若干。离合器拆装专用工具、测量圆盘各一套。
2. CA1091 汽车离合器总成一个。

【操作步骤】

离合器分离杠杆的高度测量是利用离合器拆装工具，借助于圆环测量盘进行测量的。测量盘的厚度、外径分别与离合器从动盘的厚度、外径相同，内径比拆装专用工具中心螺栓的外径略大一些，用钢板制造即可。

1. 离合器分离杠杆高度的测量

1）将测量盘放在离合器拆装工具的座盘上。

2）放上离合器压盘，压紧弹簧，离合器盖及拆装工具的三叉形压板。

3）装上并转动拆装工具的手柄，直到离合器盖前端（和飞轮结合的平面）和拆装工具的座盘接触。

4）用深度游标卡尺测得分离杠杆承压面至测量盘之间的距离，即是分离杠杆的高度。

CA1091 各分离杠杆上端面至压盘工作面之间的距离为 41mm ± 0.25mm。各分离杠杆高度差不大于 0.25mm。

分离杠杆不符合高度标准时，应进行调整（在装配离合器时进行）。

2. 离合器分离杠杆高度的调整

利用分离杠杆外端处的调整螺钉调整离合器分离杠杆的高度。

1）取下调整螺母上的开口销，转动调整螺母。

2）顺时针方向拧紧螺母时，杠杆内端面向外移动，距离增大。

3）逆时针方向拧松螺母时，距离减小。

4）调好以后在每一个调整螺钉上穿好开口销并使螺母锁止。

注意：1）北京 BJ1040、BJ2020 型汽车通过分离杠杆内端面调整螺钉调整。

2）膜片式离合器不需调整，工艺上已保证各分离指在同一平面内。

【考核要求】

1. 按正确的操作规程检查离合器分离杠杆的高度。

2. 调整离合器分离杠杆高度，使之符合技术标准。分离杠杆高度为 41mm ± 0. 25mm、高度差不大于 0. 25mm。

3. 考核时间 30min，其考核记录及评分标准见表 1-12。

表 1-12　考核记录及评分标准

序号	作业项目	考核内容	配分	评分标准	评分记录	扣分	得分
1	检查	检查分离杠杆内端面至规定部位的高度	15	检查方法不正确扣 10 分			
				检查结果不正确扣 5 分			
		检查各分离杠杆内端面是否在同一平面内	15	检查方法不正确扣 10 分			
				检查结果不正确扣 5 分			
2	调整	调整分离杠杆高度	20	调整方法不正确扣 10 分			
				调整结果不正确扣 10 分			
		调整完毕，再次检查分离杠杆高度	10	检查方法不正确扣 5 分			
				检查结果不正确扣 5 分			
		调整各分离杠杆内端面	20	调整方法不正确扣 10 分			
				调整结果不正确扣 10 分			
		调整完毕，再次检查各分离杠杆内端面是否在同一平面内	10	检查方法不正确扣 5 分			
				检查结果不正确扣 5 分			
3	安全文明生产	遵守安全操作规程，正确使用工量具，操作现场整洁	10	每项错误扣 5 分，扣完为止			
		安全用电，防火，无人身、设备事故		因违规操作发生重大人身和设备事故，此题按 0 分计			
4	分数合计		100				

评分人：　　　　年　　月　　日

【相关知识】

离合器在使用过程中，由于零件的不断磨损，特别是离合器从动盘上摩擦片的磨损，都会改变分离杠杆与分离轴承端面的间隙，此间隙过大会造成踏板踩到底离合器也分离不开；间隙过小会使分离轴承始终随分离杠杆转动，而很快地烧坏或磨损。此外在使用过程中，由于三个分离杠杆变形、磨损的不同，会造成三个分离杠杆不在同一个与花键轴垂直的平面内，也就使得离合器分离不彻底，换挡困难、很快会将变速器的换挡齿轮打坏。离合器分离不彻底也会加速摩擦片的磨损，降低离合器的使用寿命，因此在使用中应按保养规定定期检查和调整离合器。离合器分离杠杆的高度应符合规定，以保证离合器分离彻底及结合的可靠，高度过大、过小，将使杠杆内端过于靠前或靠后，导致离合器分离不彻底及结合不可靠。

【拓展练习】

1. 桑塔纳2000型轿车离合器膜片弹簧分离指应在同一平面上，翘曲变形引起的平面度误差不应大于（　　）mm。

A. 0.5　　B. 0.6　　C. 0.8　　D. 0.4

2. 一般自动变速器离合器的自由间隙为（　　）mm。

A. 0.5~1.0　　B. 0.5~2.0　　C. 2.0~2.5　　D. 2.5~3.0

3. 汽车进厂外部检验项目不包括（　　）。

A. 车容　　B. 轮胎　　C. 电气设备　　D. 离合器工作情况

4. 汽车修理中，应进行动平衡试验的零件或组合件是（　　）。

A. 曲轴　　B. 离合器从动盘

C. 离合器压盘　　D. 制动鼓

5. 桑塔纳2000型轿车离合器踏板自由行程为（　　）mm。

A. 15~20　　B. 15~25　　C. 15~30　　D. 20~30

6. 汽车竣工验收路试中要进行的检验是（　　）。

A. 滑行试验　　B. 喇叭音质　　C. 灯光性能　　D. 离合器踏板自由行程

7. 关于表面点火，下面说法不正确的是（　　）。

A. 是一种不正常燃烧　　B. 表面点火危害小于爆燃

C. 表面点火形成原因有两种　　D. 表面点火危害较大

8. 发动机每小时耗油量大，则（　　）。

A. 动力性好　　B. 经济性越差　　C. 经济性不一定差　　D. 耗油率 g_e 一定大

9. 液力变矩器锁止离合器的作用是防止自动变速器打滑。（　　）

10. 对零件草图进行审核的内容只有尺寸标准和技术要求。（　　）

项目十一　主减速器锥齿轮啮合间隙的检查与调整

【技能目标】

1. 按正确的操作规程检查齿轮啮合印迹。
2. 正确调整齿轮啮合印迹，使之符合技术标准。

【知识目标】

1. 了解主减速器的结构、工作原理。
2. 掌握齿轮啮合间隙的检查与调整方法。

【工具设备】

1. 准备好拆、装所用工具和器材，包括套筒扳手、扭力扳手、梅花扳手、呆扳手各一，棉纱若干。
2. NJ1061型汽车主减速器总成一台，百分表、磁性表座各一。

【操作步骤】

1. 主减速器锥齿轮啮合间隙的检查

1）组装好百分表及磁力表座，如图1-46所示。

2）把百分表磁力表座固定在主减速器的外壳上，如图1-47所示。

图 1-46 组装百分表及表座

图 1-47 固定百分表磁力表座

3）调整百分表支架，使表触头垂直对准从动锥齿轮的轮齿大端凸面，如图 1-48 所示。

4）转动主减速器从动锥齿轮，观察百分表指针的变化情况，如图 1-49 所示。

图 1-48 调整百分表支架位置

图 1-49 转动锥齿轮，观察百分表

5）从百分表指针的变化，测出啮合间隙值。

6）对主减速器从动锥齿轮沿圆周均布的不少于 4 个齿进行啮合间隙的测量。

2. 主减速器锥齿轮啮合间隙的调整

啮合间隙的调整是靠主、从动锥齿轮的轴向移动来实现的，两齿轮移近则啮合间隙减小，两齿轮移离则啮合间隙增大。转动差速器轴承调整螺母可以调整啮合间隙。

当啮合间隙过大时，则应使从动锥齿轮向靠近主动锥齿轮的方向移动，反之则反方向移动。

调整之前，应先将差速器轴承的预紧度调整好，为保证差速器轴承的预紧度不变，一端的调整螺母拧松（或拧紧）多少，另一端的调整螺母则相应拧紧（或拧松）多少，如图 1-50、图 1-51 所示。

在调整过程中，有可能出现啮合印痕和啮合间隙相冲突的现象，这时应尽量满足啮合印痕，宁可使啮合间隙稍大一些，但最大间隙不能超过 1 mm。

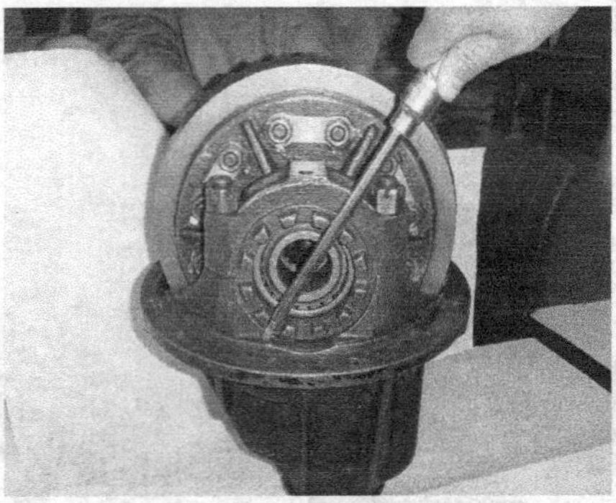

图1-50 拧动调整螺母（一端）

图1-51 拧动调整螺母（另一端）

注意：

1）主动锥齿轮圆锥滚子轴承也有一定的装配预紧度，可通过调整两轴承内座圈之间隔套一端的调整垫片厚度来改变预紧度。

2）主、从动锥齿轮预紧度的调整需在齿轮啮合间隙调整前进行。

【考核要求】

1. 按正确的操作规程检查主减速器主、从动锥齿轮的啮合间隙。

2. 调整主减速器主、从动锥齿轮的啮合间隙，使之符合技术标准，其啮合间隙为0.10～0.40mm。

3. 考核时间40min，其考核记录及评分标准见表1-13。

表1-13 考核记录及评分标准

序号	作业项目	考核内容	配分	评分标准	评分记录	扣分	得分
1	检查	将百分表用磁性表座吸附在减速器壳上	10	操作方法不正确扣10分			
		将百分表触头垂直顶在从动锥齿轮的大端凸面	20	操作方法不正确扣15分			
				操作不熟练扣5分			
		左右转动从动锥齿轮，测量啮合间隙	20	测量方法不正确扣10分			
				测量结果不正确扣10分			
2	调整	调整啮合间隙	20	调整方法不正确扣10分			
				调整结果不正确扣10分			
		调整完毕，再次检查啮合间隙	20	检查方法不正确扣10分			
				检查结果不正确扣10分			
3	安全文明生产	遵守安全操作规程，正确使用工量具，操作现场整洁	10	每项错误扣5分，扣完为止			
		安全用电，防火，无人身、设备事故		因违反操作发生重大人身和设备事故，此题按0分计			
4	分数合计		100				

评分人：　　　　年　　月　　日

【相关知识】

1. 驱动桥的组成

驱动桥由主减速器、差速器、半轴和驱动桥壳、轮毂组成，如图 1-52 所示。

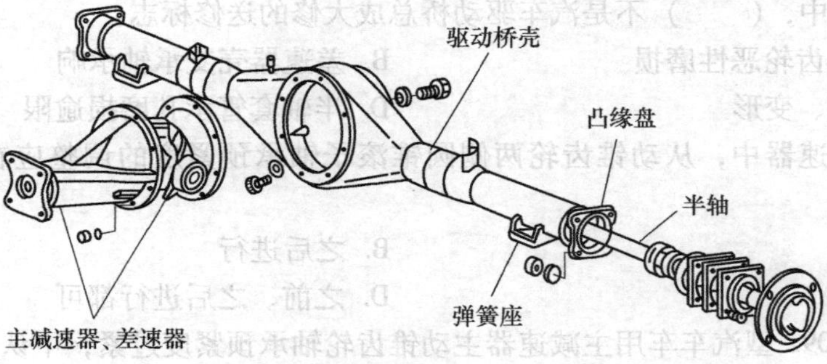

图 1-52　驱动桥的组成

2. 主减速器的结构

主减速器的结构如图 1-53 所示。

1）主动锥齿轮与轴制成一体。

2）主动锥齿轮前端支承在互相贴近而小端相向的两个圆锥滚子轴承上，后端支承在圆柱滚子轴承上，形成跨置式支承。

3）从动锥齿轮连接在差速器壳上，用两个小端相背的圆锥滚子轴承支承。从动锥齿轮的背面有支撑螺栓以限制从动锥齿轮过度变形。

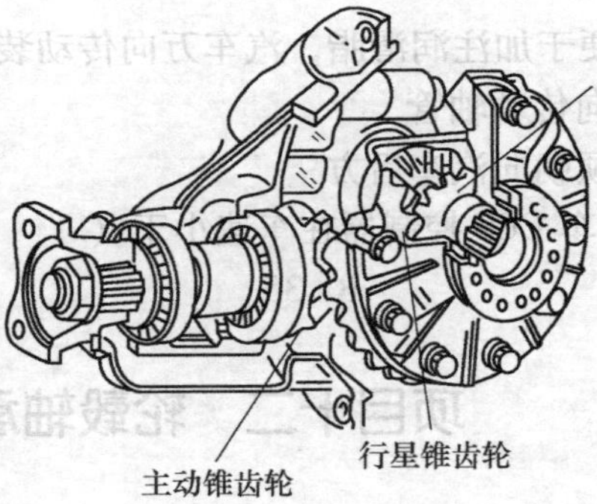

图 1-53　主减速器的结构

采用相向和相背圆锥滚子轴承，主要考虑主动齿轮轴和从动齿轮的轴向移动问题。

【拓展练习】

1. 根据《汽车驱动桥修理技术条件》的技术要求，主动锥齿轮与凸缘键槽的侧隙应不大于（　　）mm。

A. 0.10　　B. 0.20　　C. 0.25　　D. 0.30

2. 汽车主减速器的主、从动锥齿轮之间，正确的啮合间隙为（　　）mm。

A. 0.15 ~ 0.4　　B. 0.2 ~ 0.3　　C. 0.2 ~ 0.4　　D. 0.15 ~ 0.30

3. 主减速器一定可以（　　）。

A. 增大汽车动力　　B. 减速增矩

C. 改变转矩旋转方向　　D. B 和 C

4. 采用一对锥齿轮传递动力的主减速器可以（　　）。

A. 增大汽车动力　　B. 改变汽车行驶方向

C. 改变转矩旋转方向　　D. 以上都不是

5. 解放 CA1092 型汽车车用主减速器从动锥齿轮轴承预紧度调整是利用（　　）来进行的。

A. 减速器壳侧盖下的调整垫片　　B. 环形螺母

C. 轴承壳与主减速器接合面间调整垫片　　D. 止推垫片

6. 下列选项中，（　　）不是汽车驱动桥总成大修的送修标志。

A. 主减速器齿轮恶性磨损　　B. 差速器壳支承轴承响

C. 桥壳破裂、变形　　D. 半轴套管承孔磨损逾限

7. 单级主减速器中，从动锥齿轮两侧圆锥滚子轴承预紧度的调整应在齿轮啮合调整（　　）。

A. 之前进行　　B. 之后进行

C. 同时进行　　D. 之前、之后进行都可

8. 解放 CA1092 型汽车车用主减速器主动锥齿轮轴承预紧度过紧，甲认为应减少轴承壳与主减速器壳之间的调整垫片；乙认为应增加前轴承与轴肩处调整垫片的厚度；丙认为应增加轴承壳与主减速器壳之间的调整垫片。正确的是（　　）。

A. 甲　　B. 乙

C. 丙　　D. 甲和乙

9. 为便于加注润滑脂，汽车万向传动装置的十字轴上注油嘴的安装方向是（　　）。

A. 朝向传动轴管　　B. 朝向汽车前进方向

C. 必须朝向汽车后方　　D. 任意方向均可

10. 汽车 CCS 控制器在车速小于（　　）km/h 时应避免使用。

A. 30　　B. 35　　C. 45　　D. 50

项目十二　轮毂轴承预紧度的检查与调整

【技能目标】

1. 按正确的操作规程检查轮毂轴承预紧度。

2. 调整轮毂轴承预紧度，使之符合技术标准。

【知识目标】

1. 了解轮毂轴承的结构和作用。

2. 掌握检查、调整车轮轮毂轴承预紧度的方法。

【工具设备】

1. 准备好拆、装所用工具和器材，包括机械式千斤顶、百分表及座、套筒扳手、扭力扳手、呆扳手、鲤鱼钳、梅花扳手、一字螺钉旋具、活扳手各一，棉纱、汽油若干，油盆。

2. 桑塔纳轿车一辆。

【操作步骤】

轮毂轴承预紧度的检查与调整步骤如下：

1）检查轮毂轴承预紧度时，首先用支车凳、掩车木等用具把车安全地架好，如图 1-54 所示。

2）将汽车受检轮毂一端车轮的车桥支起，如图1-55所示。

图1-54　把车架好

图1-55　支起受检轮毂端车轮

3）用手转动受检车轮数圈，看看转动是否平稳，是否有不正常的噪声。如果转动不平稳并有摩擦声，说明制动部分不正常；如果没有噪声，转动不平稳并且时紧时松，说明轴承部分不正常。出现上述不正常现象时应该拆检该轮毂。

4）用双手握住轮胎的上下侧，双手来回扳动轮胎，如图1-56所示，重复做多次。如果正常的话，应没有松旷和阻滞的感觉；如果车轮摇摆并有明显松旷的感觉，应拆检轮毂。

图1-56　双手来回扳动轮胎

也可将百分表指针靠在轮胎下方的中部，用手晃动轮胎，读取轮毂间隙值。

5）拆去轴头上的防尘罩和轮毂轴承锁紧螺母、锁止垫片、锁止垫圈。

6）将调整螺母拧到底，然后退回1/6～1/4圈即可。转动轮毂应灵活无卡滞现象，用两手轴向扳动轮毂应无松旷感，说明轴承预紧度符合要求。

7）装好锁止垫圈、锁止垫片、锁紧螺母，并按规定力矩拧紧螺母，锁紧垫圈翻边将锁紧螺母锁死，最后装好防尘罩。

注意：调整完后，让汽车行驶一段时间后，用手摸试前轮轮毂，如有过热现象，应重新调整前轮轮毂轴承的松紧度。

【考核要求】

1. 按正确的操作规程检查轮毂轴承预紧度。

2. 调整轮毂轴承预紧度，使之符合以下技术标准。

1）用一字螺钉旋具在手指的压力下刚好能够拨动止推垫圈。

2）调整完毕后，车轮应能灵活地转动，用力扳动车轮应无松旷。

3. 考核时间30min，其考核记录及评分标准见表1-14。

表1-14 考核记录及评分标准

序号	作业项目	考核内容	配分	评分标准	评分记录	扣分	得分
1	检查	支起车轮，将车轮置于直线行驶位置	10	操作方法不正确扣10分			
		抓住轮胎的两侧，用手晃动轮胎，测试轮毂轴承间隙值	30	操作方法不正确扣20分			
				操作不熟练扣10分			
2	调整	调整轴承预紧度	30	调整轴承预紧度不熟练扣20分			
				调整结果不正确扣10分			
		调整完毕，再次检查间隙值	20	检查方法不正确扣15分			
				检查结果不正确扣5分			
3	安全文明生产	遵守安全操作规程，正确使用工量具，操作现场整洁	10	每项错误扣5分，扣完为止			
		安全用电，防火，无人身、设备事故		因违反操作发生重大人身和设备事故，此题按0分计			
4	分数合计		100				

评分人：　　　　年　　月　　日

【相关知识】

轮毂轴承的主要作用是承重和为轮毂的转动提供精确引导，它既承受轴向载荷又承受径向载荷，是非常重要的零件。传统的汽车车轮用轴承是由两套圆锥滚子轴承或球轴承组合而成的，在汽车维护时，需要对轴承进行清洗、涂油和调整。

轮毂轴承单元是在标准角接触球轴承和圆锥滚子轴承的基础上发展起来的，它将两套轴承作为一体，具有组装性能好、可省略游隙调整、重量轻、结构紧凑、载荷容量大、密封轴承时可事先装入润滑脂、省略外部轮毂密封及免于维修等优点，已广泛用于轿车中，在载重汽车中也有逐步扩大应用的趋势。

轮毂轴承在安装和使用中，要注意以下常识问题。

1）为了最大限度地确保安全和可靠，要经常检查轮毂轴承：注意轴承是否有磨损的早期预警信号，包括任何转动时的摩擦噪声或悬架组合轮在转弯时不正常的减速。

2）如听到轮毂轴承部位发出的杂音，轴承可能已损坏，需要更换。

3）因为前轮毂导致两侧轴承失效的工作条件相似，所以即使只坏了一个轴承，也建议成对更换。

4）轮毂轴承比较敏感，在任何情况下都需要采用正确的方法和合适的工具进行拆检。

5）安装轴承应该在干净整洁的环境中进行，因为细小的微粒进入轴承也会缩短轴承的使用寿命。

6）不要企图拆开轮毂轴承或调整轮毂单元的密封圈，否则会使密封圈受损，导致水或灰尘的进入。

【拓展练习】

1. 汽车车速传感器一般安装在（ ）上。

A. 车轮 B. 轮毂 C. 发动机 D. 变速器

2. 在紧急制动时，（ ）情况最危险。

A. 前轮先于后轮抱死 B. 后轮先于前轮抱死

C. 前后轮滑移率很小时 D. 车轮将要抱死时

3. 转向轮绕着（ ）摆动。

A. 转向节 B. 主销 C. 前梁 D. 车架

4. 汽车和无轨电车车轮阻滞力均不得大于该轴荷的（ ）。

A. 2% B. 5% C. 7% D. 10%

5. 行星齿轮差速器起作用的时刻为（ ）。

A. 汽车转弯 B. 直线行驶

C. A、B 情况下都起作用 D. A、B 情况下都不起作用

6. 目前大多数轿车都是采用（ ）。

A. 边梁式车架 B. 中梁式车架

C. 综合式车架 D. 承载式车身

7. 汽车转弯行驶时，差速器中的行星齿轮（ ）。

A. 只有自转，没有公转

B. 只有公转，没有自转

C. 既有公转，又有自转

D. 以上都不是

8. 下列选项中，（ ）因素可以提高汽车制动试验台的附着力。

A. 增大滚筒直径 B. 增大车轮直径

C. 减小滚筒中心距 D. 增大安置角

9. 汽车车轮制动器间隙的调整应在轮毂轴承预紧度调好后进行。（ ）

10. 汽车车轮速度传感器安装在曲轴前。（ ）

项目十三 鼓式车轮制动器间隙的检查与调整

【技能目标】

1. 按正规的操作规程检查鼓式车轮制动器的蹄鼓间隙。

2. 调整鼓式车轮制动器蹄鼓间隙，使之符合技术标准。

【知识目标】

1. 了解鼓式车轮制动器的构造、作用和工作原理。

2. 掌握鼓式车轮制动器蹄鼓间隙的检查与调整方法。

【工具设备】

1. 准备好拆、装所用工具和器材，包括机械式千斤顶、呆扳手、梅花扳手、一字螺钉旋具、塞尺各一，棉纱若干。

2. CA1091 型汽车一辆或鼓式车轮制动器若干。

【操作步骤】

气压制动系统鼓式车轮制动器间隙的检查与调整方法如下：

首先在车轮处垫上掩车木，防止在进行检查时车辆发生移动。

1）支起需要调整的车轮，松开驻车制动杆，并将变速器置于空挡位置，使车轮可以自由空转。

2）调整轮毂轴承的预紧度。

① 将轮毂轴承调整螺母拧到底，再退回 1/4 ~ 1/3 圈，应转动灵活无卡滞现象。

② 用两手轴向扳动轮毂应无间隙感，说明轴承预紧度符合要求。

3）拆下车轮制动器制动鼓检视孔盖。

4）取下调整臂的防尘罩，推进锁止套，以露出蜗杆轴的六角头部。

5）选用合适厚度的塞尺，在距离蹄片端 20 ~ 30mm 处测量制动鼓与制动蹄片之间的间隙。如不符合要求需进行调整。

6）松开两个支承销的锁紧螺母，转动支承销，使记号向内对正。

7）松开凸轮轴支架紧固螺栓的螺母。

8）反复拧动支承销和调整蜗杆轴，使制动蹄和制动鼓完全贴合，在调整好的位置上，小心地拧紧支架上的固定螺母和支承销上的锁紧螺母，应保证其位置不变。

9）用扳手拧松调整臂蜗杆轴 3 ~ 4 响，使制动鼓能自由转动且与摩擦片无碰擦现象。

10）用塞尺从制动鼓的检视孔处测量蹄片与制动鼓之间的间隙应符合要求。

11）装回制动鼓检视孔盖片。

12）踩下制动踏板，向制动室通入压缩空气，同时测量制动室推杆的行程应符合要求。

特别说明：

1. 同一桥上左右制动室推杆行程差不应超过 5mm。

2. 禁止通过转动连接叉改变推杆长度的方法来调整车轮制动器。

部分车型的制动蹄和制动鼓的间隙见表 1-15。

表 1-15　部分车型的制动蹄和制动鼓的间隙　（单位：mm）

车型	上端间隙	下端间隙
解放 CA1091	0. 40 ~ 0. 60	0. 20 ~ 0. 60
东风 EQ1090	0. 40 ~ 0. 70	0. 25 ~ 0. 40
北京 BJ2012	0. 30	0. 15

【考核要求】

1. 按正确的操作规程检查鼓式车轮制动器的蹄鼓间隙。

2. 调整鼓式车轮制动器蹄鼓间隙，使之符合技术标准。凸轮轴端 0. 40 ~ 0. 60mm，制动蹄轴端 0. 20 ~ 0. 60mm。

3. 考核时间 30min，其考核记录及评分标准见表 1-16。

表 1-16　考核记录及评分标准

序号	作业项目	考核内容	配分	评分标准	评分记录	扣分	得分
1	检查	支起车轮，查找制动鼓上的检视孔	10	操作方法不正确扣 10 分			
		用塞尺检查制动器间隙	20	检查方法不正确扣 10 分			
				检查结果不正确扣 10 分			
2	调整	调整制动器间隙	40	调整方法不正确扣 30 分			
				调整结果不正确扣 10 分			
		调整完毕，再次检查制动器间隙	20	检查方法不正确扣 10 分			
				检查结果不正确扣 10 分			
3	安全文明生产	遵守安全操作规程，正确使用工量具，操作现场整洁	10	每项错误扣 5 分，扣完为止			
		安全用电，防火，无人身、设备事故		因违规操作发生重大人身和设备事故，此题按 0 分计			
4	分数合计		100				

评分人：　　　　年　　月　　日

【相关知识】

汽车制动系统的功用是按照需要使汽车减速或在最短的距离内停车；下坡行驶时限制车速；保证汽车停放可靠，不致自动滑溜。

汽车制动系统的组成：任何制动系统都具有供能装置、控制装置、传动装置及制动器四个基本组成部分。

制动器的旋转元件固装在车轮上，制动力矩直接作用于车轮上的制动器称为车轮制动器。汽车上采用的车轮制动器按旋转元件的不同，可分为鼓式车轮制动器和盘式车轮制动器两类。

鼓式车轮制动器多为内张双蹄式，即制动鼓内圆柱面为工作表面，有两个制动器配合使用。内张双蹄式车轮制动器按张开装置的形式可分为液压轮缸式制动器和凸轮式制动器，如图 1-57 所示为凸轮式制动器。

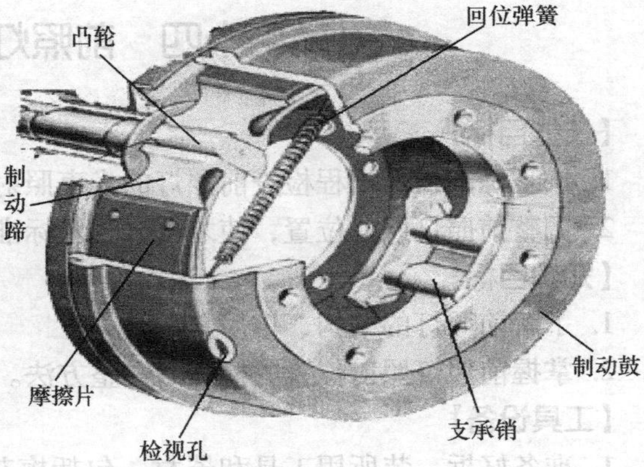

图 1-57　凸轮式制动器

【拓展练习】

1. 使已停驶的汽车在原地不动的制动系统是（　　）。

A. 行车制动系统　B. 驻车制动系统　C. 第二制动系统　D. 辅助制动系统

2. 中央制动器的旋转元件固装在（　　）上。

A. 传动系统的传动轴　B. 车轮

C. 半轴　D. 主减速器

3. 普通桑塔纳后轮制动器采用（　　）方式进行制动器间隙调整。

A. 转动调整螺母　　B. 调整可调顶杆长度

C. 楔块式　　D. 转动调整凸轮

4. 汽车制动器制动力（　　）。

A. 随踏板力增加而增加　　B. 与地面制动力同步增长

C. 与附着力有关　　D. 始终小于附着力

5. 汽车在制动过程中横向附着系数随滑移率增加而（　　）。

A. 逐渐变小　　B. 逐渐变大

C. 先变小而后增加　　D. 先变大后变小

6. 下列选项中，可作为汽车制动效能评价指标的是（　　）。

A. 制动距离　　B. 制动释放时间　　C. 制动时间　　D. 制动协调时间

7. 汽车涉水后，制动效能（　　）。

A. 不受影响　　B. 下降　　C. 严重下降　　D. 不能恢复

8. 在动力转向系统中，转向所需的能源来源于（　　）。

A. 驾驶人的体能　　B. 发动机动力　　C. A、B 均有　　D. A、B 均没有

9. 制动踏板自由行程过大会（　　）。

A. 制动不灵　　B. 制动拖滞　　C. 甩尾　　D. 都不是

10. 对液压制动的汽车连续踏几次制动踏板后，踏板能升高但踏制动踏板感觉有弹性，是由于（　　）。

A. 主缸皮碗破坏、顶翻　　B. 液压系统有空气或制动液汽化

C. 液压系统有渗漏　　D. 制动液牌号不对

项目十四　前照灯的检查与调整

【技能目标】

1. 按正确的操作规程检查前照灯的光束照射位置。

2. 调整前照灯照射位置，使之符合技术标准。

【知识目标】

1. 了解前照灯的结构、作用。

2. 掌握前照灯照射位置的检查与调整方法。

【工具设备】

1. 准备好拆、装所用工具和器材，包括梅花扳手、呆扳手、一字螺钉旋具、十字螺钉旋具各一。

2. 桑塔纳轿车一辆、前照灯检测仪一台。

【操作步骤】

1. 用人工方法检查、调整前照灯

调整前照灯光束之前，应将四个轮胎的气压调整至规定值，用手向下按压车身以调整汽车的姿势，然后把汽车开到平坦的地面。

1）在汽车前面 10m 处设置白屏幕或白墙，如图 1-58 所示，在屏幕或墙壁上画出水平

线 AA，垂直线 BB、CC，两聚焦点为 O_1、O_2。

2）调整前照灯近光光束。接通前照灯近光，光束中心的高度应为 $0.8H$（H 为前照灯基准中心高度），其水平方向位置向左、向右均不得大于 100mm。

3）调整前照灯远光光束。接通前照灯远光，前照灯光束的照射最强点（光束焦点）应落在前照灯高度 H 与其下 $1/5H$ 之间的范围内，如图 1-59 所示，即要求光束中心离地高度为 $0.85 \sim 0.90H$。

4）水平光束的调整。接通远光，前照灯光束照射最强点的水平位置要求是左灯光束向左偏不得大于 100mm，向右偏不得大于 200mm；右灯光束向左或向右偏均不得大于 200mm，如图 1-60 所示。

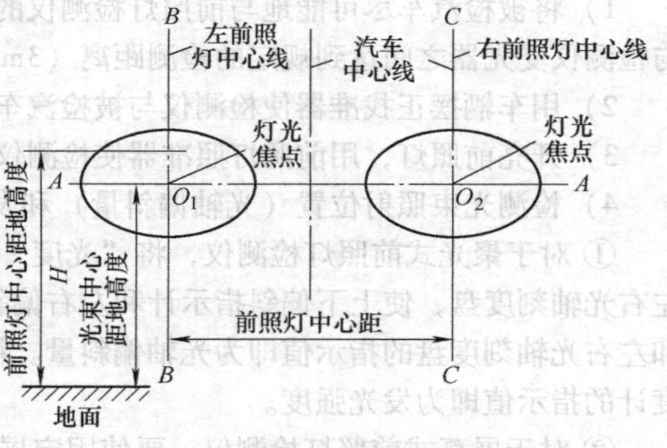

图 1-58 前照灯检测屏幕设置

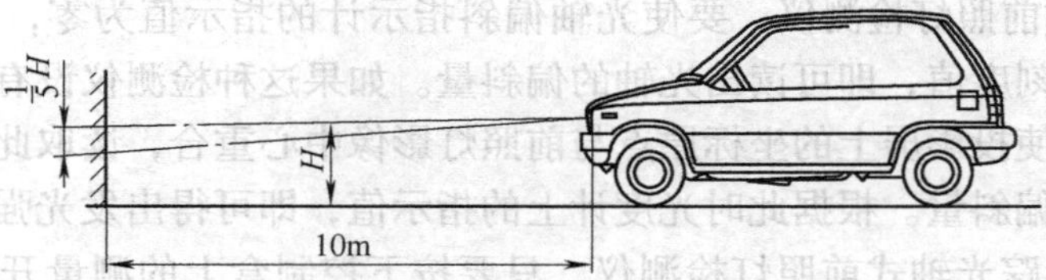

图 1-59 前照灯垂直光束的要求

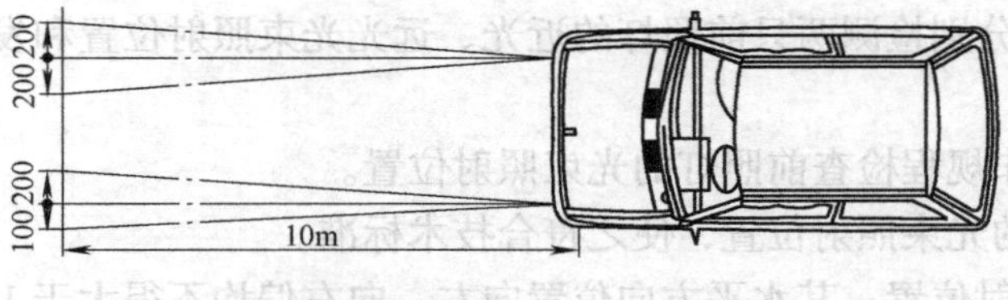

图 1-60 前照灯水平光束的要求

5）前照灯光束若不满足上述要求，可调整前照灯的 3 个调整螺钉，调整前照灯光束的上下、左右位置，使光束位置达到要求，如图 1-61 所示。

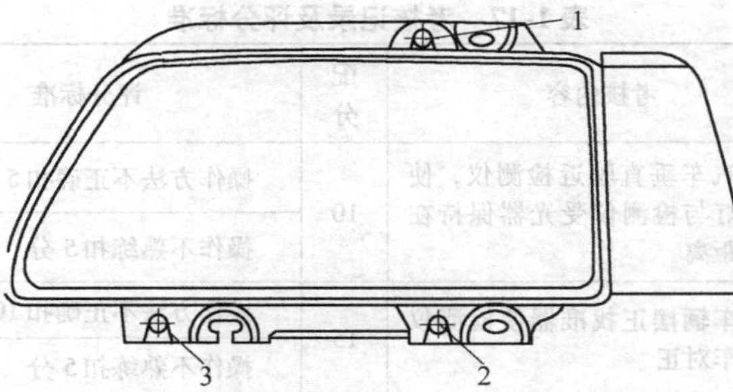

图 1-61 前照灯主光束对光位置的调整

1、2、3—调整螺钉

2. 用前照灯检测仪检测前照灯

1）将被检汽车尽可能地与前照灯检测仪的轨道保持垂直方向驶近检测仪，直至前照灯与检测仪受光器之间达到规定的检测距离（3m、1m、0.5m 或 0.3m）。

2）用车辆摆正找准器使检测仪与被检汽车对正。

3）开亮前照灯，用前照灯照准器使检测仪与被检前照灯对正。

4）检测光束照射位置（光轴偏斜量）和发光强度。

① 对于聚光式前照灯检测仪，将“光度·光轴”转换开关旋至光轴一侧，转动上下和左右光轴刻度盘，使上下偏斜指示计和左右偏斜指示计的指示为零。此时，上下光轴刻度盘和左右光轴刻度盘的指示值即为光轴偏斜量。将“光度·光轴”转换开关旋至光度一侧，光度计的指示值即为发光强度。

② 对于屏幕式前照灯检测仪，要使固定屏幕上左右光轴刻度尺的零点与活动屏幕上的基准指针对正，左右和上下移动受光器，使光度计的指示值达到最大。此时，根据受光器上的基准指针所指活动屏幕上的上下刻度值和活动屏幕上的基准指针所指固定屏幕上的左右刻度值，即可得出光轴偏斜量。根据此时光度计上的指示值，即可得出发光强度。

③ 对于投影式前照灯检测仪，要使光轴偏斜指示计的指示值为零，根据投影屏上前照灯影像中心所示的刻度值，即可读出光轴的偏斜量。如果这种检测仪设有光轴刻度盘，则要转动光轴刻度盘，使投影屏上的坐标原点与前照灯影像中心重合，读取此时光轴刻度盘上的指示值，即为光轴偏斜量。根据此时光度计上的指示值，即可得出发光强度。

④ 对于自动追踪光轴式前照灯检测仪，只要按下控制盒上的测量开关，受光器立即追踪前照灯光轴，根据光轴偏斜指示计和光度计上的指示值，即可获得光轴偏斜量和发光强度。

5）用同样方法分别检测两只前照灯的近光、远光光束照射位置和发光强度。

【考核要求】

1. 按正确的操作规程检查前照灯的光束照射位置。

2. 调整前照灯的光束照射位置，使之符合技术标准。

1）近光光束照射位置：其水平方向位置向左、向右偏均不得大于 100mm。

2）远光光束照射位置：左灯向左偏不大于 100mm，向右偏不得大于 170mm；右灯向左或向右偏均不得大于 200mm。

3. 考核时间 30min，其考核记录及评分标准见表 1-17。

表 1-17 考核记录及评分标准

序号	作业项目	考核内容	配分	评分标准	评分记录	扣分	得分
1	检查	将汽车垂直驶近检测仪，使前照灯与检测仪受光器保持在规定距离	10	操作方法不正确扣 5 分			
				操作不熟练扣 5 分			
		用车辆摆正找准器使检测仪与汽车对正	15	操作方法不正确扣 10 分			
				操作不熟练扣 5 分			
		按下测量开关，检查光束照射位置	20	测量方法不正确扣 15 分			
				读取结果不正确扣 5 分			

（续）

序号	作业项目	考核内容	配分	评分标准	评分记录	扣分	得分
2	调整	调整光束照射位置	30	调整方法不正确扣20分			
				调整结果不正确扣10分			
		调整完毕，再次检查光束照射位置	15	检查方法不正确扣10分			
				调整结果不正确扣5分			
3	安全文明生产	遵守安全操作规程，正确使用工量具，操作现场整洁	10	每项错误扣5分，扣完为止			
		安全用电，防火，无人身、设备事故		因违规操作发生重大人身和设备事故，此题按0分计			
4	分数合计		100				

评分人： 年 月 日

【相关知识】

一般汽车的前照灯电路如图1-62所示。

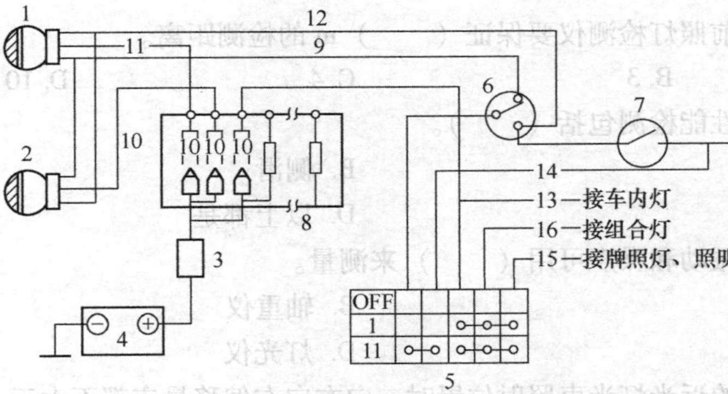

图1-62 前照灯电路

1—右前照灯 2—左前照灯 3—总熔丝 4—蓄电池 5—照明开关 6—前照灯变光开关 7—超车灯开关 8—熔丝盒 9—红色/白色 10—白色/蓝色 11—白色/红色 12—红色 13—白色 14—黑色 15—红色/黄色 16—红色/蓝色

检查前照灯的注意事项如下：

1）检查前照灯的安装。前照灯的安装应可靠，安装位置不得倾斜侧置，以免影响前照灯的光束方向。

2）前照灯散光玻璃罩应清洁，若有灰尘应清洗或用压缩空气吹净；玻璃罩不得有裂纹或其他缺陷，否则应更换。

3）打开前照灯，检查其远光光束和照明亮度是否正确。若远光光束轴线方向不符合标准规定，应调整调节螺钉；若蓄电池电压正常、照明电路无故障，而照明亮度不够，则应更换前照灯灯泡。

4）检查前照灯的远光、近光和超车灯开关的工作情况。

5）检查组合开关的工作情况，如图1-63所示。

将组合开关上的照明开关从断开（OFF）位置旋转Ⅰ挡，前位灯、后位灯、牌照灯及仪表板灯应接通，若旋转开关手柄到Ⅱ挡，此时前照灯、前位灯、后位灯、牌照灯及仪表板灯同时接通。

6）检查前照灯变光开关的工作情况。当前照灯接通后，将操纵杆（组合开关）向上抬和向下压时，均为远光；操纵杆处于中间位置时，前照灯为近光，如图1-64所示。

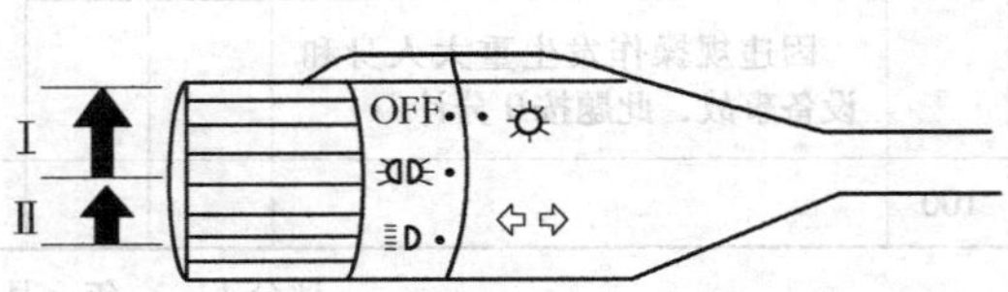

图1-63 检查组合开关

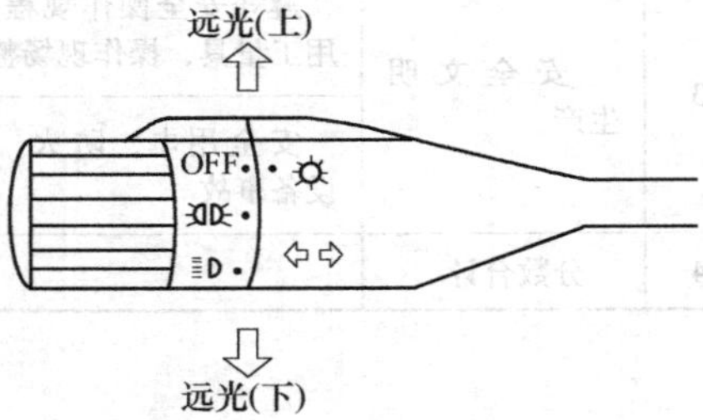

图1-64 检查前照灯变光开关

【拓展练习】

1. 全自动汽车前照灯检测仪要保证（ ）m的检测距离。

A. 2　　B. 3　　C. 4　　D. 10

2. 汽车的安全性能检测包括（ ）。

A. 制动性能　　B. 侧滑

C. 前照灯　　D. 以上都是

3. 汽车总成的振动和噪声可用（ ）来测量。

A. 底盘测功仪　　B. 轴重仪

C. 声级计　　D. 灯光仪

4. 在检验汽车的近光灯光束照射位置时，向左向右偏移量应都不大于（ ）mm。

A. 80　　B. 90　　C. 100　　D. 1000

5. 1kW·h电可供一只“220V、25W”的灯泡正常发光的时间是（ ）h。

A. 20　　B. 25　　C. 40　　D. 45

6. 汽车大修竣工外观检视不包括（ ）。

A. 仪表及指示值　　B. 后视镜

C. 转向性能　　D. 灯光信号标志

7. 在用车前照灯远光光束的发光强度应大于（ ）cd。

A. 1000　　B. 5000　　C. 8000　　D. 10000

8. 80W/90中负荷汽车齿轮油，使用环境温度在（ ）以上地区四季通用。

A. 10℃　　B. 0℃　　C. −12℃　　D. −26℃

9. 汽车ABS系统出现故障时，由ECU控制ABS警告灯点亮。（ ）

10. 汽车前照灯检测仪一般应安放在自动检测线的中间工位上。（ ）

项目十五 空调制冷系统压力的检查与制冷剂的补充

【技能目标】

1. 按正确的操作规程检查空调制冷系统的压力。

2. 补充制冷剂，使制冷系统压力符合技术标准。

【知识目标】

1. 了解空调制冷系统的组成、构造和工作原理。

2. 掌握空调制冷系统压力的检查与制冷剂的补充方法。

【工具设备】

1. 准备好拆、装所用工具和器材，包括空调检修表一套（或汽车空调冷媒机一台）、制冷剂注入阀一个、鲤鱼钳一把。

2. 桑塔纳轿车一辆、制冷剂若干。

【操作步骤】

先擦干净贮液干燥器上的视镜，从视镜中初步判定制冷剂量，如从视镜观察，制冷剂中没有气泡，也看不到液体流动，为正常；反之，应进行空调系统的检修。

1. 空调系统压力的检查(采用双表组空调检修表)

1）分别将高压表接入贮液罐的维修阀，低压表接入自蒸发器至压缩机低压管路上的维修阀，中间注入软管安装于真空泵接口，并使其处于关闭状态。

2）使连接高、低压表的两个维修阀处于关闭状态；关闭高、低压表的两个手动阀。

3）起动发动机，打开空调使压缩机快速运转。

4）打开低压管路上的维修阀，松开低压表手动阀，观察低压表的指示数并记录。

5）关闭低压表手动阀，关闭低压管路上的维修阀。

6）打开高压管路上的维修阀，松开高压表手动阀，观察高压表的指示数并记录。

7）关闭高压表手动阀，关闭高压管路上的维修阀。

8）关闭空调系统，关闭发动机（如果要加注制冷剂，可不拆卸组合表）。

桑塔纳 2000 轿车空调系统的工作压力为：高压侧 1206.59 ~ 1447.9kPa，低压侧 100 ~ 300kPa。若压力低于标准值，说明系统内制冷剂量不足；若压力高于标准值，说明系统内制冷剂量超过规定质量。

2. 加注制冷剂

（1）抽真空

1）将高压表接入贮液罐的维修阀，低压表接入自蒸发器至压缩机低压管路上的维修阀，中间注入软管安装于真空泵接口。

2）起动真空泵，打开组合压力表（歧管压力计）高低压手动阀。

3）系统抽真空，使低压表所示的真空度达 100kPa。抽真空时间为 5 ~ 10min。

4）关闭真空泵手动阀，真空泵继续运转，打开制冷剂罐，让少量 R134a 制冷剂进入系统（压力为 0 ~ 49kPa），关闭罐阀。

5）放置 5 min，观察压力表，如指针继续上升，说明真空度下降，系统有泄露之处，应进行检查并填漏。

6）继续抽真空20~25 min，并重复5）步，如压力表指针保持不动，说明无泄露，可进行下一步工作。

7）关闭高、低压压力表的手动阀，停止抽真空，从真空泵的接口拆下中间注入软管，准备注入制冷剂。

（2）注入制冷剂

1）抽完真空后，将注入阀连接在制冷剂罐上。

2）将组合压力表的中间注入软管安装在注入阀接口上，顺时针拧紧注入阀手柄，使阀上的顶针将制冷剂罐顶开一个小孔；逆时针旋松注入阀手柄，退出顶针，使制冷剂进入中间软管。如一罐用完，再用第2、3罐时，仍应先关闭压力表的手动阀，重新顶开罐孔，将中间注入软管在表头处拧松，以排除管内空气（桑塔纳2000轿车制冷剂充注量为1150g ± 50g）。

3）拧松连接组合压力表中心接头的注入软管螺母，如看到白色制冷剂气体溢出，或听到嘶嘶声，说明注入软管中的空气已排出，可以拧紧该螺母。

4）旋开高压表侧手动阀，将制冷剂罐倒立，使制冷剂以液态注入制冷系统。在充注时不得起动发动机和打开空调，以防制冷剂倒灌。

5）旋开低压表侧手动阀，使制冷剂以气态形式通过低压侧注入。此时要防止制冷剂以液态注入，以免造成液击现象，损坏压缩机。

6）如制冷剂不足，关闭高压表侧手动阀，开启低压表侧手动阀，将制冷剂罐直立，起动发动机，接合压缩机快速运转，让气态制冷剂从低压表侧吸入压缩机。

7）向系统充注规定质量的制冷剂后，关闭发动机，关闭高、低压压力表的两个手动阀和制冷剂罐上的注入阀，拆下低压表侧软管，待高压表压力下降后，方可从高压侧维修阀拆下高压表软管。

3. 注意事项

1）在打开制冷系统时，必须戴手套及防护眼镜，以免制冷剂冻伤皮肤。一旦皮肤上溅到制冷剂，要立即用大量清水清洗，千万不要用手搓。

2）制冷剂的排放要远离工作场所，并保持工作场所通风良好，以免造成窒息危险；制冷剂不要靠近火焰，以免产生对人体有害的物质。

3）制冷系统打开后，一定要及时加盖或包扎密封，防止潮气或杂质进入。

4）更换制冷部件后，要先为系统补充冷冻油（加注方法与制冷剂的加注方法相同，不同品牌的冷冻油不能混用），然后再加注制冷剂。

5）拧紧或拧松螺纹接头时，必须同时使用两把扳手。

4. 空调冷媒机的使用

使用空调冷媒机时，应严格按机器使用说明进行操作。

【考核要求】

1. 按正确的操作规程检查空调制冷系统的压力。

2. 补充制冷剂，使制冷系统的压力符合以下技术标准。

1）从视镜观察，制冷剂中没有气泡，也看不到液体流动，高压侧不烫手，出风口的温度较低。

2）系统压力：高压侧为1697kPa，低压侧为180kPa。

3. 考核时间30min，其考核记录及评分标准见表1-18。

表1-18 考核记录及评分标准

序号	作业项目	考核内容	配分	评分标准	评分记录	扣分	得分
1	检查	起动发动机并稳定在2000r/min，让压缩机运转5min	20	操作方法不正确扣10分 操作不熟练扣10分			
		擦干净贮液干燥器上的视镜，从视镜中初步判定制冷剂量	10	操作方法不正确扣5分 判断错误扣5分			
		用歧管压力表检测空调系统的压力	30	测量方法不正确扣10分 读取结果不正确扣10分 操作不熟练扣10分			
2	调整	若系统压力不符合规定，进行补充	30	补充方法不正确扣20分 压力不正确扣10分			
3	安全文明生产	遵守安全操作规程，正确使用工量具，操作现场整洁	10	每项错误扣5分，扣完为止			
		安全用电，防火，无人身、设备事故		因违规操作发生重大人身和设备事故，此题按0分计			
4	分数合计		100				

评分人： 年 月 日

【相关知识】

1. 空调制冷系统部件的布置

CA7202E3红旗轿车空调采用CCOT制冷系统及环保制冷剂R134a，其制冷系统部件的布置如图1-65所示。

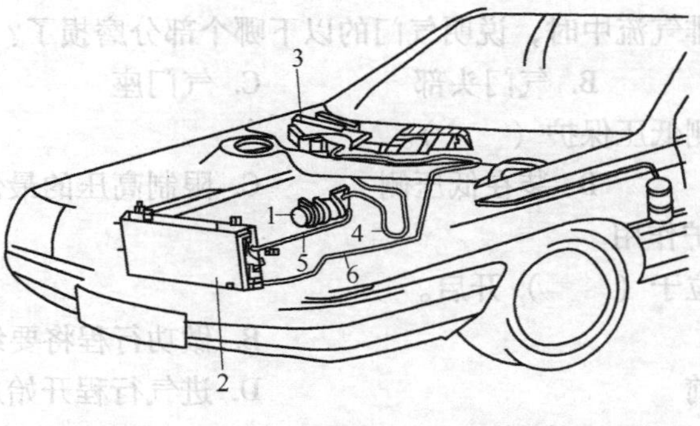

图1-65 红旗轿车制冷系统部件的布置

1—压缩机 2—冷凝器 3—蒸发器带气液分离器 4—低压胶管 5—高压胶管 6—高压铝管

2. 空调压缩机

压缩机是制冷系统的重要部件，起压缩和输送制冷剂气体的作用，即蒸发器中产生的制冷剂气体进入压缩机经压缩后送到冷凝器中冷却。

3. 空调压缩机的故障及解决方法

空调压缩机故障主要分为两类：一是压缩机电磁离合器不能吸合，二是压缩机本体故障。

1）针对第一类故障，应根据空调系统电路图分别检查中央配电盒中的熔丝是否脱落或断开；外部温度开关、A/C 开关、三位压力开关及恒温器开关是否接通；中央配电盒中继电器是否损坏；空调连接导线是否脱落或断开。

2）第二类故障主要表现为电磁离合器吸合但制冷效果很差，应首先检查压缩机传动带是否松动打滑。若传动带松动可调节传动带松紧度，其次检查吸、排气压力是否异常，离合器间隙是否过大。

注意：压缩机在非使用时期，应每周开启一次，运转 5min。拉紧压缩机的多楔传动带，当用拇指压下 5mm 时（拇指压力大约是 500N），多楔带张紧力是正确的，如图 1-66 所示。

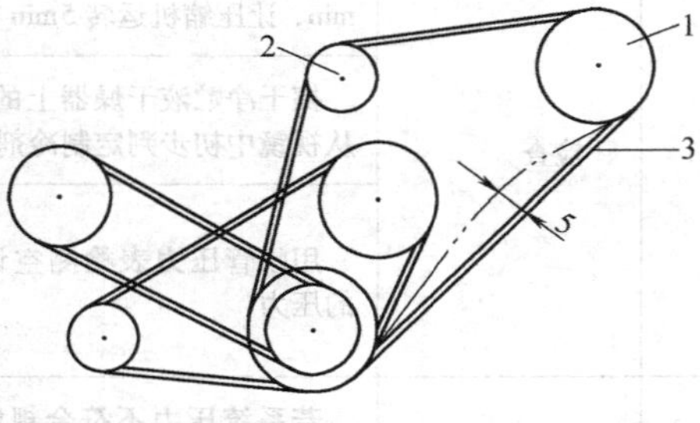

图 1-66　检查可调节传动带的松紧度
1—压缩机　2—张紧轮　3—多楔带

【拓展练习】

1. 汽车空调贮液干燥滤清器视液镜有乳白色霜状物说明（　　）。
A. 制冷剂足量　B. 制冷剂过多
C. 制冷剂不足　D. 干燥剂从干燥滤清器中逸出

2. 汽车空调贮液干燥器的功用是（　　）。
A. 防止系统中的水分与制冷剂发生化学作用　B. 防止膨胀阀处结冰和堵塞
C. 随时向系统补充制冷剂　D. 以上答案全对

3. 汽车空调压缩机由（　　）驱动。
A. 发动机　B. 发电机　C. 电动机　D. 起动机

4. 四冲程内燃机曲轴与凸轮轴的传动比为（　　）。
A. 1/2　B. 1/1　C. 2/1　D. 1/4

5. 当机油泄漏到排气流中时，说明气门的以下哪个部分磨损了？（　　）。
A. 气门导管　B. 气门头部　C. 气门座　D. 气门弹簧

6. 汽车空调高压侧低压保护（　　）。
A. 采用高压开关　B. 装在低压侧　C. 限制高压的最低值
D. 对压缩机无保护作用

7. 排气门在活塞位于（　　）开启。
A. 做功行程之前　B. 做功行程将要结束时
C. 进气行程开始前　D. 进气行程开始后

8. 气门重叠角是（　　）的和。
A. 进气门早开角与进气门晚关角　B. 进气门早开角与排气门早开角
C. 进气门晚开角与排气门晚关角　D. 进气门早开角与排气门晚关角

9. 标准空调客车不具备（　　）功能。
A. 通风换气　B. 制冷　C. 除霜　D. 湿度调节

10. 汽车空调蒸发器的结构和冷凝器类似，由铝制芯管和散热片组成。（　　）

模块二 汽 车 修 理

项目一 气缸盖的检修

【技能目标】

1. 检查气缸盖各平面的平面度以及燃烧室容积。

2. 按要求检修气缸盖各平面，使燃烧室达到技术标准。

【知识目标】

1. 了解气缸盖的结构和作用。

2. 掌握气缸盖的修理方法和技术标准。

【工具设备】

1. 准备好检修所用工具和器材，包括钢直尺、塞尺、量杯、注射器、盖板、平台、刀口尺各一。

2. 桑塔纳发动机气缸盖一个。

【操作步骤】

检修前，先使气缸盖与气缸体配合进行水压试验，如有裂纹应予报废，确定完好后再进行下列检修。

首先，彻底清理气缸盖下平面及外部的油污、燃烧室积炭和水套内水垢。用刮刀将气缸盖接触表面上的所有衬垫材料清除掉，注意不要刮伤表面。铲平或刮平水套孔周围的轻微凸起。

1. 外观检查

1）气缸盖表面不得有击伤痕迹。

2）下平面上不得有任何压痕、撬痕。

3）螺栓孔不得有明显的磨损痕迹。

4）水套孔不得有明显的腐蚀现象，否则应予以更换。

2. 缸盖下平面平面度的检查

1）直尺检验法。将缸盖下平面朝上放置于平台上，将刀口尺放在气缸盖下平面的两端横向、两边纵向以及对角线等六个位置上，分别用塞尺测量刀口尺与下平面间的间隙，如图2-1所示，塞入塞尺的最大厚度值就是气缸盖变形量，即为平面度误差值。

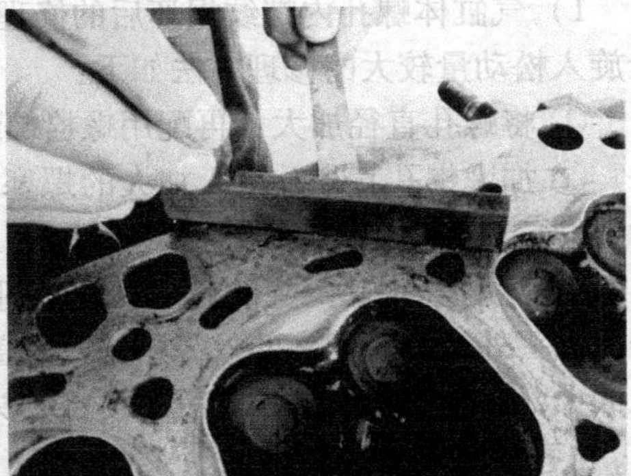

图2-1 直尺检验法测平面度误差

气缸盖底部平面度的误差一般不允许超过0.17mm，在正常情况下，压缩比高的发动机气缸盖和纵向尺寸较短的气缸盖不平度要求较高。

2）平面着色检验法。找一块非常平整的平板，并在其上部薄薄地涂一层红丹油，然后让平板与气缸体或气缸盖的结合平面接触，推动几次后，若在结合平面上有红丹油，说明结合平面有凸起的地方；反之，有凹陷的地方。这种方法虽然不能准确测量出变形的数值，但能找出凸、凹不平处。

3. 气缸盖与进、排气歧管结合平面(侧平面) 的检验

此检验方法与缸盖下平面平面度的检查方法相同。

4. 气缸盖上裂纹的检查

除采用水压试验法以外，还可以采用如图 2-2 所示的染色渗透法检查气缸盖上是否有裂纹。

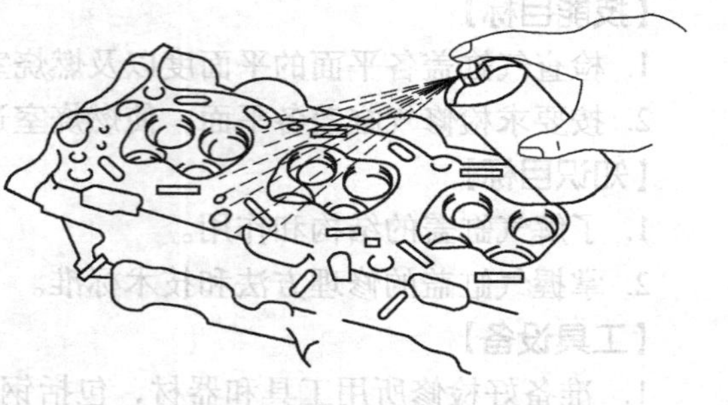
图 2-2 采用染色渗透法检查气缸盖裂纹

5. 燃烧室容积的检查

1）装上火花塞以及研磨好的进、排气门。

2）用清水灌满燃烧室并盖上盖板。

3）用注射器将燃烧室中的水吸出，注入量杯中。全部吸净后量杯中水的容积即为燃烧室容积。

4）对于汽油机，一般要求容积的减小不得少于公称容积的5%，同一台发动机各缸燃烧室容积差不应大于平均值的4%。

6. 缸盖下平面的修理

1）对于变形量轻微的情况，可采用研磨的方法进行修平。即在气缸盖下平面上涂些研磨膏，把气缸盖放在气缸体上扣合研磨修复，直至平面度达到操作技术要求为止。

2）对于变形量不大的情况，可采用刮研或铲削的方法修平。即用铲刀或刮刀修刮气缸盖下平面的凸出部分，应边检查边刮修，直至平面度达到操作技术要求为止。

3）对于变形量较大的情况，可采用铣削或磨削的方法来修整。但总磨削量不宜过大，应控制在 0.24 ~0.50mm 范围内，否则将使燃烧室容积减小量过大，从而使压缩比上升较大，影响发动机的正常工作。

7. 其他损伤的修理

1）气缸体螺孔内螺纹损坏后的修理。螺孔内螺纹损坏两扣以上、全部螺纹有毛刺或螺栓旋入松动量较大的修理方法如下：

① 将螺孔直径加大，再配用螺栓螺纹部分直径也加大的阶梯式螺栓。

② 加大螺孔直径并旋入加大的螺塞，然后在螺塞上攻出标准尺寸的螺纹，再使用原来的螺栓。

2）气缸盖水套闷头的修理。水套闷头是用薄钢板冲压而成的，若出现漏水，可使用冲子冲闷头外缘，使闷头的外缘贴紧气缸盖。如果还继续漏水，则可将闷头取出，把闷头的外缘冲大，在闷头上涂上油漆后，再将闷头压入座孔中。

【考核要求】

1. 检查缸盖各平面的平面度以及燃烧室容积。

2. 各平面和燃烧室的修理应符合技术标准。

1）结合面的平面度不大于0.10mm。

2）修理后燃烧室容积不小于公称容积的95%。

3）同一台发动机各缸燃烧室容积差不大于平均值的4%。

3. 考核时间30min，其考核记录及评分标准见表2-1。

表2-1 考核记录及评分标准

序号	作业项目	考核内容	配分	评分标准	评分记录	扣分	得分
1	检验气缸盖的变形	检验气缸盖下平面的平面度	40	检验方法不正确扣10分			
				检验结果不正确扣10分			
		检验气缸盖侧平面的平面度		检验方法不正确扣10分			
				检验结果不正确扣10分			
2	修理气缸盖结合面（口述）	下平面及侧平面的修理	20	修理方法不正确扣10分			
				技术要求叙述错误扣10分			
3	检查调整燃烧室容积	燃烧室容积的检查	30	检查方法不正确扣10分			
				检查结果不正确扣10分			
		燃烧室容积的调整（口述）		调整方法不正确扣5分			
				技术要求叙述错误扣5分			
4	安全文明生产	遵守安全操作规程，正确使用工量具，操作现场整洁	10	每项错误扣5分，扣完为止			
		安全用电，防火，无人身、设备事故		因违规操作发生重大人身和设备事故，此题按0分计			
5	分数合计		100				

评分人： 年 月 日

【相关知识】

发动机在运转过程中，气缸盖有时会产生变形现象。当气缸盖出现变形时，就破坏了零件的几何形状，使配合表面的相对位置发生变化。实践证明，铝合金气缸盖发生变形的概率较高，组合式或整体式气缸盖有时也会出现变形现象。因此，维修或操作人员在拆卸、装配和使用发动机时，必须要严格遵循拆卸、装配和使用的正确规范。

1. 气缸盖常见的损伤

1）气缸盖变形。

2）气缸盖裂纹。

3）火花塞螺孔损坏。

4）岸堤烧蚀。

2. 产生变形的原因

气缸体和气缸盖产生变形的原因是：在较高的温度下拆卸气缸盖或没有按规定的顺序和力矩拆卸气缸盖；没有按规定的顺序拧紧气缸盖螺栓或拧紧时扭力不均匀；气缸盖在铸造时存在残余应力或气缸垫冲坏后处理不当等；装配气缸盖时，螺栓拧紧力矩超过规定的最大值，使气缸体螺孔周围的金属出现变形及局部撞击和电化学腐蚀等。

【拓展练习】

1. 发动机某缸压力过低，其余各缸压力正常，其故障原因为（　　）。

A. 活塞环磨损　　B. 该缸气门关闭不严

C. 压缩比低　　D. 发动机转速低

2. 排气管冒黑烟且放炮的原因是（　　）。

A. 混合气过浓　　B. 机油串入燃烧室

C. 混合气过稀　　D. 发动机温度过高

3. 单腔化油器中的省油器的作用是（　　）。

A. 发动机大负荷时额外供油　　B. 发动机大负荷时减少供油

C. 使混合气变稀　　D. 发动机大负荷时保持供油量不变

4. 化油器加速装置是在节气门突然开大时，补充主供油装置供油量的不足，防止混合气突然（　　）。

A. 减少　　B. 变稀　　C. 变浓　　D. 增多

5. 柴油机供油系统喷油泵将输油泵输送来的低压柴油升至（　　）。

A. 1.6×10^4kPa　　B. 1.1×10^4kPa

C. $1.7\sim1.8\times10^4$kPa　　D. 1.4×10^4kPa

6. 气缸采取同心镗法的定心基准选择（　　）。

A. 活塞环位于上止点的磨损最大处　　B. 气缸中部的磨损较大处

C. 下止点的磨损最小处　　D. 活塞环行程以外的未磨损处

7. 检查缸盖内部有无裂纹，应采取（　　）检查。

A. 敲击法　　B. 光照法　　C. 水压试验　　D. 目测法

8. 手工研磨气门要求气门与气门座的工作面磨出一条整齐灰色无光的环带时（　　），再洗去研磨砂，涂上机油研磨几分钟即可。

A. 接触面宽度，进气门1.8~2.2mm，排气门2~2.3mm

B. 接触面宽度，进气门1.5~2.2mm，排气门2~2.5mm

C. 接触面宽度，进气门1~1.5mm，排气门1.5~2.2mm

D. 接触面宽度，进气门0.8~1mm，排气门1.5~2mm

9. 活塞环开口间隙（端隙）过小，应采取（　　）。

A. 刮削法修理　　B. 互研法修理　　C. 锉削法修理　　D. 铣削法修理

10. 柴油机工作时，发动机上部发出“当当”声，节奏随发动机转速变化，单缸断油响声减弱并不消失，其原因是（　　）。

A. 活塞缸套配合间隙过大　　B. 活塞缸套配合间隙过小

C. 活塞缸套配合间隙正常　　D. 喷油提前角过大

项目二　气缸体的检修

【技能目标】

1. 检查气缸体上平面的平面度。

2. 按规定检修气缸体各平面，使之符合技术要求。

【知识目标】

1. 了解气缸体的组成、结构和作用。

2. 掌握气缸体各平面的修理方法和技术要求。

3. 掌握气缸测量、判断气缸是否需要修理及确定修理尺寸的方法。

【工具设备】

1. 准备好拆、装所用工具和器材，包括钢直尺、刀口尺、塞尺、内径百分表、外径千分尺各一，棉纱、记录纸及笔。

2. 桑塔纳发动机气缸体一个。

【操作步骤】

检修前，彻底清理气缸体上、下平面及气缸内、外部的油污、积炭和水垢。用刮刀将气缸体接触表面上的所有衬垫材料清除掉，注意不要刮伤表面。消除毛刺并铲平或刮平螺孔周围的轻微凸起。

1. 气缸体上平面的检修

1）直观检查气缸体上平面，应无磨损、损伤和变形。

2）平面度误差的检测。将刀口尺放在气缸体上平面的两端横向、两边纵向以及对角线等六个位置上，分别用塞尺测量刀口尺与上平面间的间隙，如图2-3所示，塞入塞尺的最大厚度值就是气缸体变形量，即为平面度误差值。

图2-3　检测气缸体平面度误差

3）气缸体平面的修理。

① 对于变形量轻微的情况，可采用研磨的方法进行修复。在气缸体上平面上涂些研磨膏，把气缸盖放在气缸体上扣合研磨修复，直至平面度达到操作技术要求为止。

② 对于变形量不大的情况，可采用刮研或铲削的方法修复。即用铲刀或刮刀修刮气缸体平面的凸出部分，应边刮修边检查，直至平面度达到操作技术要求为止。

③ 对于变形量较大的情况，采用铣削或磨削的方法来修整。但总磨削量不宜过大，应控制在0.24～0.50mm范围内，否则将使压缩比变化较大。

2. 气缸圆度和圆柱度的检测

（1）安装百分表及表杆

1）将百分表装到表杆上并使其有一定的预压量（消除表头误差）。为使读数方便，一般将小针指在1的位置上。

2）根据气缸直径尺寸，选择合适的测量接杆，并将其旋入百分表杆的下端，旋入时最好带一个调整帽、一个锁紧帽，防止测量时接杆长度发生变化。

3）将千分尺校正到被测气缸的标准尺寸，再通过调整接杆长度，将百分表校准到千分尺的尺寸，并使伸缩杆有2mm的压缩行程（测量范围），此时，小表针应指在3的位置，同时旋转表盘使大表针对正零位，拧好锁紧帽。

（2）确定测量位置　一般在纵、横两个截面（见图2-4中①和②）选择三处不同截面进行测量，分别是第一道活塞环在上止点位置时所对应的气缸壁（磨损最大处）、气缸中部和气缸下部（距离下边缘10～30mm处），如图2-4所示。

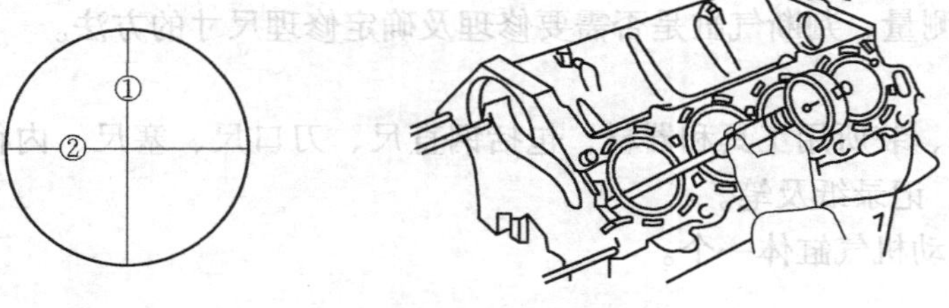

图2-4 气缸内径测量部位示意图

（3）测量计算

1）将百分表的测杆伸入气缸中的测量位置，前后轻轻摆动测杆，如图2-5所示，当大指针顺时针方向摆到极限位置时，表明此时测杆与气缸轴线垂直，此时方能读取数据。

2）每一处测量位置要在纵、横方向上测两次。

3）每一测量处纵、横方向数值之差的一半即为圆度误差值，取三个圆度误差中的最大数值作为气缸的圆度误差值。

4）所有测得的数据中，最大值与最小值之差的一半即为圆柱度误差值。

5）所有测得的数据中，最大值即为最大磨损量。

6）气缸的圆度、圆柱度误差和磨损量应符合要求，否则应确定修理等级，进行镗缸或更换缸套。

图2-5 测量方法

3. 气缸修理级别（尺寸）的确定

气缸磨损超过允许限度后，或缸壁上有严重刮伤、沟槽和麻点时，应将气缸按修理级别镗削修理，并选配与气缸修理尺寸相符合的活塞及活塞环。气缸修理尺寸可按下式进行计算

修理尺寸 = 气缸最大磨损直径 + 镗磨余量

式中，镗磨余量一般取0.10～0.20mm。

计算出的修理尺寸应与修理级数相对照，若与某一修理级数相等，可按某级数修理；若与修理级数不相符，应按向上靠近大的修理级数的原则进行气缸的修理。

【考核要求】

1. 检查气缸体上平面的平面度。

2. 检修气缸体各平面，应符合技术要求。

1）结合面的平面度误差不大于0.05mm。

2）气缸磨损量不大于0.08mm。

3. 测量气缸的磨损，判断气缸是否需要修理，并确定修理尺寸。

4. 考核时间40min，其考核记录及评分标准见表2-2。

表 2-2 考核记录及评分标准

序号	作业项目	考核内容	配分	评分标准	评分记录	扣分	得分
1	检验气缸体的变形	检验气缸体上结合面的平面度	20	检验方法不正确扣 10 分			
				检验结果不正确扣 10 分			
2	修理气缸体各平面（口述）	修理方法和技术要求	20	修理方法不正确扣 10 分			
				技术要求不正确扣 10 分			
3	检查气缸的磨损并确定修理尺寸	组装百分表	10	接杆选择不正确扣 5 分			
				百分表安装不正确扣 5 分			
		用外径千分尺校对百分表	10	校对方法不正确扣 5 分			
				校对结果不正确扣 5 分			
		测量气缸直径并确定发动机是否需要大修	20	测量方向位置不正确扣 10 分			
				测量结果及修理方法确定不正确扣 10 分			
		确定气缸的修理尺寸	10	确定不正确扣 10 分			
4	安全文明生产	遵守安全操作规程，正确使用工量具，操作现场整洁	10	每项错误扣 5 分，扣完为止			
		安全用电，防火，无人身、设备事故		因违规操作发生重大人身和设备事故，此题按 0 分计			
5	分数合计		100				

评分人： 年 月 日

【相关知识】

发动机气缸体是发动机的基础件，又是各机构系统的组成部分。

可燃气体压缩、燃烧和膨胀过程中，燃气的最高温度可达 2000～3000℃，气缸体的内壁直接受到高温高压气体的作用，而外壁又受到风（或水）的冷却，使缸体承受较大的机械应力和热应力，因此要求气缸套要有足够的强度和刚度，且工作时变形小。此外，气缸体对活塞的运动起导向作用，气缸内壁除受活塞的侧压力外，还由于活塞的高速运动，使气缸壁受到强烈的摩擦，是发动机磨损最严重的表面之一，因此，要求气缸体必须具有一定的耐磨性。

发动机气缸体的缺陷主要有：

1）气缸体的几何公差超过标准要求。

2）气缸体出现裂纹。

3）气缸体平面翘曲变形。

4）气缸体螺纹孔损伤。

5）气缸的磨损。

【拓展练习】

1. 桑塔纳 2000GLS 型轿车 JV 型发动机缸盖螺栓应按次序分 4 次拧紧，第二次的拧紧力矩为（ ）N·m。

A. 40 B. 50 C. 60 D. 70

2. 根据《汽车发动机缸体与气缸盖修理技术条件》的要求，气缸套上端面应不低于气缸体上平面，也不得高出（　　）mm。

A. 0.10　　B. 0.075　　C. 0.05　　D. 0.25

3.（　　）安装在发动机机油泵进油口之前。

A. 机油粗滤器　　B. 机油细滤器　　C. 机油散热器　　D. 机油集滤器

4. 桑塔纳2000型轿车AFE发动机装复后，气缸压力的极限值为（　　）MPa，各缸压力差应小于（　　）MPa。

A. 0.70，0.3　　B. 0.75，0.25　　C. 0.75，0.3　　D. 0.70，0.25

5. 奥迪100型轿车发动机曲轴的轴向间隙为（　　）mm。

A. 0.05~0.07　　B. 0.07~0.10　　C. 0.07~0.15　　D. 0.07~0.09

6. 化油器的起动装置是在发动机低温起动时，供给（　　）混合气。

A. 特浓　　B. 浓　　C. 稀　　D. 特稀

7. 汽车发动机需要传递较大转矩且起动机尺寸较大时，应使用（　　）单向离合器。

A. 滚柱　　B. 摩擦片　　C. 弹簧　　D. 带式

8. 桑塔纳2000GLS型轿车JV型发动机主轴承第（　　）号轴瓦上、下均有油槽。

A. 1　　B. 2　　C. 4　　D. 5

9. 桑塔纳2000GLS型轿车JV型发动机活塞油环端隙为（　　）mm。

A. 0.25~0.40　　B. 0.30~0.45　　C. 0.25~0.50　　D. 0.30~0.50

10. 发动机气缸体各曲轴主轴承孔的同轴度误差不应大于（　　）mm。

A. 0.10　　B. 0.15　　C. 0.20　　D. 0.25

项目三　连杆的检修

【技能目标】

1. 检查连杆的变形。

2. 对连杆进行校正，使之符合技术标准。

【知识目标】

1. 了解连杆的结构和作用。

2. 掌握连杆的检修方法。

【工具设备】

1. 准备好检修所用工具和器材，包括连杆检验校正仪和塞尺各一。

2. 桑塔纳轿车发动机连杆一根。

【操作步骤】

1. 连杆外观的检查

观察连杆外表面是否有损伤、腐蚀等现象，如有严重的缺陷应予更换。采用浸油法和着色法检验连杆是否有裂纹，如有应予报废。

2. 连杆大端孔的检查

1）将连杆大端的轴承盖装好，不装轴承（瓦片），并按规定力矩拧紧螺栓螺母。

2）用内径百分表测量连杆大端孔的圆度和圆柱度，误差值应符合要求。如不符合要求，则不必进行弯曲、扭曲的检测，应予以报废。

3. 连杆弯曲和扭曲变形的检查

1）确认连杆大头轴承盖装好，圆度、圆柱度符合要求。

2）装上已经铰配好的活塞销。

3）将连杆大端装到连杆检验仪的可调心轴上，使心轴定心块向外扩张，把连杆固定在检验仪上，并尽量使连杆平行于检测板，如图 2-6a 所示。

4）将三点量规轻轻跨放在连杆小端的活塞销上，轻轻移动，使三点量规的测点接触检验平板，如图 2-6b 所示（三点量规上的三测点共面，且与 V 形架垂直，下面两测点间的距离为 100mm，上测点与两下测点连线的垂直距离也是 100mm）。

5）用塞尺测量三点量规的各测点与检验平板之间的间隙值，即可判断连杆弯曲、扭曲的变形情况，如图 2-6c、图 2-6d 所示。

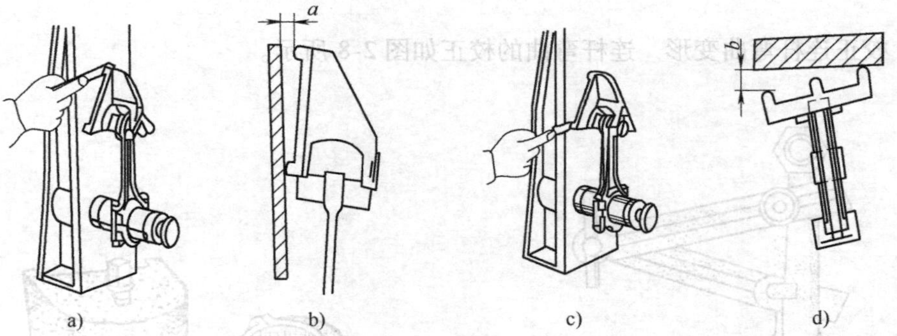

图 2-6　连杆弯曲、扭曲变形的检查

4. 连杆弯曲、扭曲的检验标准

1）如果三点量规的三个测点都与检验平板接触，说明连杆既无弯曲也无扭曲。

2）弯曲：如果上测点与平板接触，下面两测点与平板不接触，且与平板的间隙相等，或下面两个测点与平板接触，而上测点与平板不接触，则表明连杆发生了弯曲，这时用塞尺测得的间隙值即为连杆在 100mm 长度上的弯曲度值。

3）扭曲：如果只有一个下测点与平板接触，且上测点与平板的间隙等于另一个下测点与平板间隙的一半，此时，下测点与平板的间隙值即为连杆在 100mm 长度上的扭曲度值。

4）弯、扭并存：如果只有一个下测点与平板接触，且上测点与平板的间隙不等于另一个下测点与平板间隙的一半，或者上测点与平板接触，而两个下测点与平板的间隙值不相等，说明连杆同时存在弯曲和扭曲。对于前者，另一个下测点与平板的间隙即为连杆在 100mm 长度上的扭曲度值，上测点与平板的间隙和下测点与平板间隙的一半的差值，即为连杆在 100mm 长度上的弯曲度值。对于后者，两下测点与平板的间隙之差为扭曲度值，两下测点与平板间隙之和的一半为弯曲度值。

5）双重弯曲：取下活塞销，将连杆大端端面与平板靠紧，用深度游标卡尺测出连杆小端端面与平板的距离 a，将连杆翻转 180°，用同样的方法测出距离 b。如果两次测得的数值不相等，说明连杆存在双重弯曲。两次测得的数值之差（$a-b$）即为双重弯曲值。

5. 连杆变形的校正

连杆在100mm长度上的弯曲度值不应大于0.03mm，扭曲度值不应大于0.06mm，超过标准数值应进行矫正。校正时，如果连杆同时存在弯曲和扭曲，应先校正扭曲后校正弯曲，并且要记下连杆弯曲或扭曲的方向以及弯曲度和扭曲度的数值。校正时，应避免扳过来扳过去地反复过校正。

（1）校正连杆扭曲变形　连杆扭曲的校正如图2-7所示。

1）将连杆大端轴承盖按规定要求装配和拧紧。

2）在台虎钳钳口垫上软金属垫片，夹紧连杆大端侧面。

3）用连杆校正器的专用扳钳装卡在连杆杆身的上、下两部位。

4）转动校正器上的螺栓，使连杆朝扭曲的相反方向发生变形（反扭曲），并使变形量为原扭曲度值的10~20倍，停留一定时间，待金属组织稳定后再松开螺栓，并检查是否校正合格。

（2）校正连杆弯曲变形　连杆弯曲的校正如图2-8所示。

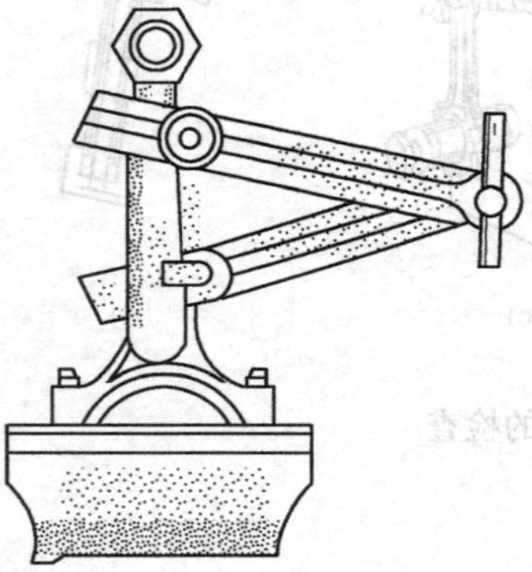

图2-7　校正连杆的扭曲

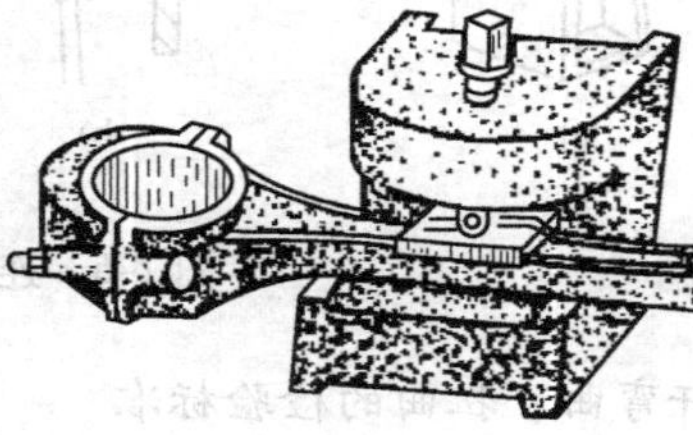

图2-8　校正连杆的弯曲

1）将弯曲的连杆装入校正器内，使弯曲的凸面朝上，对正凸起的部位加入垫块。

2）扳动丝杠，使连杆向上产生反向变形，并使变形量为原弯曲度值的20~30倍。

3）停留一定时间，待金属组织稳定后再松开丝杠，并检查是否校正合格。

4）校正变形量较小的连杆，只在校正载荷下保持一定时间即可；校正变形量较大的连杆时，校正后应进行时效处理，即将连杆加热至300℃，保温一定时间后慢慢冷却。

为防止弹性失效，校正量较小时，校正施力过程应保持一段时间；校正量较大时，可用喷灯稍加温。

【考核要求】

1. 检查连杆的变形。

2. 对连杆进行校正，使之符合技术标准。

1）连杆的弯曲变形不大于0.05/100。

2）连杆的扭曲变形不大于0.05/100。

3. 考核时间40min，其考核记录及评分标准见表2-3。

表 2-3　考核记录及评分标准

序号	作业项目	考核内容	配分	评分标准	评分记录	扣分	得分
1	连杆变形的检验	连杆扭曲变形的检验	20	检验方法不正确扣 10 分			
				检验结果不正确扣 10 分			
		连杆弯曲变形的检验	20	检验方法不正确扣 10 分			
				检验结果不正确扣 10 分			
		连杆双重弯曲的检验	20	检验方法不正确扣 10 分			
				检验结果不正确扣 10 分			
2	连杆的校正	校正连杆的扭曲、弯曲及双重弯曲变形（连杆的形状误差符合要求时可口述校正过程）	20	校正方法不正确扣 10 分（扭曲、弯曲、双重弯曲各 2 分）			
				校正质量不符合技术要求扣 10 分（扭曲、弯曲、双重弯曲各 1 分）			
3	连杆裂纹的检验	检测连杆的裂纹	10	检测操作方法不正确扣 5 分			
				检测结果不正确扣 5 分			
4	安全文明生产	遵守安全操作规程，正确使用工量具，操作现场整洁	10	每项错误扣 5 分，扣完为止			
		安全用电，防火，无人身、设备事故		因违规操作发生重大人身和设备事故，此题按 0 分计			
5	分数合计		100				

评分人：　　年　月　日

【相关知识】

连杆的功用是连接活塞与曲轴，将活塞的往复运动转变成曲轴的旋转运动。

连杆由连杆小头、连杆杆身和连杆大头组成，如图 2-9 所示为连杆的结构。

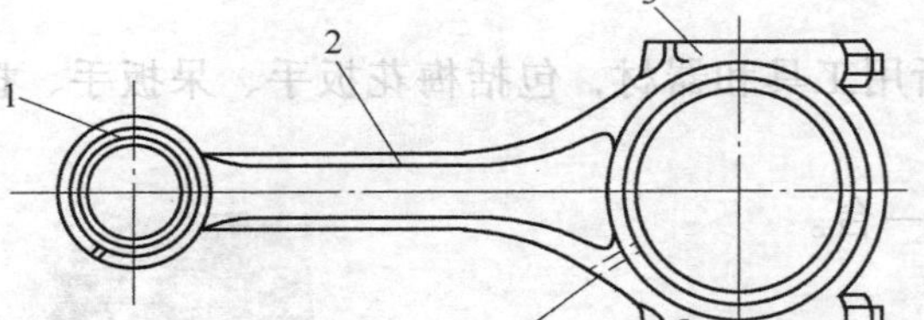

图 2-9　连杆的结构

1—小头　2—杆身　3—大头　4—油孔

【拓展练习】

1. 发动机连杆轴承轴向间隙使用极限为（　）mm。

A. 0.40　　B. 0.50　　C. 0.30　　D. 0.60

2. 试验发动机时，（　　）在车下工作。

A. 可以　　B. 必须　　C. 不得　　D. 不必

3. 发动机气缸体上缸体处的裂纹最好的修理方法是（　）。

A. 无机粘结剂法　　B. 焊接法
C. 堵漏剂法　　D. 堵漏剂法和粘结剂法均可
4. 发动机干式气缸磨损严重，超过最后一级修理尺寸时，应采取（　　）。
A. 修理尺寸法　B. 镶套法　C. 珩磨法　D. 镀铬法
5. 汽油发动机气缸套外壁圆柱度误差的使用极限是（　　）mm。
A. ≤0.02　B. ≤0.05　C. ≤0.01　D. ≤0.10
6. 同一台发动机各缸燃烧室容积差一般不大于其平均值的（　　）。
A. 4%　B. 5%　C. 3%　D. 6%
7. 汽车传动轴组装和发动机曲轴检验后，还必须进行（　　）。
A. 动平衡试验　B. 传动试验　C. 装车试验　D. 整体检验
8. 发动机缸套镗削后，还必须进行（　　）。
A. 光磨　B. 珩磨　C. 研磨　D. 铰磨
9. 发动机曲轴轴颈磨损量检查可用（　　）进行。
A. 千分尺　B. 游标卡尺　C. 百分表　D. 塞尺
10. 发动机气缸体上平面翘曲后，应采用（　　）方法进行修理。
A. 刨削　B. 磨削　C. 冷压校正　D. 加热校正

项目四　顶置式凸轮轴的拆装

【技能目标】

1. 按规定拆装顶置式凸轮轴及正时机构。
2. 安装正时机构和凸轮轴后应符合技术要求。

【知识目标】

1. 了解配气机构的组成、作用及工作原理。
2. 掌握凸轮轴及正时机构的拆装方法。

【工具设备】

1. 准备好拆、装所用工具和器材，包括梅花扳手、呆扳手、扭力扳手各一套，机油、棉纱若干。
2. 丰田5A发动机一台。

【操作步骤】

1）拔下高压线，如图2-10所示。

图2-10　拔下高压线

2）拆下与气门室盖连接的软管，如图2-11所示。
3）拆下气门室盖，如图2-12所示。
4）将曲轴置于第一缸上止点位置，如图2-13所示。
5）放松并取下同步带，用维修螺栓固定主、副正时齿轮，如图2-14所示。
6）按规定顺序分次、交替拆下凸轮轴轴承

图 2-11　拆下与气门室盖连接的软管

图 2-12　拆下气门室盖

图 2-13　将曲轴置于第一缸上止点位置

图 2-14　取下同步带

盖螺栓，如图 2-15 所示。

7）拆下轴承盖并按原来顺序排好，取下凸轮轴，如图 2-16 所示。

图 2-15　拆下凸轮轴轴承盖螺栓

图 2-16　取下凸轮轴

检修完成后，按相反的顺序组装并按规定的力矩拧紧轴承盖螺栓。

装配后，用游标卡尺测量隔套高度和固定盘（止推凸缘）的厚度，隔套高度减去固定盘的厚度即为凸轮轴的轴向间隙，或用塞尺检测该止推间隙。此间隙一般为0.08～0.20mm，如不符合要求则应重新选配。

【考核要求】

1. 按正确的操作规程拆装顶置式凸轮轴。

2. 安装凸轮轴后应符合技术要求。

1）凸轮轴轴承盖紧固螺栓的拧紧力矩为20N·m。

2）凸轮轴带轮紧固螺栓的拧紧力矩为80N·m。

3）凸轮轴传动带用拇指下压量为10～15mm。

3. 考核时间40min，其考核记录及评分标准见表2-4。

表2-4 考核记录及评分标准

序号	作业项目	考核内容	配分	评分标准	评分记录	扣分	得分
1	拆卸凸轮轴	拆卸高压线、分电器、正时带及气门室盖	15	拆卸工艺不正确扣5分			
				拆卸方法一处不正确扣3分，共9分			
		从缸体上拆下凸轮轴组件	10	拆卸方法不正确扣5分			
				拆卸时未核对齿轮正时记号扣5分			
2	安装凸轮轴及传动带	安装凸轮轴组件	10	安装方法不正确扣5分			
				拧紧力矩不符合要求扣5分			
		安装正时带	40	安装方法不正确扣10分			
				安装时未对正齿轮正时记号扣10分			
		调整正时带松紧度		调整方法不正确扣10分			
				调整结果不符合要求扣10分			
	安装其他机件	安装气门室盖、分电器及高压线	15	安装方法不正确扣5分			
				安装工艺不正确扣5分			
3	安全文明生产	遵守安全操作规程，正确使用工量具，操作现场整洁	10	每项错误扣5分，扣完为止			
		安全用电，防火，无人身、设备事故		因违规操作发生重大人身或设备事故，此题按0分计			
4	分数合计		100				

评分人： 年 月 日

【相关知识】

凸轮轴的检修方法

1. 直观检查

1）正时齿轮齿形完好，无严重磨损痕迹；键槽无磨损；中间铁心与齿轮固定牢固无松动现象。

2）凸轮轴轴头部位螺纹损伤不多于两牙，不允许有滑扣现象；凸轮轴轴颈、凸轮、偏心轮等处不允许有麻点、斑痕、剥落或严重擦伤。

2. 凸轮磨损的检测

1）用凸轮轮廓线样板置于凸轮表面，用塞尺检验样板与凸轮轮廓线之间的间隙（EQ6100 发动机不大于 0.30mm，CA6102 发动机不大于 0.50mm）。如果超标应更换凸轮轴。

2）用千分尺分别测量出凸轮的最大高度和基圆直径。

3）用两者之差来衡量凸轮的磨损程度。凸轮磨损后，其升程减小 0.40mm 以上时，应更换新凸轮轴。

3. 凸轮轴弯曲变形的检修

通常用中间轴颈相对于两端轴颈的径向圆跳动量来衡量凸轮轴的弯曲程度。

1）在平板上，用 V 形架支承凸轮轴两端的轴颈。

2）将磁力表座移至中间轴颈位置。

3）用百分表测量中间轴颈的径向圆跳动量，其值不大于 0.10mm，否则应进行校正。

4）凸轮轴校正后，中间各轴颈的径向圆跳动量不大于 0.04mm。

5）安装。正时齿轮的轴颈与止推端面的轴向圆跳动量不大于 0.03mm。

4. 凸轮轴轴颈的测量

用千分尺测量凸轮轴各轴颈的圆度误差，应不大于 0.015mm，圆柱度误差不大于 0.005mm。

5. 键槽的检修

1）键槽的对称平面应与第一缸进、排气凸轮最大升程的对称平面重合。

2）键槽磨损后，可在新的位置上另开键槽予以修复，但要在正时齿轮上重新做正时记号。

【拓展练习】

1. 凸轮轴轴颈磨损应用（　　）进行测量。

A. 千分尺　　B. 百分表　　C. 卡尺　　D. 直尺

2. 桑塔纳 2000 型轿车 AFE 发动机凸轮轴轴向间隙应不大于（　　）mm。

A. 0.15　　B. 0.20　　C. 0.10　　D. 0.05

3. 汽油机凸轮轴凸轮基圆径向圆跳动使用极限为（　　）mm。

A. 0.05　　B. 0.04　　C. 0.02　　D. 0.06

4. 凸轮轴轴颈的圆度、圆柱度误差不得大于（　　）mm，否则应修磨恢复或更换。

A. 0.010　　B. 0.015　　C. 0.020　　D. 0.025

5. 安装桑塔纳 2000 型轿车 AFE 发动机正时带，应使凸轮轴带轮标记与气门室罩盖平面标记对齐，同时将（　　）的正时标记与机体上的标记对准。

A. 曲轴齿轮　　B. 气门室罩盖　　C. V 带轮盘　　D. 齿带张紧轮

6. 发动机凸轮轴弯曲度要测量中间轴颈，其径向圆跳动误差超过（　　）mm 时，必须冷压校正或更换。

A. 0.10　　B. 0.08　　C. 0.15　　D. 0.05

7. 根据《汽车发动机凸轮轴修理技术条件》的技术要求，凸轮表面累积磨损量不能超过（　　）mm。

A. 0.2　　B. 0.4　　C. 0.6　　D. 0.8

8. 上置式配气机构曲轴到凸轮轴的传动可通过（　　）来实现。

A. 齿轮　　B. 链条　　C. 同步带　　D. 链条或正时带

9. 发动机凸轮轴变形的主要形式是（　）。

A. 弯曲　　B. 扭曲　　C. 弯曲和扭曲　　D. 圆度误差

10. 在安装发动机新凸轮轴油封时，应先涂一层（　）。

A. 密封胶　　B. 机油　　C. 凡士林　　D. 齿轮油

项目五　化油器的检修与调整

【技能目标】

1. 按规定要求对化油器进行解体、清洗、检查和修理。

2. 化油器装配和装车调整后应符合技术标准。

【知识目标】

1. 了解化油器的类型、结构和工作原理。

2. 掌握化油器主要零件的修理方法和技术要求。

【工具设备】

1. 准备好拆、装所用工具和器材，包括呆扳手、塞尺、平台、尖嘴钳、鲤鱼钳、铜棒、一字螺钉旋具、十字螺钉旋具，油盆、清洗剂、毛刷、汽油、热水及容器。

2. 桑塔纳轿车化油器若干。

【操作步骤】

1. 从车上拆下化油器

1）拆开蓄电池的负极导线。

2）拆下空气滤清器。

3）在插接件处拆开化油器电磁阀导线。

4）从化油器上拆去节气门拉索、阻风门拉索。

5）从分电器真空提前角调节装置上拆下真空软管。

6）从化油器上拆下燃油进油软管和回油软管。

7）检查化油器的四周是否还有需要拆开或拆下的其他零部件，以便拆下化油器和拆下或拆开必要的零部件。

2. 分解化油器

1）拆下副腔真空控制泵、阻风门真空开启泵；拆下加速泵操纵臂，取下怠速切断电磁阀；旋下螺栓，从化油器本体上取下上体，装有空调的化油器，还要拆下节气门开度控制器；旋松螺母，从节气门轴上取下节气门开度控制臂。

2）取下卡夹，再取下浮子和浮子针阀。注意：调整螺钉不要动，出厂时已调好。

3）旋下螺栓，取下加速泵盖、加速泵膜片；旋下CO调整螺钉、怠速调整螺钉；旋下主腔主量孔、副腔主量孔；旋下主腔主空气量孔及主腔泡沫管；旋下副腔主空气量孔及副腔泡沫管。

4）旋下主腔怠速空气量孔及怠速燃油量孔；旋下副腔过渡空气量孔；最后旋下加速泵量孔及加速泵出油阀。

注意：

1）当分解维修化油器时，因化油器有燃油，故在化油器附近不得有点燃的烟头和其他任何火源。

2）分解和组装化油器时，应特别小心，不要使节气门轴上的拉杆变形或者损坏其他任何零件。

3）不允许分解电磁阀。

3. 清洗化油器

1）在化油器清洗器内清洗下述各件，然后使用压缩空气将其吹净。

① 全部空气量孔和燃油量孔。

② 针阀、阀座、滤网及浮子。

2）用压缩空气吹清所有通道。

3）清洗干净浮子室底部。

注意：

不允许用钻头或钢丝捅燃油通道和量孔，以防止损坏通道和量孔。

4. 检修化油器

1）检查化油器壳体、浮子是否有裂纹，结合面是否有变形。

2）检查阻风门和节气门的动作是否灵活。

3）检查针阀及其阀座是否磨损，如图2-17所示。

5. 组装化油器

按与分解相反的顺序进行组装。

各量孔的头部打有量孔号，组装量孔时，各量孔的正确位置如图2-18所示。

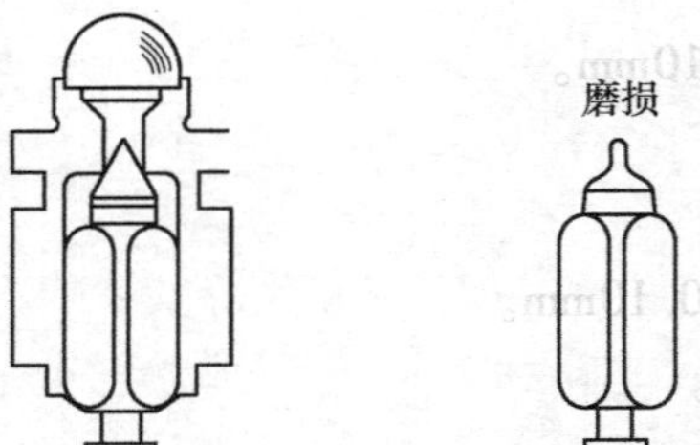

图2-17 检查针阀及其阀座

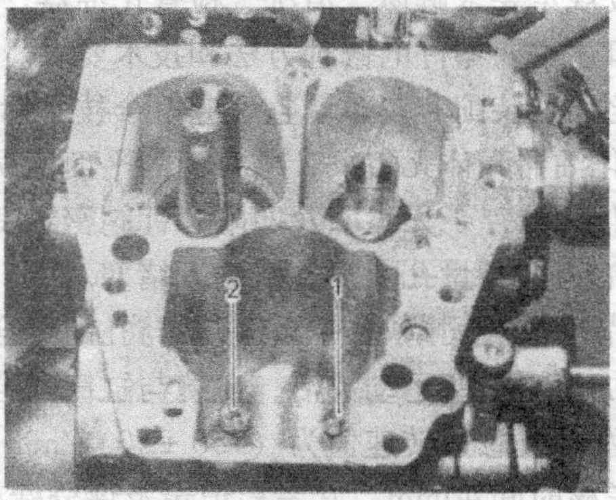

图2-18 各量孔的位置
1—主腔主量孔 2—副腔主量孔

注意：

1）更换量孔时，换用的量孔号必须与原量孔号相同。

2）主腔主量孔号必须小于副腔主量孔号。

6. 调整化油器

1）起动并预热发动机，使其温度达到正常的工作温度。

2）拔下化油器恒温阀的真空软管并堵死，完全打开阻风门，使发动机不带任何负荷（关闭风扇、空调、前照灯、刮水器等）。

3）调整化油器节气门限位螺钉，使发动机转速为800r/min，如图2-19所示。

4）调整化油器CO调整螺钉，使发动机的转速尽可能地提高，并检查发动机排气中CO的浓度，如图2-20所示。

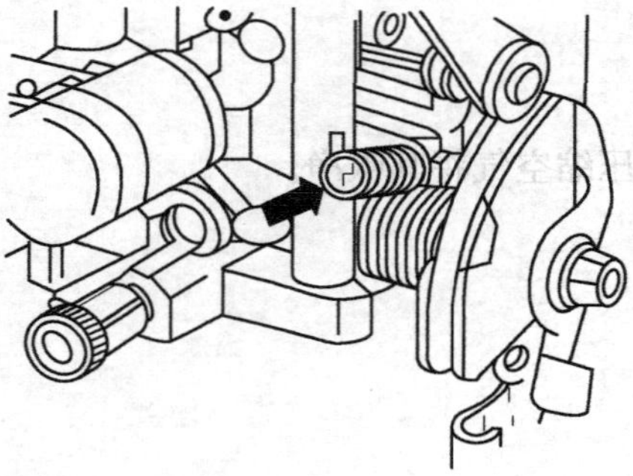

图2-19 化油器节气门限位螺钉的调整

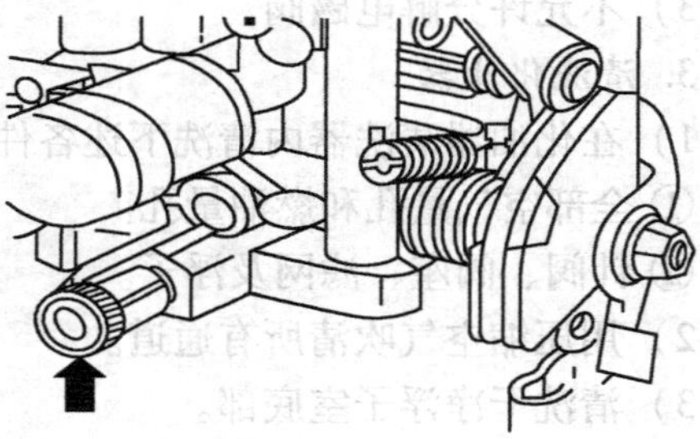

图2-20 化油器CO调整螺钉的调整

5）重复步骤3）和步骤4），反复调整，直至发动机的怠速稳定在（850±50）r/min，且CO浓度控制在0.5%～1.5%。

6）调整完毕后，迅速打开节气门，供油应无迟滞现象，发动机转速应能迅速提高，化油器不回火，发动机不抖动；迅速关闭节气门，发动机转速应能迅速降低，平稳而不熄火，排气管无放炮现象。

【考核要求】

1. 按规定要求解体、清洗、检查化油器。
2. 口述主要零件的修理方法和技术要求。
3. 化油器装配和装车调整后应符合技术标准。

1）化油器壳体无裂纹，结合面的平面度误差不大于0.10mm。

2）化油器浮子无渗漏及凹陷，针阀密封良好。

3）油道、各量孔及喷管清洁无堵塞。

4）节气门关闭严密，节气门轴与孔的配合间隙不大于0.10mm。

5）加速泵活塞运动灵活，皮碗与缸筒配合无松旷现象。

6）发动机怠速转速值为（750±50）r/min。

4. 考核时间40min，其考核记录及评分标准见表2-5。

表2-5 考核记录及评分标准

序号	作业项目	考核内容	配分	评分标准	评分记录	扣分	得分
1	拆卸与解体	从车上拆下化油器	30	操作错误扣10分			
		化油器的解体		每出现一处操作错误扣5分，共20分			
2	清洗	清洗方法	10	每出现一处操作错误扣5分			
3	主要零件的检修（修复方法可口述）	壳体的检修	30	检验方法不正确扣5分			
				修理方法不正确扣5分			

（续）

序号	作业项目	考核内容	配分	评分标准	评分记录	扣分	得分
3	主要零件的检修（修复方法可口述）	浮子及针阀的检修	30	检验方法不正确扣5分			
				修理方法不正确扣5分			
		其他机件的检修		检验方法不正确扣5分			
				修理方法不正确扣5分			
4	化油器的装配与调整	化油器的装配	20	每出现一处操作错误扣5分			
		化油器的装车		每出现一处操作错误扣5分			
		化油器的调整		油面高度调整不正确扣5分			
				怠速调整不正确扣5分			
5	安全文明生产	遵守安全操作规程，正确使用工量具，操作现场整洁	10	每项错误扣5分，扣完为止			
		安全用电，防火，无人身、设备事故		因违规操作发生重大人身和设备事故，此题按0分计			
6	分数合计		100				

评分人：　　年　月　日

【相关知识】

具有主腔系统和副腔系统的双腔下吸式化油器的基本结构如图2-21所示。

主腔系统在正常行驶状态下工作，副腔系统在高速、高负荷行驶状态下工作，在主腔系统内装有阻风门。

【拓展练习】

1. 与化油器发动机相比，电控汽油喷射发动机的优点是（　　）。

A. 动力性好　　B. 经济性好　　C. 排放性好　　D. 以上都正确

2. 化油器的起动装置是在发动机低温起动时，供给（　　）混合气。

A. 特浓　　B. 浓　　C. 稀　　D. 特稀

3. 化油器是由（　　）个主要装置组成的。

A . 4　　B. 5　　C. 6　　D. 7

4. 与传统化油器发动机相比，装有电控燃油喷射系统的发动机（　　）性能得以提高。

A. 综合　　B. 有效　　C. 调速　　D. 负荷

5. EQH105B型化油器供油装置调整时，可将主配剂针量孔拧到底，再退回（　　）圈。

A. 1.5 ~2　　B. 2.5 ~3　　C. 3.5 ~4　　D. 4 ~5

6. 与传统化油器发动机相比，装有电控燃油喷射系统的发动机功率可提高（　　）。

A. 5% ~10%　　B. 10% ~15%　　C. 15% ~20%　　D. 20%

7. 化油器发动机油路产生气阻，将导致发动机（　　）。

A. 运行不稳　　B. 不能起动　　C. 爆燃　　D. 冒黑烟

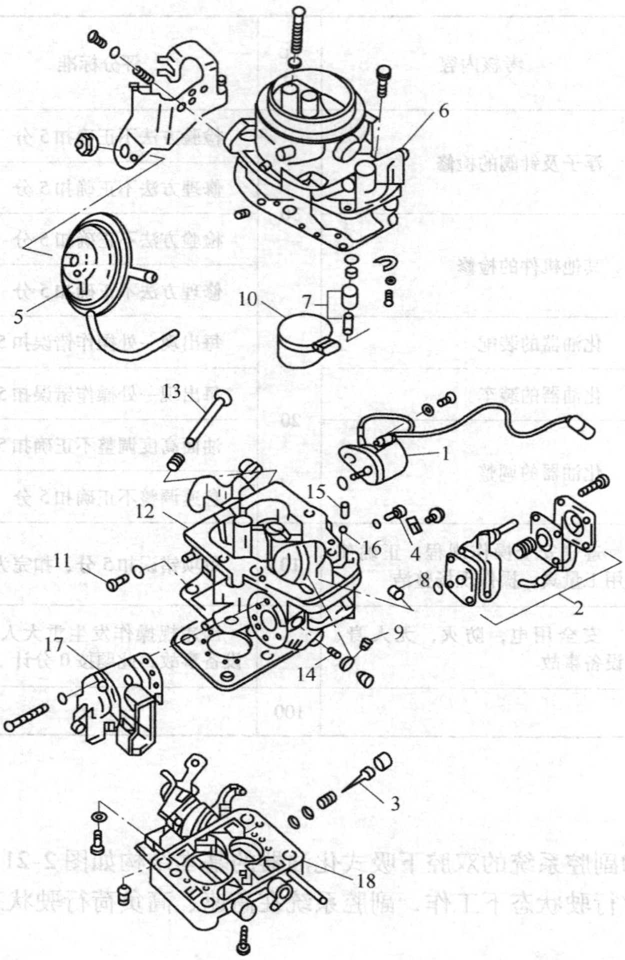

图 2-21 双腔下吸式化油器的结构

1—电磁阀 2—加速泵 3—怠速混合气调整螺钉 4—主腔低速量孔
5—膜片分动器（真空分动器） 6—化油器上盖 7—针阀 8—主腔主量孔
9—副腔主量孔 10—浮子 11—副腔低速量孔 12—化油器壳体 13—怠速调整螺钉
14—强制怠速燃油量孔 15—平衡重 16—出油球阀
17—强制怠速混合气加浓装置 18—节气门本体

8. 化油器节气门轴与孔的配合间隙不能大于（ ）mm。

A. 0.10 B. 0.20 C. 0.30 D. 0.40

9. 化油器的主供油装置是在发动机工作时，供给（ ）混合气。

A. 特浓 B. 浓 C. 稀 D. 特稀

10. 柴油机在压缩行程末期喷入气缸的是（ ）。

A. 混合气 B. 纯空气 C. 先空气后混合气 D. 雾化的柴油

项目六 车轮动平衡的检验

【技能目标】

1. 用车轮动平衡仪检验车轮动平衡。
2. 对车轮进行动平衡检验，使之符合技术标准。

【知识目标】

1. 了解汽车车轮的类型、结构和作用。
2. 掌握用车轮动平衡仪检验车轮动平衡的方法。

【工具设备】

1. 准备好拆、装所用工具和器材，包括梅花扳手、呆扳手、套筒扳手各一套，平衡块若干。
2. 桑塔纳轿车车轮若干、车轮动平衡仪一台。

【操作步骤】

1）清除被测车轮上的泥土、石子和旧平衡块，如图 2-22 所示。

2）检查轮胎气压（见图 2-23），要符合原厂规定值，确认轮胎气压正常后拆下车轮。

图 2-22 清除被测车轮上的泥土、石子和旧平衡块

图 2-23 检查轮胎气压

3）拆下车轮动平衡仪大螺距螺母。

4）根据轮辋中心孔的大小选择锥体，仔细地将车轮装在动平衡仪上，并用大螺距螺母紧固，如图 2-24 所示。

5）打开车轮动平衡仪开关，检查指示与控制装置的面板是否指示正确。

6）用动平衡仪上的卡尺测量轮辋宽度，如图 2-25 所示。

7）用平衡仪上的标尺测量轮辋边缘至机箱的距离，如图 2-26 所示。

8）用键入或用选择器旋钮对准测量值的方法，将所测值输入指示与控制装置中，如图 2-27所示。

9）用键入或选择器旋钮对准测量值的方法，将轮辋直径值键入指示与控制装置中（由胎侧读出），如图 2-28 所示。

10）按下启动键，车轮旋转，平衡测试开始，自动采集数据。

11）车轮自动停转或听到“嘀”声后按下停止键并操纵制动装置使车轮停转后，从指示装置读取车轮内、外不平衡量和不平衡位置，如图 2-29 所示。

图 2-24 装上车轮并紧固

图 2-25 测量轮辋宽度

图 2-26 测量轮辋边缘至机箱的距离

图 2-27 输入测量值

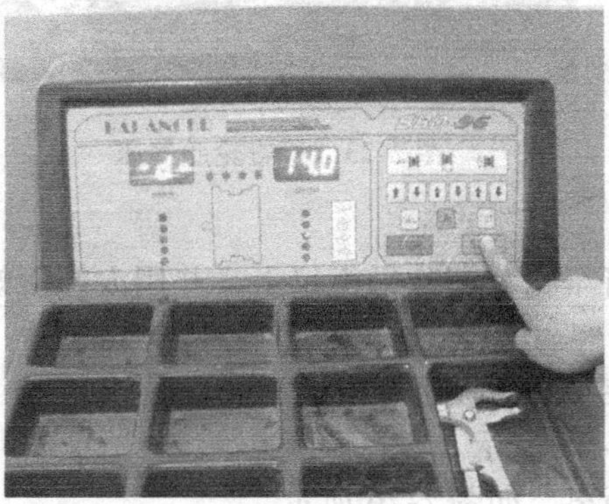

图 2-28 输入轮辋直径

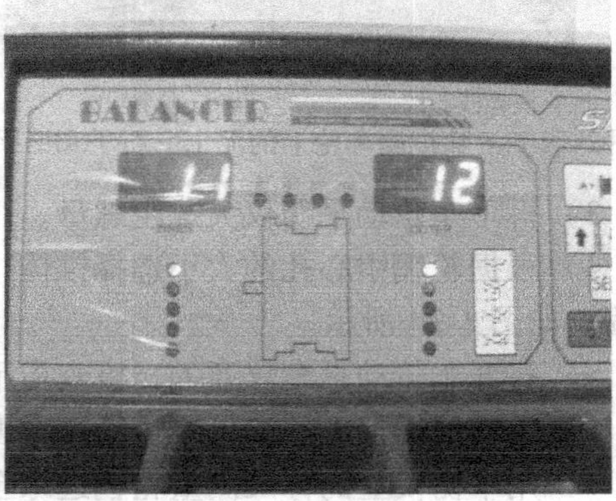

图 2-29 读取不平衡数值

12）用手慢慢转动车轮，当指示装置发出指示（音响、指示灯亮、制动、显示点阵或显示检测数据等）时停止转动，如图 2-30 所示。

13）在轮辋的内侧或外侧的上部（时钟 12 点位置）加装指示装置显示质量的平衡块，如图 2-31 所示。内、外侧分别进行，平衡块装夹要牢固。

14）安装平衡块后有可能产生新的不平衡，应重新进行动平衡试验，直至不平衡量 <5g，指

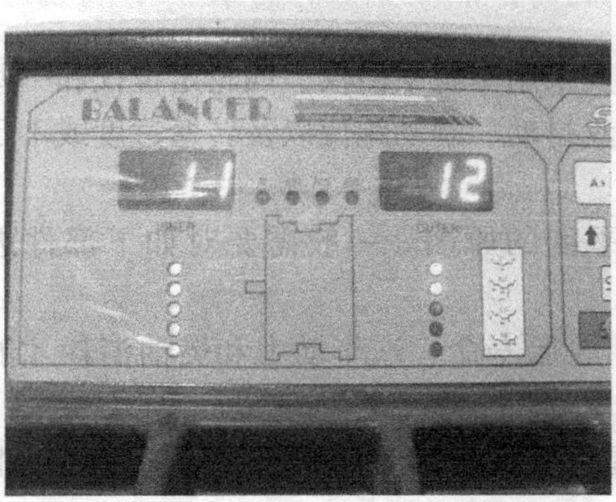

图 2-30 转动车轮并按要求停止

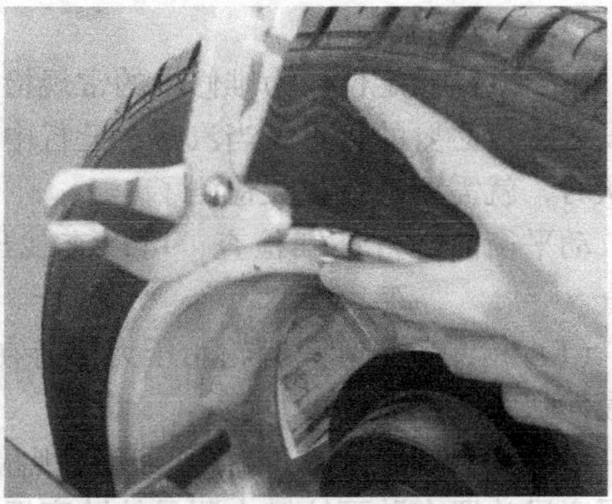
图 2-31 加装平衡块

示装置显示“00”或“OK”时才能满意。当不平衡量相差 10g 左右时，如能沿轮辋边缘前后移动平衡块一定角度，将可获得满意的效果。操作人员的实践经验越丰富，平衡速度越快。

15）测试结束，关闭电源开关。

【考核要求】

1. 用车轮动平衡仪检验车轮动平衡。
2. 对车轮进行动平衡检验，使之符合技术标准。

车轮不平衡量不大于 5g · cm。

3. 考核时间 30min，其考核记录及评分标准见表 2-6。

表 2-6 考核记录及评分标准

序号	作业项目	考核内容	配分	评分标准	评分记录	扣分	得分
1	拆车轮	支起车身、卸下车轮、清除铅块、异物	20	操作不正确扣 15 分			
				未清除车轮异物扣 5 分			
2	检测前准备	平衡仪开机、检前准备	20	操作不正确扣 15 分			
				准备不充分扣 5 分			
3	车轮安装定位	选择定位方式、车轮定位夹紧	20	定位方式不正确扣 10 分			
				夹紧不正确扣 10 分			
4	检测校正	车轮动平衡检校操作	20	输入参数错误扣 5 分			
				操作方法错误扣 10 分			
				操作步骤错误扣 5 分			
5	安装车轮	取下车轮安装到汽车上	10	操作不正确扣 10 分			
6	安全文明生产	遵守安全操作规程，正确使用工量具，操作现场整洁	10	每项错误扣 5 分，扣完为止			
		安全用电，防火，无人身、设备事故		因违规操作发生重大人身和设备事故，此题按 0 分计			
7	分数合计		100				

评分人： 年 月 日

【相关知识】

车轮平衡及定位作为维修中的常规检测项目，要采用车轮平衡仪、四轮定位仪和一些辅助设备进行必要的检查。当汽车在运行中出现转向盘抖动、制动跑偏以及转弯过度或不足等症状时，就需要进行相关检测了。

动平衡前进行仔细检查，可以查找出影响动平衡的原因。一般需要对如下部件进行检查。

（1）检测胎压　只有轮胎压力保持在最佳值，轮胎寿命、汽车动力和燃油消耗才能处于最佳状态。

（2）检查胎面　胎面深度尺比目视检查能够提供更精确的胎面状态指示值，可以把胎面深度尺放置在胎面纹槽中测量轮胎磨损。

（3）检查底盘和悬架相关部件　目视检查是很重要的一个环节，检查中需要利用举升机。如下部位应进行重点检查：

1）轮毂和轴承。车轮轮毂和轴承是振摆的潜在原因，过度的轴承磨损会引起振摆现象；车轮和轮毂凸缘处生锈或有异物，也可以引起过度的振摆。如果轮毂双头螺栓安装孔定位不当，轮毂双头螺栓振摆就可能超出规定限制。

2）球头的检查。检查球头油封是否有切口或裂纹。如果部分油封很难观察，可以小心地用手指去触摸油封是否有切口或裂缝。如果出现大量油脂，就证明油封已有裂缝。如发现了切口或裂缝，则应更换球头。

3）转向横拉杆。转向横拉杆必须有零度自由间隙，但仍能允许悬架回转移动。转向横拉杆磨损后将导致转向盘间隙过大。齿轮齿条转向机构和标准循环球系统上的转向横拉杆均以同样的方式进行检查。

4）减振器。对减振器机械损伤或液体渗漏进行全面检查，如果发现有机械损伤或过度的液体渗漏情况，则应更换减振器。如果减振器处于良好的状况，则可以不必对减振器进行检测。

【拓展练习】

1. 现代轿车普遍采用（　　）。

A. 子午线轮胎　　B. 普通斜交轮胎　　C. 越野花纹轮胎　　D. 载货汽车轮胎

2. CB-9 型微机车轮动平衡测试仪的显示控制部分在旋转停止时，显示为（　　）。

A. 静不平衡量　　B. 动不平衡量　　C. 状态　　D. 停止

3.（　　）悬架是车轮沿主销轴线移动的独立悬架。

A. 双横臂式　　B. 单纵臂式　　C. 单斜臂式　　D. 麦弗逊式

4. 目前，多数汽车 ABS 均采用（　　）的控制方式。

A. 以车轮减速度为控制参数　　B. 以车轮滑移率为控制参数

C. 以车轮减速度、加速度及滑移率为控制参数

D. 模仿

5. 东风 EQ：1092 型汽车的气压制动是（　　）车轮制动器。

A. 非平衡式　　B. 平衡式　　C. 自动增力式　　D. 双向平衡式

6. 桑塔纳 2000 型轿车安装转向盘时，车轮应处于直线行驶位置，（　　）应处在中间位置。

A. 转向柱　　B. 转向器　　C. 转向灯开关　　D. 转向桥

7. 汽车轮胎换位应在（　　）时进行。

A. 日常维护　　B. 一级维护　　C. 二级维护　　D. 季节性维护

8. 外胎结构中，起承受负荷作用的是（　　）。

A. 胎面　　B. 胎圈　　C. 帘布层　　D. 缓冲层

9. 下列说法中不正确的是（　　）。

A. 汽车轮胎气压偏低会增加油耗　　B. 汽车轮胎的形式和规格影响油耗

C. 要充分利用汽车滑行性能节油　　D. 尽可能用汽车中间挡行驶

10. 采用非独立悬架的汽车，其车桥一般是（　　）。

A. 断开式　　B. 整体式　　C. A、B 均可　　D. 与 A、B 无关

项目七　柴油机喷油器的检修

【技能目标】

1. 检查柴油机喷油器性能。

2. 拆装、调整喷油器，使之符合技术标准。

【知识目标】

1. 了解喷油器的结构及工作原理。

2. 掌握喷油器的检修方法。

【工具设备】

1. 准备好拆、装所用工具和器材，包括钢直尺一把、呆扳手一套、一字螺钉旋具一把，柴油、清洗剂、油盆、白纸。

2. 喷油器检验仪一台，K4100 发动机喷油器一只。

【操作步骤】

1. 按顺序分解喷油器（见图 2-32）

1）喷油器护套。

2）喷油器。

3）弹簧座。

4）止推销。

5）压缩弹簧。

6）调整垫片。

注意：拆卸完毕后，用清洁柴油清洗所有零件并吹干。

图 2-32　分解喷油器

2. 零件表面直观检查（见图 2-33）

1）针阀及阀体导向圆柱不得有明显的磨损和划痕。

2）密封锥面不得有烧蚀、变形和积炭。

3）阀体上端不得出现锈迹及划痕，阀体不得有裂纹。

4）喷孔不得有烧蚀或被积炭堵塞的现象。

5）调整螺钉及各部螺纹完好无损。

3. 针阀和针阀座滑动性的检查

喷油器针阀和针阀座是一对精密偶件（见图 2-34），不能互换使用，也不要用手指触摸

针阀。将针阀偶件倾斜45°，把针阀从阀体中抽出1/3左右，转至任意位置，松手后，针阀应能在自身重力作用下缓缓滑入阀体内，无任何卡滞现象。

注意：如果针阀不能平稳滑入，需要再次用清洁柴油清洗喷油器，必要时予以更换。新的喷油器也必须用清洁柴油清洗干净。

图2-33　零件表面直观检查

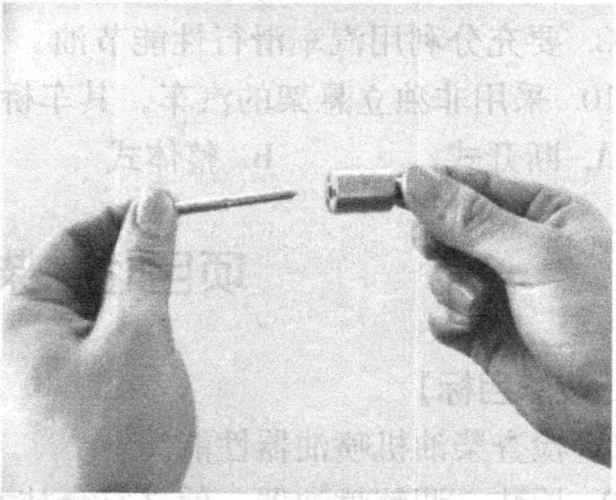

图2-34　针阀和针阀座

4. 检查弹簧座接触表面的磨损情况，确保中心定位销准确装配

上述检验中只要有一项不合格，就要更换新件，而且针阀偶件要成对更换。

5. 喷油器的装配

表面直观检查和滑动性试验确认合格后，按与分解相反的顺序装好喷油器。

6. 喷油器的测试与调整

将喷油器安装到检验仪上，检验仪如图2-35所示。

图2-35　喷油器检验仪

（1）喷油器针阀开启压力的调整

1）用手缓慢地压下泵油手柄多次，观察压力表指针。

2）当喷油器开始喷油的瞬时，指针突然下降前所指示的最高压力值，即为喷油器针阀开启压力。

3）如果开启压力不符合要求，应通过调整喷油器上端的调整螺钉，改变调压弹簧的弹力来调节，并应反复试验，直至合格。

（2）喷油器喷雾质量的检验

1）以60～70次/min的速度压动检验器手柄时，喷油器喷出的油呈细而均匀的雾状，无肉眼可见的油滴飞溅。

2）无局部浓稀不均现象。

3）喷雾锥角符合要求（一般为15°），喷雾时有清脆的爆裂声。

4）喷孔无滴油现象。

（3）喷油器针阀密封性的检验　压动检验仪手柄，将油压保持在针阀开启压力以下约

2MPa，10s之内喷油孔或固定螺母周围应无滴油现象。

（4）喷油器喷雾质量检验与喷油器针阀密封性检验 检验中只要有一项不合格，就要更换针阀偶件。

将调试好的喷油器进行整体装配时，要特别注意调压螺钉紧固螺母的安装，否则将影响调试质量。正确的安装方法是：将喷油器的喷孔向下夹紧在台虎钳上，右手用一个小的一字螺钉旋具穿过调压螺钉紧固螺母的回油螺钉孔，固定住调压螺钉；左手再用一个扳手将调压螺钉紧固螺母拧紧。这样做的目的是，当再拧紧调压螺钉和紧固螺母时，能保证调压螺钉原来的位置不动。

【考核要求】

1. 按要求检查柴油机喷油器的性能。

2. 拆、装调整喷油器，使之符合技术标准。

1）喷油器开启压力应达到规定要求。

2）以60~70次/min的速度压动试验器手柄时，喷油器喷油呈细而均匀的雾状，无肉眼可见的油滴飞溅，喷孔无滴油现象。

3）针阀偶件呈45°放置，将针阀从阀体中抽出1/3左右，转至任意位置松手后，针阀均能自由下滑到底，无卡滞现象。

4）针阀及针阀体表面不得有明显擦伤、划痕、锈迹及裂纹，喷孔无烧蚀及积炭堵塞现象。

3. 调压弹簧无裂纹，弹力符合要求。

4. 考核时间40min，其考核记录及评分标准见表2-7。

表2-7 考核记录及评分标准

序号	作业项目	考核内容	配分	评分标准	评分记录	扣分	得分
1	性能检验	检查喷油器的喷油压力	50	检查方法不正确扣5分			
				检查结果不正确扣5分			
		检查喷油器的喷雾质量		检查结果不正确扣5分			
				检查方法不正确扣5分			
		检查喷油器的密封性		检查方法不正确扣5分			
				检查结果不正确扣5分			
2	喷油器的解体检验	检验针阀偶件及调压弹簧等机件的损伤	20	检验结果不正确扣5分			
				检验方法不正确扣5分			
3	喷油器的组装与调整	组装和压力调整工艺、方法和质量	20	压力调整方法不正确扣5分			
				调整不符合要求扣5分			
4	安全文明生产	遵守安全操作规程，正确使用工量具，操作现场整洁	10	每项错误扣5分，扣完为止			
		安全用电，防火，无人身、设备事故		因违规操作发生重大人身和设备事故，此题按0分计			
5	分数合计		100				

评分人： 年 月 日

【相关知识】

1. 喷油器的结构及作用

喷油器由喷油嘴、喷油器体、高压弹簧和缝隙式精滤器等零部件组成，其作用是将喷油泵泵来的燃油以雾状喷入燃烧室，使燃油在燃烧室内与空气形成良好的混合气。

2. 喷油器的种类

目前采用的喷油器都是闭式喷油器，有孔式和轴针式两种，如图2-36所示。

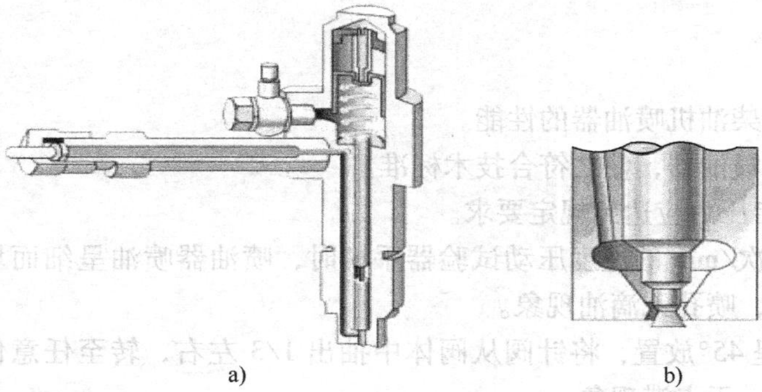

图2-36 喷油器
a）孔式喷油器 b）轴针式喷油器

3. 对喷油器的基本要求

1）有一定的喷射压力和射程。

2）与燃烧室形状相匹配的喷射锥角。

3）雾化良好，没有滴油现象。

4）喷油终了时迅速断油。

5）具有一定的使用寿命（3000h以上）。

4. 喷油器的工作原理

柴油机工作时，从喷油泵来的高压柴油经高压油输入口进入喷油器，再经喷油器体和针阀体中的油道进入针阀体中部的环形空间——高压油腔（或称压力室）。高压柴油的油压作用在针阀的锥形承压环带面上，形成一个向上的轴向推力。当该轴向推力超过调压弹簧的预紧力和针阀偶件的摩擦力时，针阀即向上移动，针阀下端锥面离开针阀体锥形环带，打开喷孔，于是柴油即以高压喷入燃烧室中。

【拓展练习】

1. 喷油器调压装置由（ ）、垫圈、调压螺钉及推杆等组成。

A. 调压柱塞 B. 调压弹簧 C. 减压弹簧 D. 减压柱塞

2. 柴油机喷油器密封实验，以（ ）次/s的速度均匀地掀动手柄，直到开始喷油。

A. 1 B. 2 C. 3 D. 4

3. 喷油器由喷油嘴，喷油器体和（ ）三大部分组成。

A. 针阀偶件 B. 高压油腔 C. 调压装置 D. 进油管路

4. YC6105QC型柴油机所用的CKBL68S001型喷油器的喷油压力应为（ ）MPa。

A. 20.0±5 B. 23.0±5 C. 25.0±5 D. 26.0±5

5. 喷油器未调试前，应做好（ ）的使用准备工作。

A. 喷油泵试验台　　　　B. 喷油器试验器

C. 喷油器清洗器　　　　D. 压力表

6. 柴油机运转时，功率不足，排气管冒黑烟，检查喷油器，喷油器工作正常，造成排气管冒烟的原因是（　　）。

A. 喷油压力过高　　　　B. 喷油压力过低

C. 高压泵损坏不喷油　　D. 喷油压力正常

7. 在多点电控汽油喷射系统中，喷油器的喷油量主要取决于喷油器的（　　）。

A. 针阀升程　　　　B. 喷孔大小

C. 内外压力差　　　D. 针阀开启的持续时间

8. 电控汽油喷射发动机喷油器喷油量由（　　）决定。

A. 喷油时间　　　　B. 进气管真空

C. 系统油压　　　　D. 驱动电压或电流

9. 喷油器试验器用油应为沉淀后的（　　）。

A. “0”号轻柴油　B. 煤油　C. 液压油　D. 机械油

10. 桑塔纳 2000GLi 型轿车发动机喷油器的电阻额定值为（　　）Ω。

A. 15 ±0. 35　B. 15. 9 ±0. 35　C. 16 ±0. 35　D. 16. 9 ±0. 35

项目八　起动机的检修

【技能目标】

1. 按规定进行起动机拆装及主要零部件的检修工作。

2. 装配后进行性能试验，应恢复技术性能。

【知识目标】

1. 起动机的构造、工作原理与维修方法。

2. 装配与调整起动机的操作要点。

【工具设备】

1. 准备好拆、装所用工具和器材，包括扭力表、百分表、万能表、游标卡尺、弹簧秤各一，梅花扳手、呆扳手、套筒扳手各一套，一字螺钉旋具、十字螺钉旋具各一把，V 形架一对、平台、台虎钳、轴承拉器各一，清洗剂、润滑脂、毛刷、棉纱若干。

2. 桑塔纳轿车发动机用起动机一台、电器万能试验台一台。

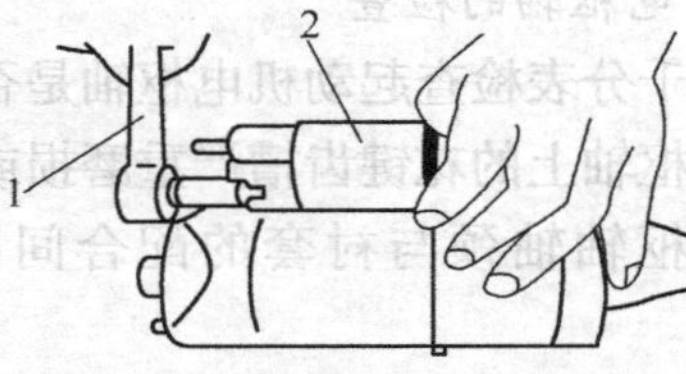

图 2-37　起动机导线的拆卸

1—扳手　2—电磁开关

【操作步骤】

一、起动机的分解与组装

1. 起动机的分解

1）用扳手旋下电磁开关接线柱的螺母，取下导线，如图 2-37 所示。

2）旋下起动机贯穿螺钉和衬套螺钉，取下衬套座和端盖，取出垫片组件和衬套，如图 2-38所示。

3）用尖嘴钳将电刷弹簧抬起，拆下电刷架及电刷，如图 2-39 所示。

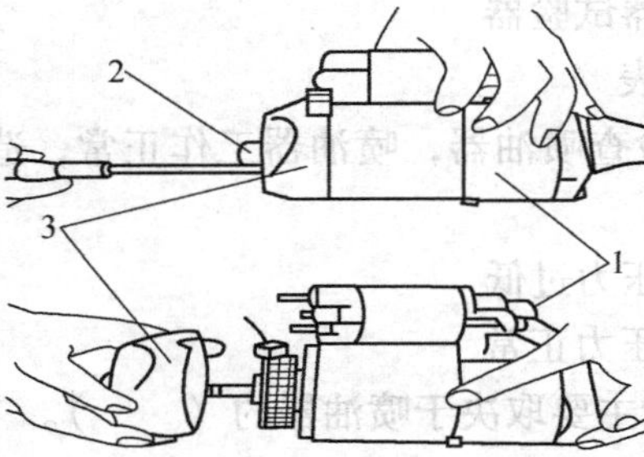

图 2-38 起动机衬套及端盖的拆卸

1—起动机 2—衬套座 3—端盖

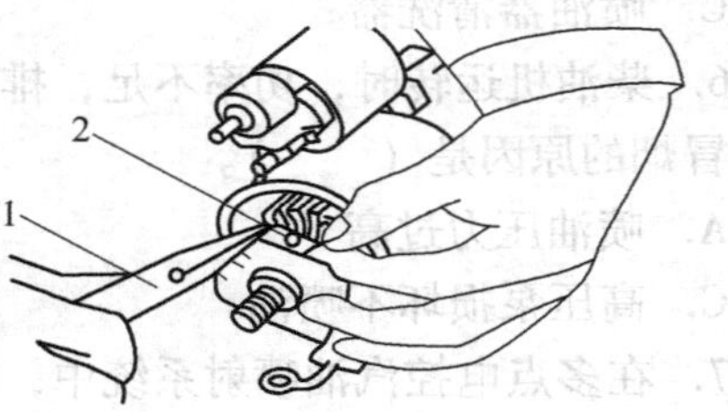

图 2-39 起动机电刷的拆卸

1—尖嘴钳 2—电刷弹簧

4）取下励磁绕组后，用扳手旋下螺栓，从驱动端端盖上取下电磁开关总成。

5）在取出转子后，从端盖上取下传动叉，然后取出驱动齿轮与单向离合器，再取出驱动齿轮端衬套，如图 2-40 所示。

2. 起动机的组装

起动机的组装可按与起动机分解相反的顺序进行，但应注意以下问题：

1）安装时，衬套中应涂上润滑脂。

2）用止推垫圈调整驱动齿轮的轴向间隙（推到极限位置），标准值为 0.3～1.5mm，如图 2-41 所示。

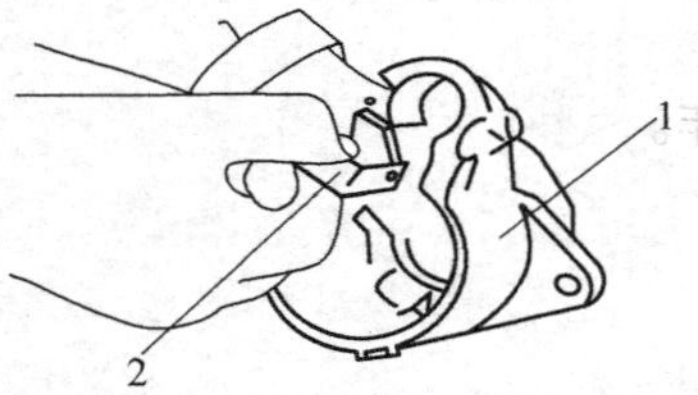

图 2-40 起动机传动叉的拆卸

1—端盖 2—传动叉

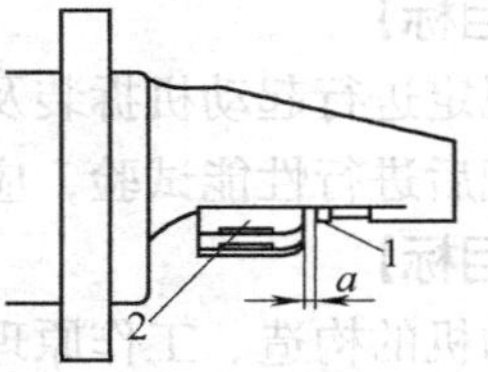

图 2-41 起动机驱动齿轮轴向间隙的调整

1—止推垫圈 2—驱动齿轮 a—驱动齿轮轴向间隙

二、起动机零件的检修

1. 电枢轴的检查

用千分表检查起动机电枢轴是否弯曲，如图 2-42 所示。若摆差超过 0.1mm，应进行校正。电枢轴上的花键齿槽严重磨损或损坏，应进行修复或更换。

电枢轴轴颈与衬套的配合间隙不得超过 0.15mm。间隙过大，应更换新套，进行铰配。

2. 换向器的检查

1）检查换向器有无脏污和表面烧蚀，若出现此情况，用 400 号砂纸或在车床上修整。

2）检查换向器的径向圆跳动量，如图 2-43 所示。将换向器放在 V 形架上，用百分表测量圆周上的径向跳动量，最大允许径向圆跳动量为 0.05mm。若径向圆跳动量大于规定值，应在车床上校正。

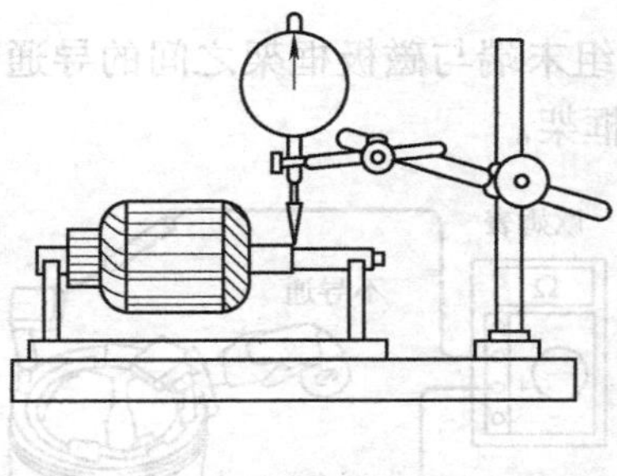

图 2-42 电枢轴弯曲度的检查

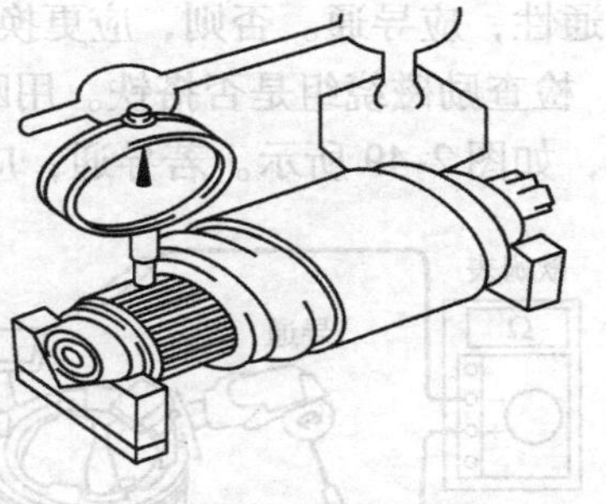

图 2-43 检查换向器径向圆跳动量

3）用游标卡尺测量换向器的直径，如图 2-44 所示，其标准值为 30. 0mm，最小直径为 29. 0mm。若直径小于最小值，应更换电枢。

4）检查底部凹槽深度。底部凹槽应清洁无异物，边缘光滑。凹槽深度的测量如图 2-45 所示。标准凹槽深度为 0. 6mm，最小凹槽深度为 0. 2mm。若凹槽深度小于最小值，用手锯条修正。

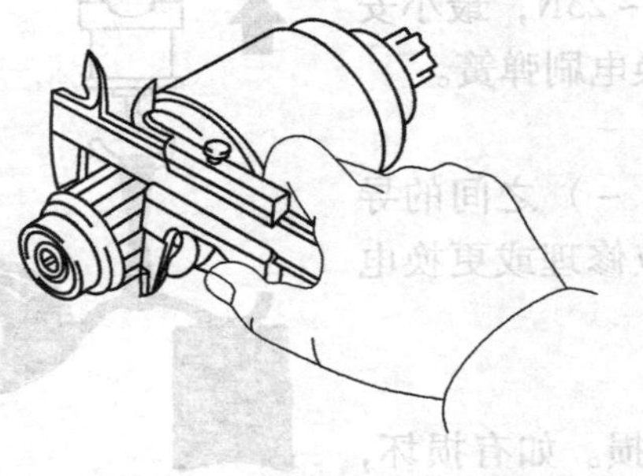

图 2-44 检查换向器直径

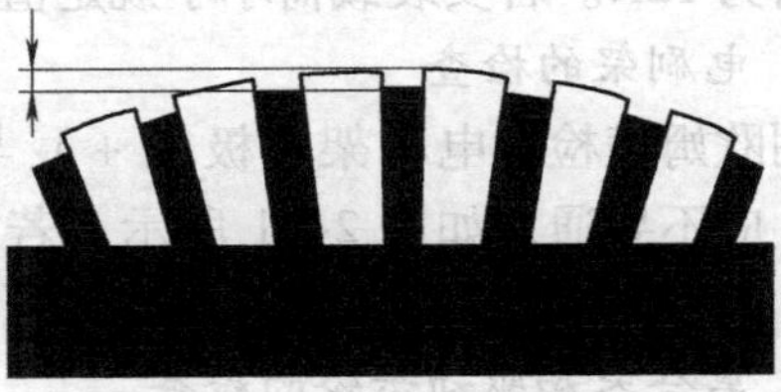

图 2-45 检查换向器底部凹槽深度

3. 电枢绕组的检查

1）检查换向器是否断路，如图 2-46 所示。用欧姆表检查换向器片之间的导通性，应导通。若换向器片之间不导通，应更换电枢。

2）检查换向器是否搭铁，如图 2-47 所示。用欧姆表检查换向器与电枢绕组铁心之间的导通性，应不导通。若导通，应更换电枢。

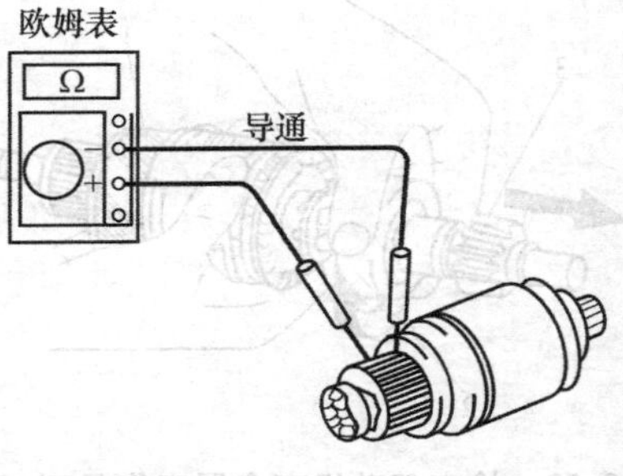

图 2-46 检查换向器是否断路

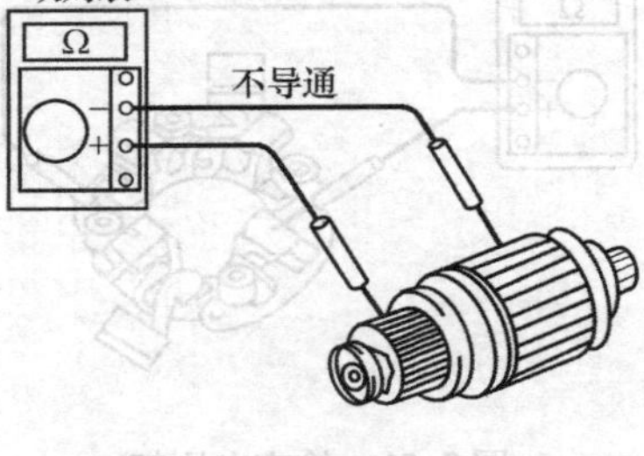

图 2-47 检查换向器是否搭铁

4. 励磁绕组的检查

1）检查励磁绕组是否断路，如图 2-48 所示。用欧姆表检查引线和励磁绕组电刷引线之间的导通性，应导通。否则，应更换磁极框架。

2）检查励磁绕组是否搭铁。用欧姆表检查励磁绕组末端与磁极框架之间的导通性，应不导通，如图 2-49 所示。若导通，应修理或更换磁极框架。

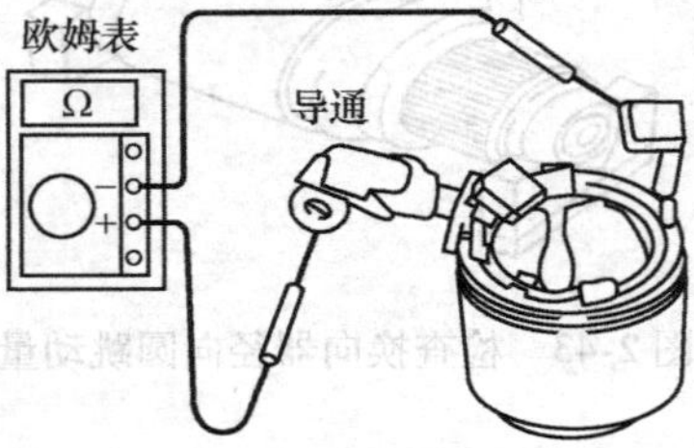

图 2-48 检查励磁绕组是否断路

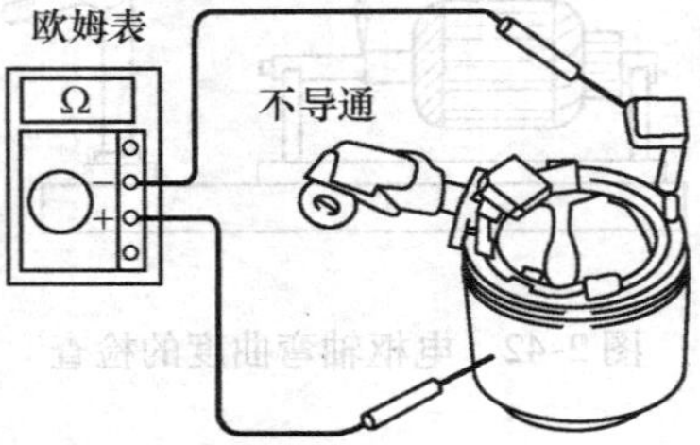

图 2-49 检查励磁绕组是否搭铁

5. 电刷弹簧的检查

检查电刷弹簧，可按图 2-50 所示读取电刷弹簧从电刷分离瞬间的拉力计读数。标准弹簧安装载荷为 17～23N，最小安装载荷为 12N。若安装载荷小于规定值，应更换电刷弹簧。

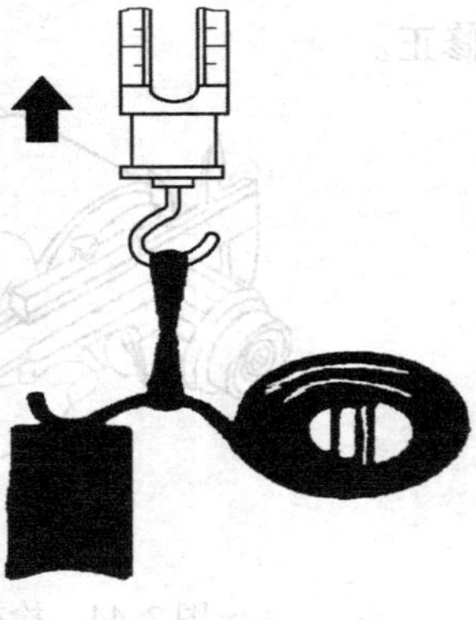

图 2-50 检查电刷弹簧

6. 电刷架的检查

用欧姆表检查电刷架正极（+）与负极（-）之间的导通性，应不导通，如图 2-51 所示。若导通，应修理或更换电刷架。

7. 离合器和驱动齿轮的检查

检查离合器和驱动齿轮是否严重损伤或磨损。如有损坏，应进行更换。

检查起动机离合器是否打滑或卡滞，如图 2-52 所示。将离合器驱动齿轮夹在台虎钳上，在花键套筒中套入花键轴，将扳手接在花键轴上，测得力矩应大于规定值（24～26N·m），否则说明离合器打滑。反向转动离合器应不卡滞，否则应修理或更换离合器总成。

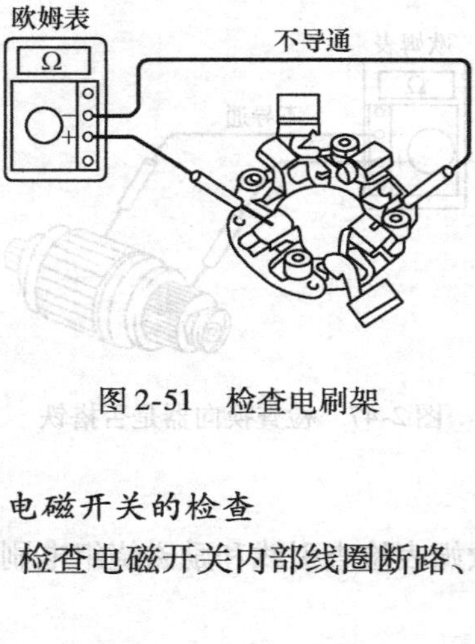

图 2-51 检查电刷架

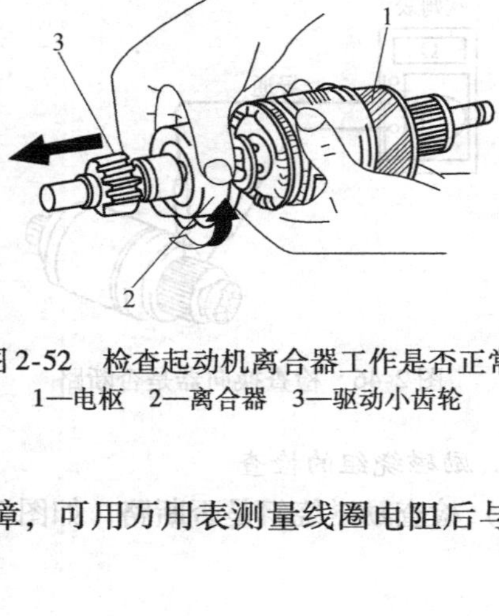

图 2-52 检查起动机离合器工作是否正常
1—电枢 2—离合器 3—驱动小齿轮

8. 电磁开关的检查

1）检查电磁开关内部线圈断路、短路或搭铁故障，可用万用表测量线圈电阻后与标准值比较进行判断。

2）按照图2-53所示连接好线路，接通开关K后应能听到活动铁心动作的声音，同时试灯L应被点亮；开关K断开后，试灯L应立即熄灭。否则应更换电磁开关或更换起动机总成。

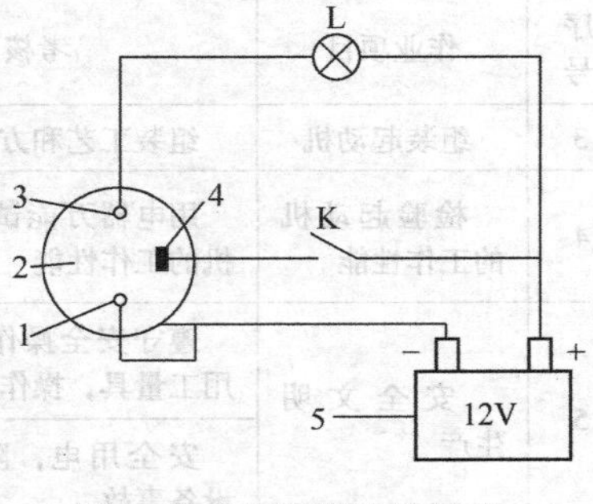

图2-53　电磁开关的检查
1—电磁线圈接线柱　2—起动机开关　3—蓄电池接线柱　4—点火开关接线柱　5—蓄电池

三、起动机的试验

1）空载试验：将起动机固定在实验台上，接通电路，起动机应转动均匀，无异响，转速符合要求。注意：每次试验时间不得超过1min，避免起动机过热。

2）全制动试验：在空载试验的基础上继续测量全制动电流和制动力矩，用来检测起动机的主电路是否正常。注意：每次试验时间不得超过5s，以免损坏起动机或蓄电池。

【考核要求】

1. 按规定拆检、装配起动机。
2. 口述主要零件的修理方法和技术要求。
3. 装配后进行性能试验，应恢复其技术性能。

1）电枢绕组及励磁绕组无短路、断路及搭铁。

2）电枢轴上螺旋花键无明显磨损，电枢轴径向圆跳动量不大于0.10mm。

3）电刷长度不小于新件的1/2，电刷弹簧的弹力为8～13N。

4）单向离合器无打滑现象。

4. 考核时间40min，其考核记录及评分标准见表2-8。

表2-8　考核记录及评分标准

序号	作业项目	考核内容	配分	评分标准	评分记录	扣分	得分
1	解体起动机	解体操作	10	每出现一处操作错误扣5分			
2	检修起动机各主要零件（零件修复可口述）	转子总成的检修	60	检验方法不正确扣5分			
				检验结果不正确扣5分			
				修理方法不正确扣5分			
		定子绕组的检验		检验方法不正确扣5分			
				检验结果不正确扣5分			
		电刷总成的检修		检验方法不正确扣5分			
				检验结果不正确扣5分			
				修理方法不正确扣5分			
		单向离合器的检验		检验方法不正确扣5分			
				检验结果不正确扣5分			
		电磁开关的检验		检验方法不正确扣5分			
				检验结果不正确扣5分			

（续）

序号	作业项目	考核内容	配分	评分标准	评分记录	扣分	得分
3	组装起动机	组装工艺和方法	10	每出现一处操作错误扣5分			
4	检验起动机的工作性能	用电器万能试验台检验起动机的工作性能	10	检验方法不正确扣5分			
				检验结果不正确扣5分			
5	安全文明生产	遵守安全操作规程，正确使用工量具，操作现场整洁	10	每项错误扣1分，扣完为止			
		安全用电，防火，无人身、设备事故		因违规操作发生重大人身和设备事故，此题按0分计			
6	分数合计		100				

评分人：　年　月　日

【相关知识】

起动机通常由三部分组成，即电动机、传动机构、电磁开关，如图2-54所示。

直流串励式电动机：产生转矩，将蓄电池输入的电能转换为机械能。

传动机构（啮合机构）：在发动机起动时，使起动机的驱动齿轮啮合入飞轮齿圈，将起动机转矩传给发动机曲轴。在发动机起动后，使起动机自动脱开齿圈。

电磁开关：起动机的控制装置，控制电路的通断。

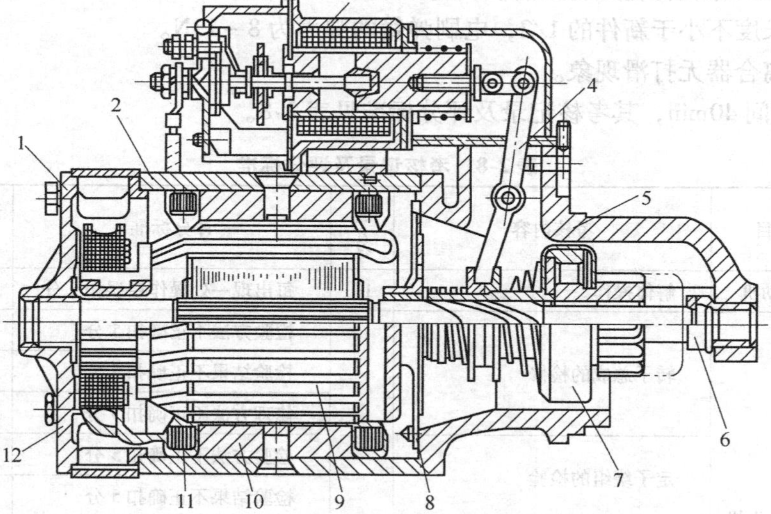

图2-54　QD124型起动机

1—前端盖　2—机壳　3—电磁开关　4—拨叉　5—后端盖
6—限位螺母　7—单向离合器　8—中间支撑轴　9—电枢
10—磁极　11—磁场绕组　12—电刷

【拓展练习】

1. 汽车电动刮水器由（　　）驱动。

A. 发电机　　B. 发动机　　C. 微型直流电动机　　D. 起动机

2. 汽车空调压缩机由（　　）驱动。

A. 发动机　　B. 发电机　　C. 电动机　　D. 起动机

3. 汽油机点火系统可以将（　　）供给的12V低压电变为15～30kV的高压电。

A. 蓄电池　　B. 发电机　　C. 起动机　　D. 电源

4. 汽车电动汽油泵由（　　）驱动。

A. 发电机　　B. 发动机　　C. 微型直流电动机　　D. 起动机

5. 汽车发动机需要传递较大转矩，且起动机尺寸较大时，应使用（　　）单向离合器。

A. 滚柱　　B. 摩擦片　　C. 弹簧　　D. 带式

6. 起动机的驱动齿轮与止推垫之间的间隙应为（　　）mm。

A. 1～4　　B. 1～2　　C. 0.5～1　　D. 0.5～0.9

7. 汽车（　　）由低压电路和高压电路组成。

A. 起动系统　　B. 充电系统　　C. 点火系统　　D. 照明系统

8. 用百分表检查起动机起动轴是否弯曲，如摆差大于（　　）mm应进行校正。

A. 0.1　　B. 0.2　　C. 0.5　　D. 0.15

9. 发动机（　　）时，必须暂时将附加电阻短路。

A. 起动　　B. 加速　　C. 减速　　D. 运转

10. 汽车发电机过载时，（　　）协助发电机向用电设备供电。

A. 起动机　　B. 点火线圈　　C. 分电器　　D. 蓄电池

项目九　分电器的检修

【技能目标】

1. 按规定要求进行分电器的解体、检修和装配。

2. 装配调整后的分电器应符合技术要求。

【知识目标】

1. 了解发动机点火系统的组成、结构和工作原理。

2. 掌握分电器的装配、检修和调整方法。

【工具设备】

1. 准备好拆、装所用工具和器材，包括游标卡尺、百分表及座、塞尺各一，呆扳手一套，一字及十字螺钉旋具各一把，砂纸、润滑脂、机油、棉纱、清洗剂若干。

2. 分电器总成一个、高压电源一台、万能电气试验台一台。

【操作步骤】

1. 分电器总成的解体与清洗

1）拆除分电器屏蔽罩及分电器盖。

2）取下分火头及防尘罩等。

3）拆下断电器底板固定螺钉。

4）拆下真空提前装置。

5）冲出连接销，拆下分电器驱动齿轮，取出分电器轴及离心提前装置等。

6）解体后，用布或棉纱蘸适量清洗剂清洗擦拭各零件。

2. 触点的检修

检查触点的接触情况，将触点分开，查看接触面是否有油污、烧蚀、凹凸不平及触点间能否全面接触。

1）如有油污，可用干布稍蘸些汽油将其擦净。

2）如触点有轻微烧蚀，可用“00”号细砂纸磨净。

3）如触点烧蚀较重，表面凹凸不平时，应更换触点臂总成。

4）触点的中心线应重合，偏差不得超过0.2mm，接触面积应大于80%，否则应用尖嘴钳校正。

3. 触点间隙的检查与调整

打开分电器盖，转动分电器轴，使凸轮的凸角顶开触点到最大开口间隙的位置，然后用塞尺测量间隙，其值一般为0.35～0.45mm。如不符合规定，可旋松触点底板的固定螺钉，再拧转偏心螺钉进行调整，如图2-55所示，最后拧紧触点底板固定螺钉。

4. 触点臂弹簧弹力的检查与调整

1）触点闭合时，用弹簧秤的挂钩拉住活动触点的尖端，沿着触点的轴向拉动弹簧秤，如图2-56所示。当触点刚刚分开时，弹簧秤的读数即为触点臂弹簧弹力，其值一般为5～7N。

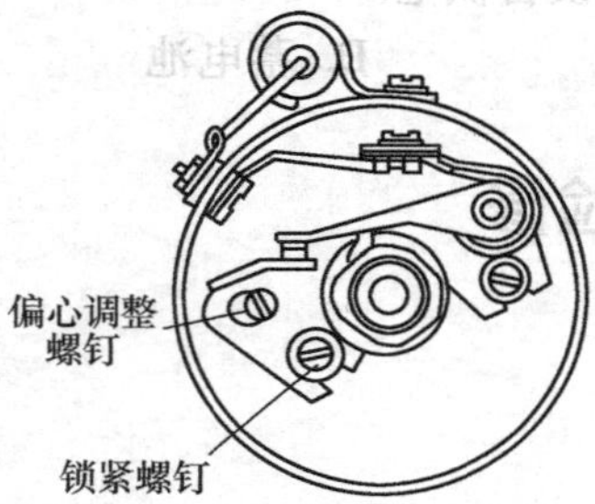

图2-55　调整触点间隙

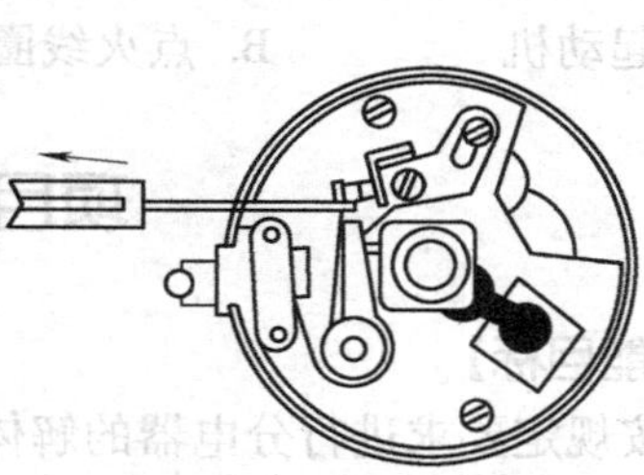
图2-56　检查触点臂弹簧弹力

2）若弹簧弹力不符合规定，可通过改变固定槽与固定螺栓的位置或弯曲弹簧片的方法予以调整。若调整后弹力仍不符合规定，则需更换弹簧片。

5. 离心提前机构的检查

如图2-57所示，用手抓住分火头与分电器轴，沿凸轮的旋转方向转动分火头。若松手后分火头能迅速回转，说明离心提前机构的弹簧张力及机构的装配情况良好；若松手后分火头不能回转，则离心提前机构的两个弹簧可能脱落或折断。

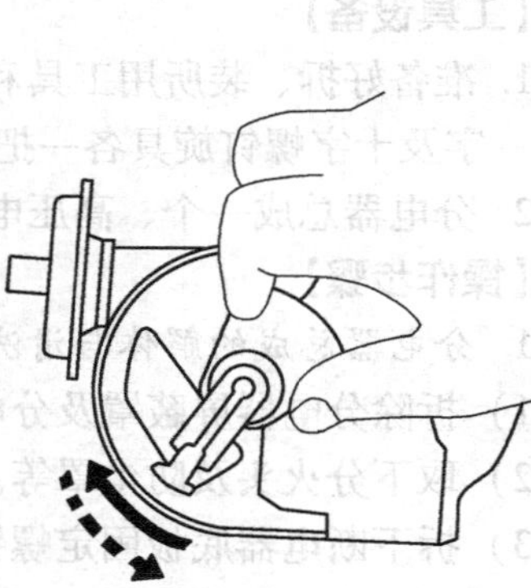
图2-57　检查离心提前机构

6. 真空提前机构的检查

如图2-58所示，当用嘴由管口吸气时，真空提前机构的拉杆或断电器活动底板能转动，不吸气时拉杆或活动底板能迅速返回，说明真空提前机构能正常工作。若吸气时，无真空感觉，而且拉杆或活动底板不动，说明膜片可能破裂或壳体漏气。

7. 分火头的检查

1）直观检查，分火头应无裂痕、烧蚀及击穿，否则应更换新件（注意：分火头顶部金属有一些焦状物是正常的）。

2）测试检查，分火头应不漏电，方法是将高压电源（10～20kV）的两根触针分别接导电片和底部轴孔，若有明显跳火，证明分火头漏电。也可将分火头倒放在机体上，用发动机高压电进行跳火试验（注意：若在高压线与分火头距离很近时，勉强能够看到有很细弱的火花，一般为正常情况）。

3）还可采用兆欧表检测，阻值应为无穷大。分火头顶部电阻检测，应符合规定，正常应为 1±0.4kΩ，如图 2-59 所示。

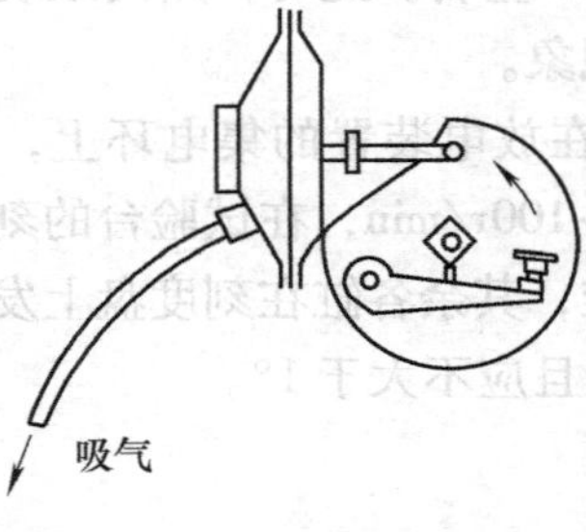

图 2-58　检查真空提前机构

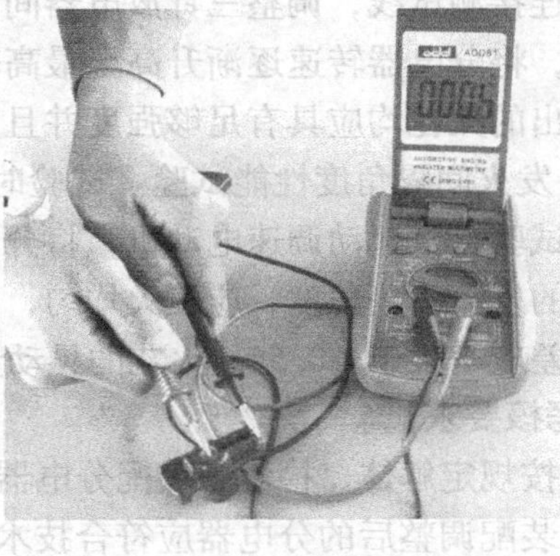

图 2-59　用兆欧表检测分火头

8. 分电器盖的检查

1）用一块干燥的棉布将分电器盖擦拭干净，进行直观检查（见图 2-60），分电器盖应无裂纹及烧蚀痕迹，内部各电极应无明显的磨损、腐蚀及烧蚀，否则应更换分电器盖。

2）中心电极应无卡滞，若烧蚀磨损致使其长度较标准长度减小 2mm 以上时，应更换新件。

3）测试检查。分电器盖应不漏电，中央插孔和各旁插孔之间应不窜电，其检测方法同分火头的漏电测试，可采用高压跳火测试或兆欧表检测（各插孔和底座都要检测），应无明显跳火或阻值无穷大。

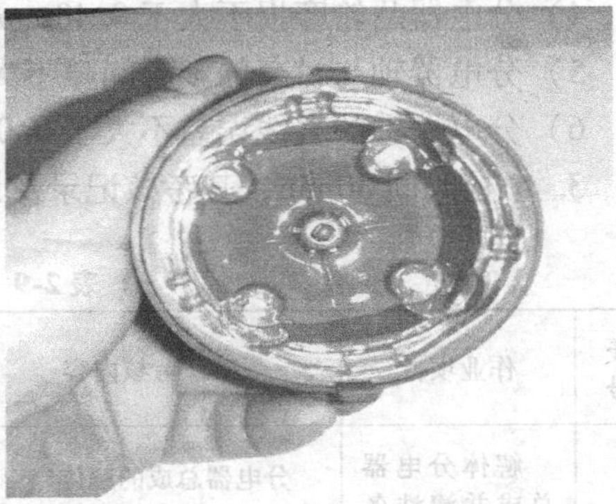

图 2-60　分电器盖的检查

9. 分电器轴、衬套及齿轮的检查

1）检查分电器轴与衬套配合间隙。将分电器壳体夹在台虎钳上，使百分表的测量触头垂直顶到分电器轴上部的外圆面上，沿百分表测杆方向晃动分电器轴，检查轴与衬套的配合间隙，应为 0.01～0.03mm，极限值为 0.05mm，否则应更换衬套。

2）转动分电器轴，观察百分表指针的摆差，分电器轴的直线度误差应不大于 0.05mm，否则更换新件。

3）分电器驱动齿轮轮齿磨损严重、齿面出现明显的疲劳剥落凹坑或出现裂损，也应更换新件。

10. 分电器的装复、调整与试验

1）分电器的装复、调整。分电器的组装可按与解体相反的顺序进行。进行组装时，应保证各零件的清洁，并在各相对运动的摩擦表面上涂抹少量润滑脂进行润滑。装复后，应对分电器轴的轴向间隙进行检查，转动分电器轴时应灵活无卡滞；轴向推拉分电器轴时，应无明显的间隙感，否则可通过改变调整垫片的厚度进行调整。

2）分电器试验。分电器装复后，应在试验台上进行发火性能、发火间隔角度性能测试。

① 发火性能试验。将分电器装在电气试验台上，用一个高压线圈给分电器提供高压电并正确连接测试线，调整三针放电器间隙，约 7 ~ 9mm，而后按规程操作试验台，起动调速电动机，将分电器转速逐渐升高至最高转速，约 2500r/min 左右。此时，用肉眼观察或用耳听，发出的火花均应具有足够强度并且无可察觉的断火现象。

② 发火间隔角度性能试验。试验时，把高压线改接在放电装置的集电环上，而后按规程操作试验台，起动调速电动机，将分电器转速调至 50 ~ 100r/min，在试验台的刻度盘上检查各缸的发火间隔角度，应发火均匀，以任意一缸为基准，其余各缸在刻度盘上发火间隔角度的偏差应不大于 ±0.5°，火花的晃动量应在偏差角度内且应不大于 1°。

【考核要求】

1. 按规定解体、检修、装配分电器。

2. 装配调整后的分电器应符合技术标准。

1）分电器盖及分火头无裂纹、漏电、烧蚀等现象，电容器工作正常。

2）断电器触点无烧蚀及错位，触点间隙为 0.35 ~ 0.45mm 。

3）离心调节器、真空调节器工作正常。

4）分电器凸轮磨损不大于 0.40mm，各凸轮磨损差不大于 0.03mm。

5）分电器轴与衬套的配合间隙不大于 0.15mm。

6）分电器轴的直线误差不大于 0.06mm。

3. 考核时间 30min，其考核记录及评分标准见表 2-9。

表 2-9 考核记录及评分标准

序号	作业项目	考核内容	配分	评分标准	评分记录	扣分	得分
1	解体分电器总成并清洗各零件	分电器总成的解体	20	每出现一处操作错误扣 5 分，共 15 分			
		清洗各零件		操作错误扣 5 分			
2	分电器主要零件的检查	检查分电器盖	40	检验方法不正确扣 5 分			
				检验结果不正确扣 5 分			
		检查分火头		检验方法不正确扣 5 分			
				检验结果不正确扣 5 分			
		分电器其他机件的检验		检验方法不正确扣 5 分			
				检验结果不正确扣 5 分			

（续）

序号	作业项目	考核内容	配分	评分标准	评分记录	扣分	得分
3	分电器的装配与调整	组装分电器	30	每出现一处操作错误扣5分			
		调整断电器触点间隙		调整方法不正确扣5分			
				调整结果不正确扣5分			
4	安全文明生产	遵守安全操作规程，正确使用工量具，操作现场整洁	10	每项错误扣1分，扣完为止			
		安全用电，防火，无人身、设备事故		因违规操作发生重大人身和设备事故，此题按0分计			
5	分数合计		100				

评分人：　　年　月　日

【相关知识】

1. 发动机点火系统的工作原理

汽油机点火系统按气缸点火次序定时地将高压电流传至各气缸火花塞，以点燃可燃混合气。

在蓄电池点火系统中，通常将分电器和断电器做在同一轴上，并由配气凸轮轴驱动。分电器上还有点火提前角调节装置和电容器等。断电器的断电臂用弹簧片使触点闭合，用断电凸轮使触点开启，开启间隙约为0.30～0.45mm。断电凸轮的凸起数与气缸数相同。当触点开启时，分电器的分电臂正好对准相应的侧电极，感应产生的高压电由次级线圈经过分电臂、侧电极、高压导线传至相应气缸的火花塞。

使用不同辛烷值的汽油时，可手动调节初始点火提前角。当内燃机转速上升时，离心式点火提前角调节装置使点火提前，反之则使点火后延。内燃机负荷降低时，进气总管中的真空度加大，通过连接管传到真空式点火提前角调节装置，使点火提前。这样的调节可以保证内燃机在适当的点火提前角下运转。

2. 常见分电器的结构

常见分电器的结构如图2-61所示。

【拓展练习】

1. 下面关于微机控制电子点火说法中，正确的是（　）。

A. 无分电器点火系统即独立点火系统

B. 在小负荷时提供较大的点火提前角

C. 不能实现闭环控制

D. 取消了分电器

2. 汽油机分电器轴向间隙不得大于（　）mm。

A. 0.25　　B. 0.50　　C. 0.75　　D. 1.25

3. 发动机分电器（　）的作用是当发动机的转速发生变化时，会自动调节点火提前角。

A. 电磁式点火提前装置　　B. 真空式点火提前装置

C. 离心式点火提前装置　　D. 液压式点火提前装置

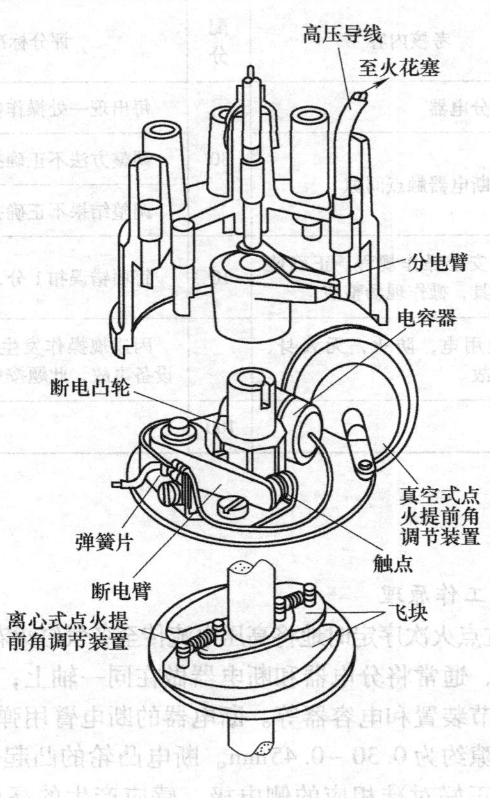

图 2-61 分电器的结构

4. 汽油发动机分电器轴与衬套的配合间隙不大于（ ）mm。

A. 0.10 B. 0.15 C. 0.20 D. 0.25

5. 汽车分电器内的（ ）的作用是按发动机的工作顺序将高压电分配到各缸火花塞上。

A. 配电器 B. 断电器 C. 电容器 D. 高压线

6. 能将汽车电源提供的12V 低压电转变为能击穿火花塞电极间隙的高压电的是（ ）。

A. 点火线圈 B. 分电器 C. 点火开关 D. 高压线

7. 电控发动机转速传感器安装在（ ）。

A. 曲轴前 B. 曲轴后

C. 分电器内 D. 曲轴前，曲轴后或分电器内

8. 对四冲程发动机而言，发动机曲轴与分电器的转速之比为（ ）。

A. 1∶2 B. 2∶1 C. 1∶1 D. 1∶3

9. 在发动机点火系统中，分电器盖内有与发动机气缸数（ ）的旁电极。

A. 相等 B. 不等 C. 两倍 D. 不确定

10. 无触点电子点火系统采用点火信号传感器取代传统点火系统中的（ ）。

A. 断电器触点 B. 配电器 C. 分电器 D. 点火线圈

项目十 汽油机废气排放的检验与调整

【技能目标】

1. 利用废气分析仪检测汽油机的废气排放。
2. 对汽油机废气进行调整，使之符合技术标准。

【知识目标】

1. 了解汽车排放废气超标的原因。
2. 掌握汽油机废气分析仪的使用方法。

【工具设备】

桑塔纳轿车一辆、汽油机废气分析仪一台、标准气样一瓶。

【操作步骤】

1. 测定前的准备工作

在进行汽车排放污染物检测时，必须做好测定前的准备工作，包括测量仪器的准备和被测车辆的准备。

（1）测量仪器的准备

1）仪器使用前，先接通电源，预热 30min 以上，然后按表 2-10 规定的部位进行检查。

表 2-10 汽油车排气检测前的仪器检查

时间	检查部位	检查要领	备注
使用前	指示计	在不输入电源的状态下，检查指针的机械零点	偏离时，调节零点校准螺钉，直至合格
	流量计	从气体入口取下导管，右手遮住进气口，检查动作状态	当发现不能正常动作时，应由专业厂家修理
	探测器和导管	检查有否压扁、割坏、堵塞、污染等情况	当发现已压扁、割坏时，应更换新件；如有污染和堵塞时，用布和压缩空气清扫
	滤清器	检查脏污程度	脏时应更换
	水分离器	检查存水量	发现有存水时取下排尽清扫
	校正装置 标准气体校正 简易校正装置	接通电源进行必要的预热，吸进清洁空气，检查零点调整能否进行。关闭泵开关（校正，测定转换开关，放在校正侧），注入标准气体，检查能否进行标准调整（调整频率根据制造厂的规定）。打开简易校正开关，检查动作状态和指示针的指针位置，即刻度板的调整位置	不能调整时，应由专业厂家修理。HC 测定器的标准气体是丙烷，所以应通过下式求校正的基准值，即校正的基准值 = 标准气体体积分数 × 换算系数 当发现不能调整时，应送专业厂家修理
		检查有无损伤和接触不良的地方	如发现有接触不良和断线处，应更换新线

2）从仪器上取出采样导管进行校正，如图 2-62 所示。吸进清洁空气，用零点调整旋钮去调整零位，再把测定器附属的标准气体从标准气体注入口注入，用标准气体校正旋钮，使指示值符合校正基准值（注意：当注入标准气体时，应关闭仪器上的泵开关）。

一氧化碳测定器是以标准气体储气瓶里的一氧化碳体积分数作为校正基准值，而碳氢化合物测定器由于在标准气体里采用丙烷（C_3H_8）气体，所以需通过下式求出正己烷（C_6H_{14}）换算值来作为校正基准

校正基准值 = 标准气体（丙烷）浓度 × 换算系数（正己烷换算值）

例：换算系数为0.530，标准气体丙烷体积分数为700×10^{-6}时，

$$校正基准值 = 700\times10^{-6}\times0.530 = 371\times10^{-6}$$

3）接通简易校正开关，如图2-63所示。对于有校正位置刻度线的仪器，可用标准调整旋钮把仪表指针调到标准刻度线位置。对于没有标准刻度线的仪器，要在标准气体校正后立即进行简易校正，使仪器指针与标准气体校正后的指示值重合。

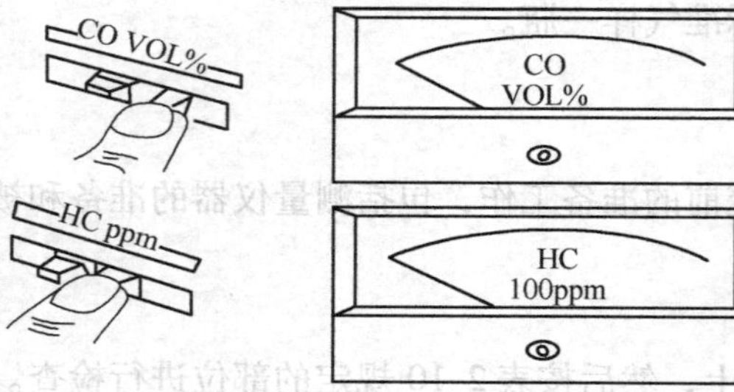

图2-62 从仪器上取出采样导管进行校正

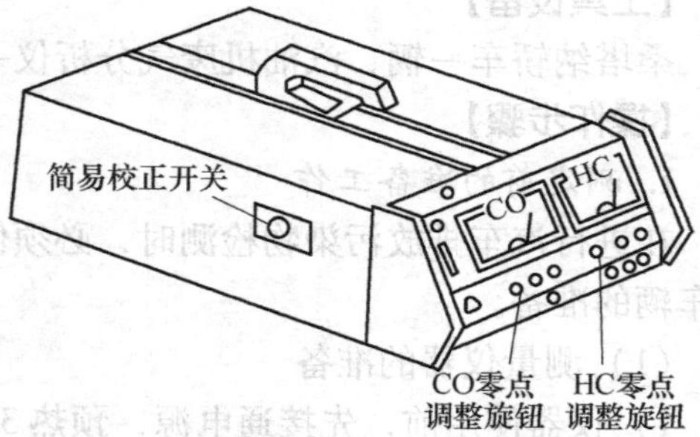

图2-63 简易校正开关校正

4）检查采样探头和导管内是否有残留HC。如果管内壁吸附残留HC过多，仪表指针偏离零点太多，要用压缩空气或布条等清洁采样探头和导管。

（2）车辆的准备

1）排气系统不得有泄漏。

2）应保证取样探头插入排气管的深度不小于300mm，否则排气管应加接管，但应保证接口不漏气。

3）发动机应达到规定的热状态。

4）按汽车制造厂使用说明书规定的调整法，调至规定的怠速和点火正时。

2. 检测方法

1）发动机由怠速加速到中等转速，维持5s以上，再降至怠速状态，如图2-64所示。

2）把指示仪表的读数转换开关打到最高量程挡位。

3）将取样探头插入汽车排气管中，深度不小于300mm，如图2-65所示。

4）一边观看指示仪表，一边用读数转换开关选择适于废气浓度的量程挡位，待指针稳定后，读数取最大值，如图2-66所示。若为多排气管时，则取各管测量值的算术平均值。

5）检测工作结束后，把取样探头从排气管里取出来，让它吸入新鲜空气工作5min，待仪器指针回到零点后再关掉电源。

3. 测试注意事项

1）汽油车怠速污染物的检测一定要把发动机怠速和温度控制在规定范围之内。

2）取样探头、导管分为低浓度用和高浓度用两种，两者要分别使用。

3）检测时导管不要发生弯折现象。

图 2-64 调整发动机至怠速状态

图 2-65 将取样探头插入排气管中

4）多部车辆连续检测时，一定要把取样探头从排气管里抽出并待仪表指针回到零点后，再进行下一部车的测量。

5）不要在有油或有有机溶剂的地方进行检测。

6）要注意检测地点的室内通风换气，以防人员中毒。

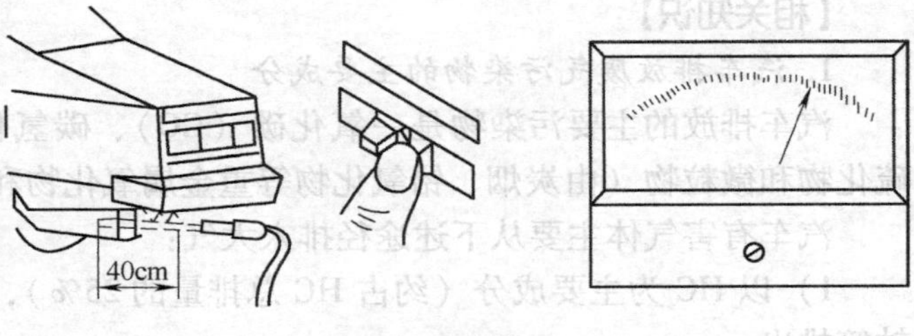

图 2-66 测试读数

7）检测结束后，要立即把取样探头从排气管里抽出来。

8）取样探头不用时要垂直吊挂，不要平放，以防管内的积水腐蚀取样探头。

9）分析仪不要放置在湿度大、温度变化大、振动大或有倾斜的地方。

10）校准用的校准气样是有毒的，要注意保管。

【考核要求】

1. 利用废气分析仪检测汽油机的废气排放。

2. 对汽油机废气进行调整，使之符合技术标准。

在海拔 1000m 以下，在用车怠速工况排放值 CO 质量分数小于 4.5%，HC 质量分数小于 0.9%。

3. 考核时间 30min，其考核记录及评分标准见表 2-11。

表 2-11 考核记录及评分标准

序号	作业项目	考核内容	配分	评分标准	评分记录	扣分	得分
1	标准气样对仪器校准	利用标准气样对仪器进行校准	30	校准方法不正确扣 10 分			
				校准结果不正确扣 10 分			
2	测定废气排放	检测方法和检测结果	30	测定时发动机工作状态不符合要求扣 10 分			
				探头插入排气管深度不符合要求扣 5 分			
				测定结果不正确扣 5 分			

（续）

序号	作业项目	考核内容	配分	评分标准	评分记录	扣分	得分
3	调整废气排放	调整方法和调整结果	30	调整方法不正确扣10分			
				调整结果不正确扣10分			
4	安全文明生产	遵守安全操作规程，正确使用工量具，操作现场整洁	10	每项错误扣5分，扣完为止			
		安全用电，防火，无人身、设备事故		因违规操作发生重大人身和设备事故，此题按0分计			
5	分数合计		100				

评分人：　年　月　日

【相关知识】

1. 汽车排放废气污染物的主要成分

汽车排放的主要污染物是一氧化碳（CO）、碳氢化合物（HC）、氮氧化合物（NOx）、硫化物和微粒物（由炭烟、铅氧化物等重金属氧化物和烟灰等组成）。

汽车有害气体主要从下述途径排入大气：

1）以HC为主要成分（约占HC总排量的25%），并含有CO等其他成分的窜气，从曲轴箱排出。

2）在不同运行工况，从发动机废气排出不同成分的CO、HC（约占HC总排量的55%）及NOx等有害气体。

3）汽油从油箱及油泵、油管接头处蒸发，散发出HC（约占HC总排量的20%）。

2. 汽油车废气分析仪的使用方法

汽油车的排气测定方法分工况法、等速工况法和怠速法。怠速法中包括了单怠速法和双怠速法，检测站主要以单怠速法测量汽油车的排气污染物。其实怠速法并不能具体反映车辆的实际情况，但是由于其操作简单，并且限制条件较少，故在实际检测中被广泛采用。

【拓展练习】

1.（　）是柴油机排放的主要有害成分之一。

A. CO　　B. HC　　C. NOx　　D. 炭烟

2. 在轻型车排放物中，CO质量分数不大于（　　）。

A. 4.5%　　B. 6%　　C. 7%　　D. 8%

3. 适当推迟汽油机点火时间，可使（　　）在排气过程中燃烧掉。

A. CO　　B. HC　　C. NOx　　D. 炭烟

4. 按照ECE1504法规规定的汽车型式认证试验，基准质量 $R_m \leqslant 1020$kg 的CO排放极限值应为（　　）g。

A. 70　　B. 80　　C. 90　　D. 60

5. 下列不属于车辆检测诊断内容的是（　　）。

A. 主减速器啮合印痕　　B. 发动机异响

C. 底盘功率　　D. 排放性

6. 在用柴油汽车的烟度排放允许值为（　　）。

A. ≤Rb5.0　　B. ≤Rb6.0　　C. ≤Rb4.5　　D. ≤Rb6.5

7. 重型车怠速时，CO 排放不大于（　　）。

A. 3%　　B. 6%　　C. 4.5%　　D. 1%

8. Ⅳ型排放试验即点燃式发动机车辆蒸发排放试验，每次试验蒸发排放量应小于（　　）g。

A. 2　　B. 3　　C. 4　　D. 2.5

9. 与化油器发动机相比，电控汽油喷射发动机的优点是（　　）。

A. 动力性好　　B. 经济性好　　C. 排放性好　　D. 以上都正确

10. 发动机排气管上的三元催化转换器主要降低（　　）的排放。

A. CO 和 HC　　B. HC 和 NOx　　C. CO 和 NOx　　D. CO、HC 和 NOx

项目十一　离合器的检修

【技能目标】

1. 按规定要求拆检、装配、修理离合器。
2. 装车调整后，离合器应符合技术标准。

【知识目标】

1. 了解离合器的作用、组成、结构及工作原理。
2. 掌握离合器主要零件的检修方法和技术要求。

【工具设备】

1. 准备好拆装、检测所用工具和器材，包括从动盘支架、平台、弹簧检验仪各一，百分表、游标卡尺、钢直尺、塞尺、各一，套筒扳手、扭力表、划规、锤子、变速器第一轴各一。

2. 桑塔纳 LX 型轿车离合器一个。

【操作步骤】

一、离合器的拆卸及分解

1）在离合器盖及飞轮上做装配记号。

2）将离合器固定螺栓对角逐渐拧松，从发动机飞轮上拆下离合器，如图 2-67 所示。

3）在离合器盖、压盘及膜片弹簧之间做装配记号，分解离合器。

4）拆下膜片弹簧装配螺栓，将膜片弹簧、压盘及离合器盖分解。

图 2-67　从发动机飞轮上拆下离合器

二、离合器的检查

1. 检修注意事项

1）固定盖的螺栓应交叉拧紧和拧松，并且应按规定的拧紧力矩拧紧。

2）将有标志一面的滚针轴承（壁厚较大）朝向安装工具，在轴与轴承之间涂一层润滑油。所有轴承和接触表面均使用白色润滑脂润滑。

2. 离合器的检查内容

（1）从动盘的检查

1）从动盘径向圆跳动的检查。在距从动盘外边缘2.5mm处测量，离合器从动盘最大径向圆跳动为0.4mm，测量方法如图2-68所示。

2）从动盘摩擦片磨损程度的检查。摩擦片的磨损程度可用游标卡尺进行测量（见图2-69）。铆钉头埋入深度应不小于0.50mm。

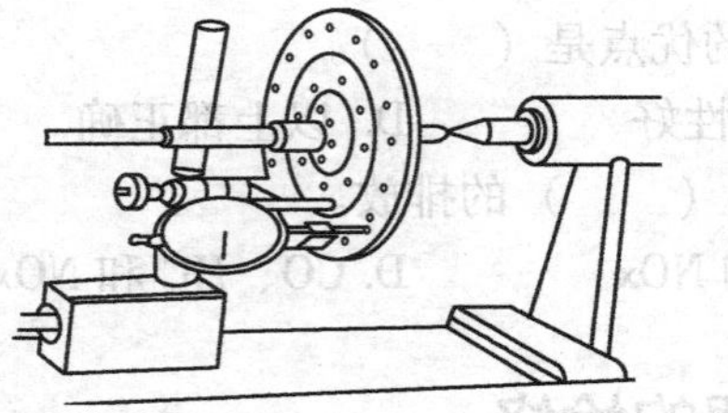

图2-68 检查离合器从动盘的径向圆跳动

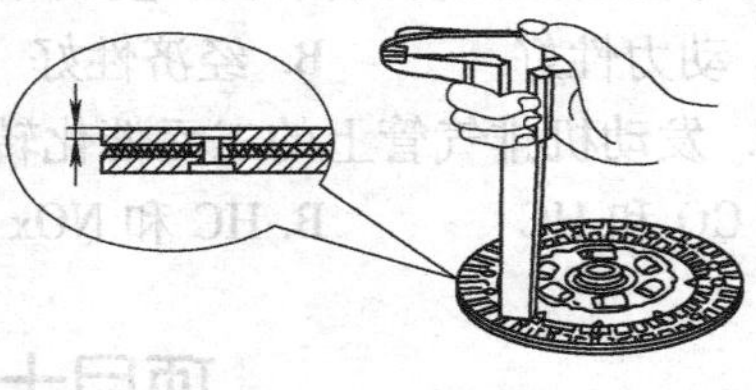

图2-69 检查离合器从动盘的磨损

3）检查从动盘是否有裂纹、烧蚀、油污等损伤。

4）检查从动盘花键孔与变速器第一轴的配合，从动盘花键毂不得松动，花键齿不能有扭曲变形，与变速器输入轴配合间隙不超过0.2mm。

（2）压盘的检查

1）离合器压盘平面度不应超过0.2mm，检查方法可用钢直尺放平后以塞尺测量，如图2-70所示。

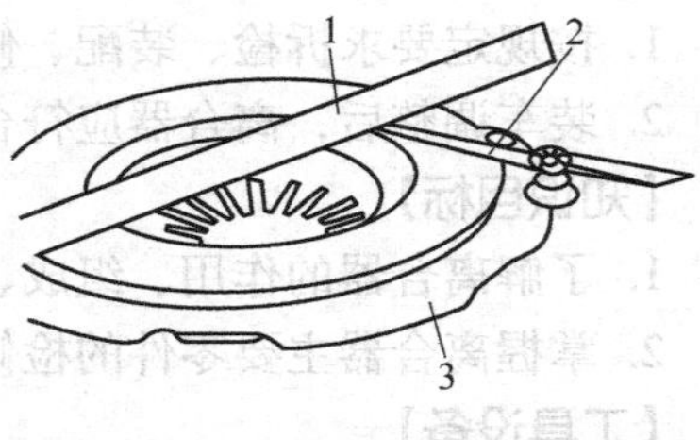

图2-70 离合器压盘平面度的检查
1—钢直尺 2—塞尺 3—压盘

2）检查压盘的表面，不得有沟槽、划痕、烧伤等各种机械损伤。

3. 检查膜片弹簧分离指端

1）用游标卡尺测量膜片弹簧与分离轴承接触部位磨损的深度和宽度，如图2-71所示，深度不大于0.6mm，宽度不大于0.5mm，否则应予以更换。

2）膜片弹簧内端面应处于同一平面内，平面度误差不得超过0.5mm。

4. 检查飞轮表面

飞轮表面应无裂纹和变形，若磨损成伞形，需研平或更换。

5. 检查飞轮摆振

将磁力表座吸附在发动机机体上，百分表表针抵在飞轮的最外圈，如图2-72所示，飞轮的最大摆振应小于0.1mm。如摆振超差，应修理或更换飞轮。

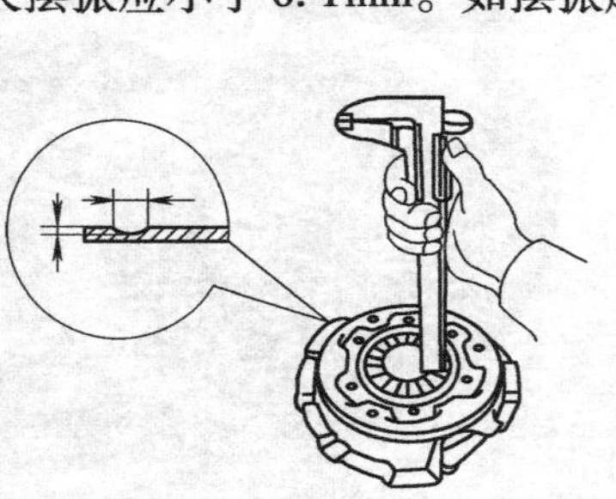

图2-71 用游标卡尺测量膜片弹簧的磨损

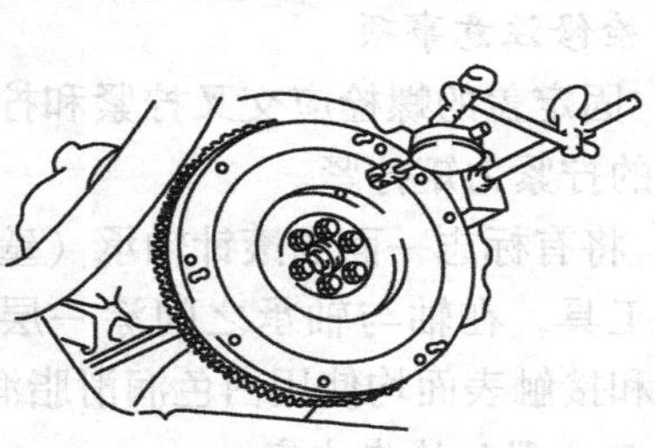

图2-72 用百分表测量飞轮摆振

6. 检查离合器盖

检查离合器盖有无裂纹、翘曲、变形等各种机械损伤。若有需更换。

【考核要求】

1. 按规定拆检、装配离合器。

2. 口述离合器主要零件的修理方法和技术要求。

3. 装车调整后，离合器应符合技术标准。

1）离合器盖固定螺栓的拧紧力矩为25N·m。

2）从动盘表面无油污、烧蚀及硬化龟裂现象，铆钉头埋入深度不小于0.30mm，从动盘的翘曲量不大于0.40mm，各铆钉不得松动，从动盘花键毂与变速器第一轴的配合间隙不大于0.60mm。

3）压盘表面划痕深度不大于0.50mm，平面度误差不大于0.20mm。

4）压紧弹簧无裂纹及折断，内端磨损深度不大于0.60mm。

5）离合器盖无裂纹。

4. 考核时间40min，其考核记录及评分标准见表2-12。

表2-12　考核记录及评分标准

序号	作业项目	考核内容	配分	评分标准	评分记录	扣分	得分
1	拆卸离合器	从发动机上拆下离合器总成并分解	20	拆卸时未做装配标记扣5分			
				每出现一处操作错误扣5分			
2	离合器主要零件的检修（修理方法可口述）	从动盘的检修	50	检验方法不正确扣5分			
				检验结果不正确扣2分			
				修理不符合技术要求扣5分			
		压盘的检修		检验方法不正确扣5分			
				检验结果不正确扣2分			
				修理不符合技术要求扣5分			
		压紧机件的检修		检验方法不正确扣5分			
				检验结果不正确扣2分			
				修理不符合技术要求扣5分			
		离合器盖的检修		检验方法不正确扣5分			
				检验结果不正确扣2分			
				修理不符合技术要求扣5分			
3	离合器的安装	将离合器总成安装到发动机后端的飞轮上	20	从动盘安装方向不正确扣5分			
				未按记号进行装配扣5分			
				未用离合器轴对从动盘进行正确定位扣5分			
4	安全文明生产	遵守安全操作规程，正确使用工量具，操作现场整洁	10	每项错误扣5分，扣完为止			
		安全用电，防火，无人身、设备事故		因违规操作发生重大人身和设备事故，此题按0分计			
5	分数合计		100				

评分人：　　年　月　日

【相关知识】

离合器的作用是使发动机与传动系统平顺地结合，以保证汽车平稳起步；暂时切断发动机与传动系统的联系，以利于发动机的起动，减少换挡时齿轮的冲击；限制传动系统所承受的最大扭矩，防止传动系统过载。

上海桑塔纳轿车的离合器采用膜片弹簧单干式离合器，其操纵机构为机械拉索式。这种膜片弹簧离合器零件少，易于平衡，压紧力不会随摩擦片的磨损变薄而减小，可有效地提高离合器传递转矩的能力；在相同踏板行程的情况下，所需的踏板力较小。此种离合器由从动盘、压盘、膜片弹簧、分离轴、机械拉索等组成。

如图 2-73 所示为常见离合器的组成。

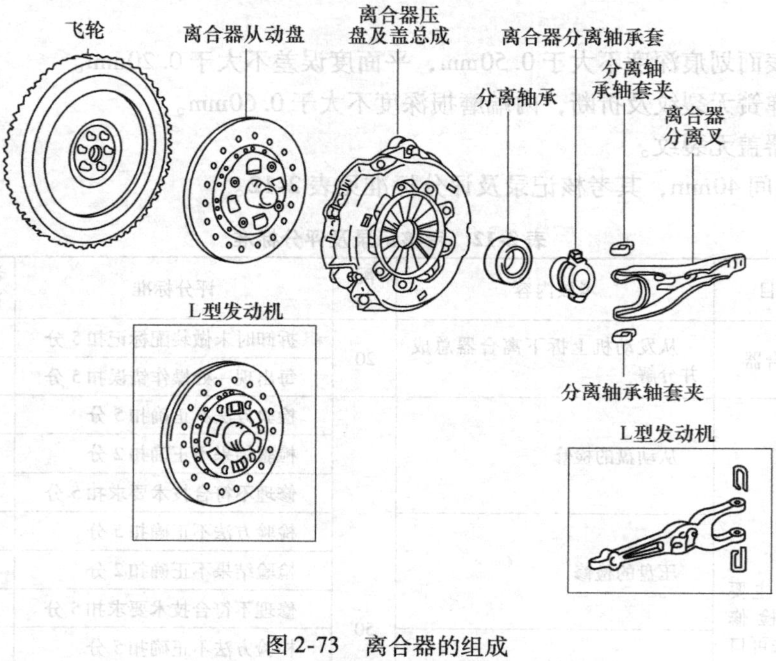

图 2-73　离合器的组成

【拓展练习】

1. 一般自动变速器离合器的自由间隙为（　　）mm。

A. 0.5 ~ 1.0　　B. 0.5 ~ 2.0　　C. 2.0 ~ 2.5　　D. 2.5 ~ 3.0

2. 汽车修理中，应进行动平衡试验的零件或组合件是（　　）。

A. 曲轴　　B. 离合器从动盘　　C. 离合器压盘　　D. 制动鼓

3. 桑塔纳 2000 型轿车离合器膜片弹簧分离指应在同一平面上，翘曲变形引起的平面度误差不应大于（　　）mm。

A. 0.5　　B. 0.6　　C. 0.8　　D. 0.4

4. 桑塔纳 2000 型轿车离合器踏板自由行程为（　　）mm。

A. 15 ~ 20　　B. 15 ~ 25　　C. 15 ~ 30　　D. 20 ~ 30

5. 检测汽车离合器从动盘的形位误差时，应测量其（　　）误差。

A. 平面度　　B. 圆度　　C. 圆跳动　　D. 垂直度

6. 膜片弹簧离合器的压盘（　　），热容量大，不易产生过热。

A. 较大　　B. 较小　　C. 较薄　　D. 较厚

7. 东风 EQ1090 离合器异响的原因有很多，下列（　　）故障不会造成离合器异响。

A. 分离轴承损坏　　B. 从动盘松动　　C. 分离轴承缺油　　D. 动片变形

8. 桑塔纳 2000 型轿车离合器压盘固定螺栓应按（　　）顺序分别拧紧。

A. 由里向外　　B. 由中间向两端　　C. 对角线交叉　　D. 由外向里

9. 当膜片弹簧离合器的从动盘磨损后，压盘前移，膜片弹簧对压盘的压力将（　　）。

A. 减小　　B. 增大　　C. 不变　　D. 消失

10. 离合器在结合时，出现一次撞击声，则为（　　）。

A. 压盘变形　　B. 从动盘减振弹簧折断

C. 分离轴承损坏　　D. 变速器响

项目十二　变速器一、二轴组件的拆检

【技能目标】

1. 按规定要求拆检、装配手动变速器一、二轴组件。

2. 装配后应符合技术标准。

【知识目标】

1. 了解手动变速器的组成、作用和工作原理。

2. 掌握手动变速器的拆检和装配方法。

【工具设备】

1. 准备好拆、装、检验所用工具和器材，包括外径千分尺、百分表、测齿卡尺、塞尺各一，V 形铁、平台各一，梅花扳手、呆扳手、套筒扳手、一字螺钉旋具、轴承拉器、铜棒、锤子、卡簧钳各一，清洗剂、棉纱若干。

2. 桑塔纳汽车变速器总成一个。

【操作步骤】

1. 整套齿轮的拆卸

1）拆下变速器。

2）拆下变速器后盖。

3）拆下轴承支座。

4）拆下整套齿轮。

2. 输入轴的拆卸

1）拆下四挡齿轮的有齿锁环，取下四挡齿轮、同步环和滚针轴承。

2）拆下同步器锁环，如图 2-74 所示。

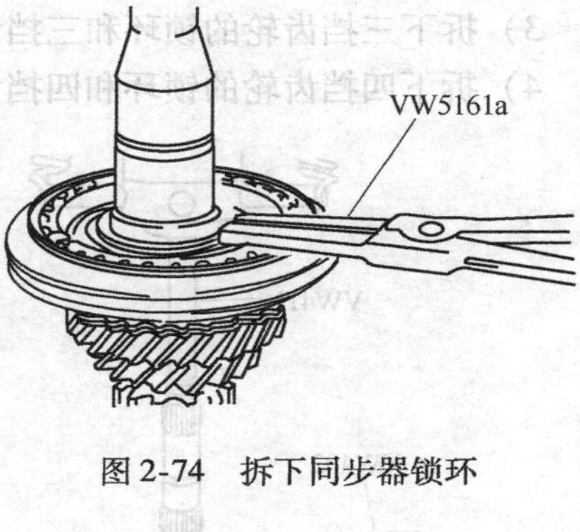

图 2-74　拆下同步器锁环

3）取下三挡和四挡同步器、三挡同步环和齿轮，如图 2-75 所示。取下三挡齿轮的滚针轴承。

4）取下输入轴的中间轴承内圈，如图 2-76 所示。

3. 输出轴的拆卸

1）拆下输出轴的内后轴承和一挡齿轮，如图 2-77 所示，取下滚针轴承和一挡同步环。

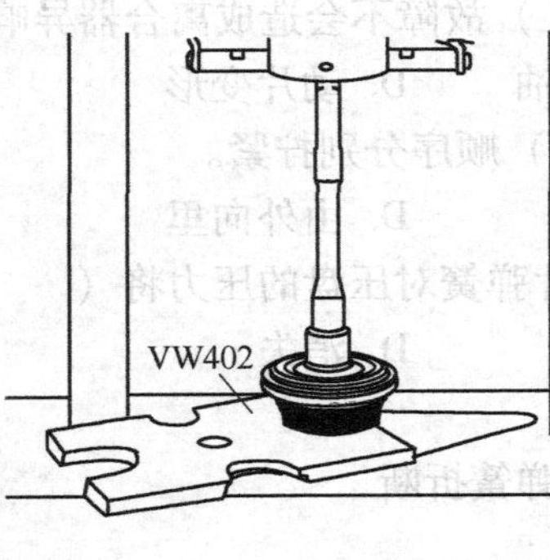

图 2-75　取下三挡和四挡同步器、三挡同步环及齿轮

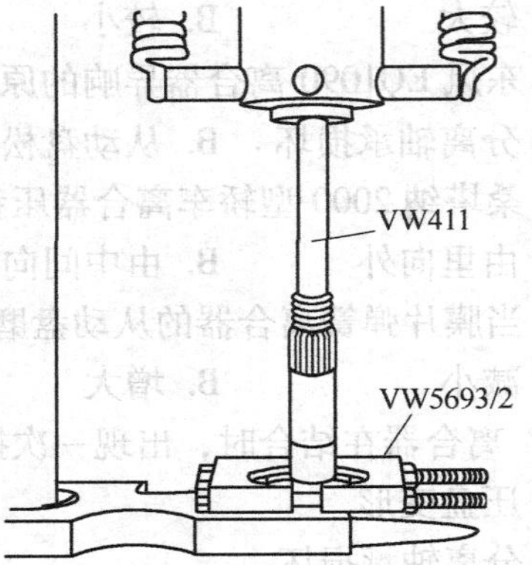

图 2-76　取下输入轴中间轴承内圈

2）取下滚针轴承的内圈、同步器和二挡齿轮，如图 2-78 所示。取下二挡齿轮的滚针轴承。

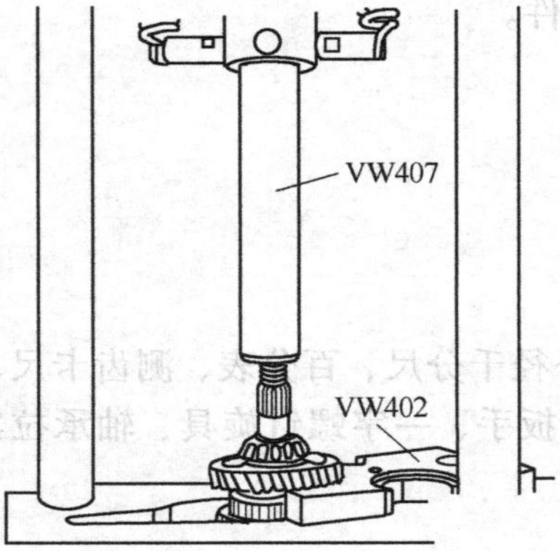

图 2-77　拆下内后轴承和一挡齿轮

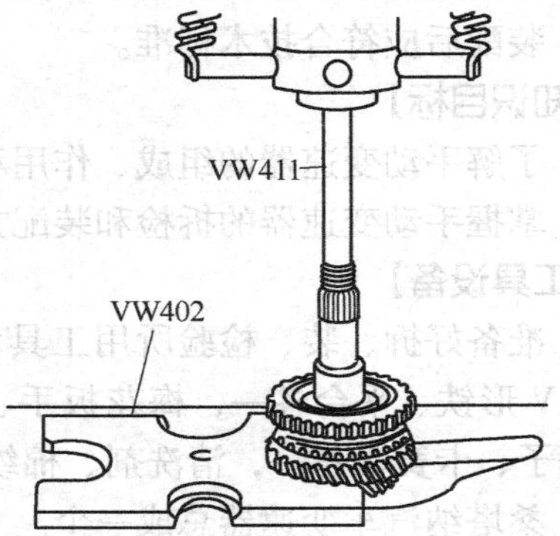

图 2-78　拆下滚针轴承内圈、同步器和二挡齿轮

3）拆下三挡齿轮的锁环和三挡齿轮，如图 2-79 所示。

4）拆下四挡齿轮的锁环和四挡齿轮，如图 2-80 所示。

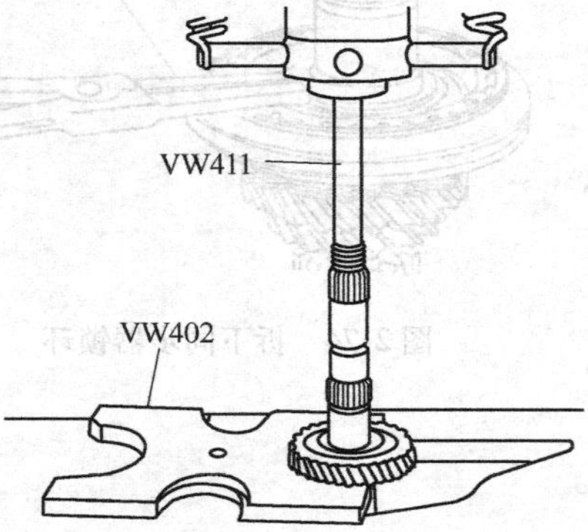

图 2-79　拆下三挡齿轮

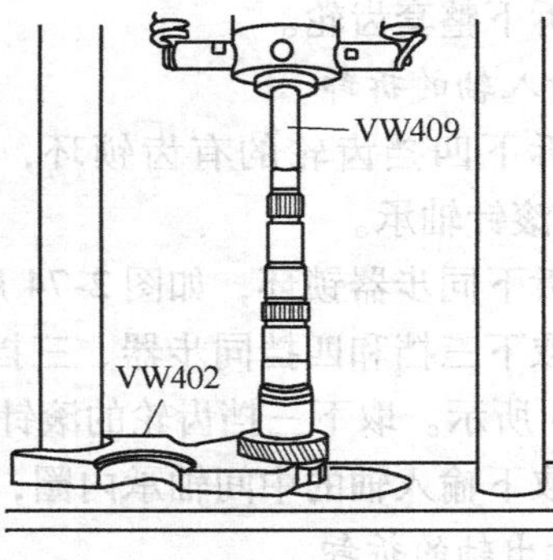

图 2-80　拆下四挡齿轮

5）拆下输出轴的前轴承。

4. 变速器零件的检修

1）检查主减速器主动锥齿轮的情况。如果已经损坏，同主减速器从动锥齿轮一起更换，并计算从动锥齿轮和主动锥齿轮调整垫片的厚度。

2）检查所有齿轮和轴承的损坏情况。如需要更换，除更换所损坏部件外，还需将其他轴上的相应齿轮也做更换。

一般齿轮齿面有轻微锈蚀或斑点，在不影响质量的情况下，用油石修磨后可继续使用。对于牙齿裂纹、打坏、齿面疲劳脱落的情况，应更换齿轮。齿面磨损超过0.2mm或齿长磨损超过原齿长的15%，斑点超过齿面的15%以上时，也应更换齿轮。

3）输出轴的检修。输出轴轴颈及轴颈间隔圆盘磨损过大，不仅使齿轮啮合间隙过大，而且轴会在轴承内圈中滑磨而导致轴颈烧蚀。检验时可用游标卡尺测量输出轴圆盘（法兰）的厚度，若磨损严重应予以更换或采用涂镀修复。用游标卡尺测量输出轴轴颈的外径，如磨损严重应予以更换或采用涂镀修复。用千分表测量输出轴的径向圆跳动，测量时以输出轴两端轴颈为支承，将千分表触头置于输出轴中部，最大径向圆跳动不得超过0.05mm，否则应予校正或更换输出轴。

4）输入轴的检修。变速器输入轴的花键是与离合器从动盘的花键槽套合的，常见的损伤为键槽的磨损及轴的弯曲。接合牙齿有时因装配不当，使用中也会造成损坏。另外，输入轴的轴承也是易损部件。出现上述损坏时，应予更换或修理。检查输入轴的弯曲度，如超过0.03mm应冷压校正。输入轴轴承如磨损松旷应予更换。轴颈如磨损逾限可采用涂镀修复。

5）用钢丝刷清洗同步环的内锥面，如图2-81所示。

6）将同步环压在各自齿轮的锥面上，检查间隙*A*值，如图2-82所示。间隙*A*的规定值见表2-13。

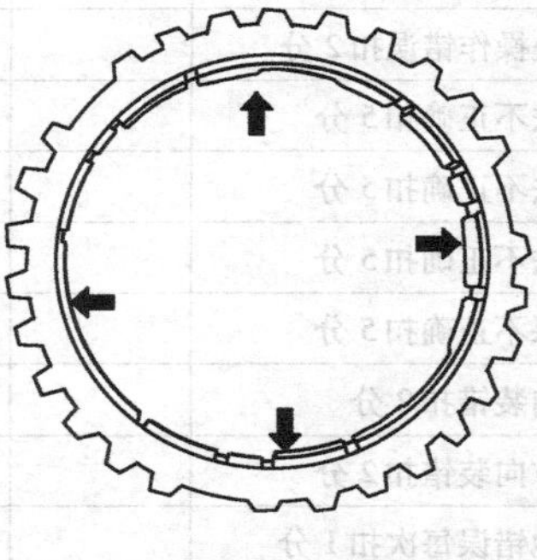

图2-81　清洗同步环内锥面

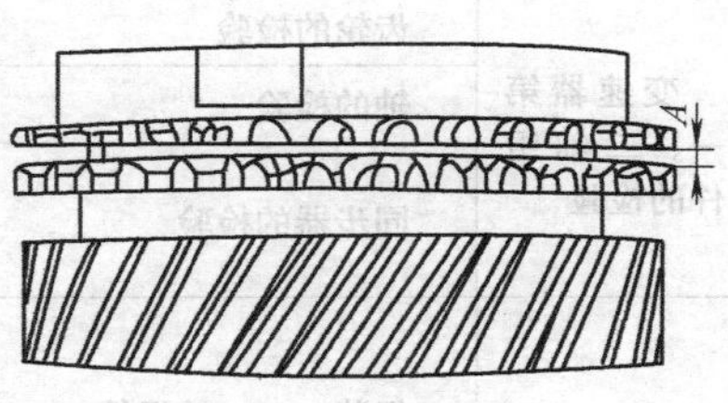

图2-82　检查间隙*A*值

表2-13　间隙*A*的规定值　（单位：mm）

同步环	间隙*A*	
	新的零件	磨损的限度
一挡和二挡	1.10～1.17	0.05
三挡和四挡	1.35～1.90	0.05
五挡	1.10～1.70	0.05

7）将同步环贴在极其平滑的表面上（平板、玻璃等），对其扭曲进行分析。用轻度的压力将同步环装在各自齿轮的锥面上，移动齿轮的锥环，对过度的侧面间隙（成椭圆形）进行分析，如图 2-83 所示。如果出现上述任何一种不正常现象，就应更换同步环。

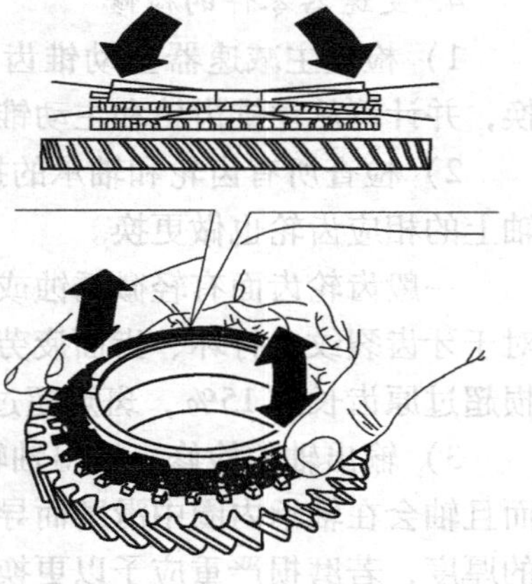

图 2-83　检查同步环

检修完成后，按与拆卸相反的顺序进行变速器的组装。

【考核要求】

1. 拆检、装配手动变速器一、二轴组件。

2. 装配后应符合技术标准。

1）轮齿表面点蚀面积不大于齿面面积的 1/4，常啮齿轮齿厚磨损不大于 0.25mm。同步器环齿与齿轮间的间隙不大于 0.50mm，齿轮与内座圈之间的间隙不大于 0.18mm，轮齿无折断现象。

2）变速器轴无裂纹，径向圆跳动误差不大于 0.06mm，轴承轴颈磨损不大于 0.04mm，花键齿磨损不大于 0.25mm。

3）同步器锁止角无明显磨损，后备行程为 0.50mm。

3. 考核时间 40min，其考核记录及评分标准见表 2-14。

表 2-14　考核记录及评分标准

序号	作业项目	考核内容	配分	评分标准	评分记录	扣分	得分
1	拆卸	拆卸变速器盖等机件	30	每出现一处操作错误扣 2 分			
		拆卸第一、二轴组件		每出现一处操作错误扣 2 分			
		一、二轴组件的解体		出现一处操作错误扣 2 分			
2	变速器第一、二轴组件的检验	齿轮的检验	30	检验方法不正确扣 5 分			
		轴的检验		检验方法不正确扣 5 分			
		同步器的检验		检验方法不正确扣 5 分			
				检验结果不正确扣 5 分			
3	变速器的安装	组装一、二轴组件	30	齿轮方向装错扣 2 分			
				同步器方向装错扣 2 分			
				出现其他错误每次扣 1 分			
		将第一、二轴组件装入壳体		每出现一处操作错误扣 5 分			
		安装变速器盖等机件		每出现一处操作错误扣 2 分			
4	安全文明生产	遵守安全操作规程，正确使用工量具，操作现场整洁	10	每项错误扣 5 分，扣完为止			
		安全用电，防火，无人身、设备事故		因违规操作发生重大人身和设备事故，此题按 0 分计			
5	分数合计		100				

评分人：　　年　月　日

【相关知识】

汽车上普遍采用高转速、低转矩的活塞式内燃机，其转矩和转速的变化范围很小。而在复杂的使用条件下，则要求汽车的驱动力和车速能在很大的范围内变化。为此，在汽车的传动系统中装有变速器，其功用是：

1）通过改变传动比，扩大汽车驱动力和速度的变化范围，以适应经常变化的行驶条件，同时使发动机在最有利的条件下工作。

2）在发动机旋转方向不变的条件下，使汽车能倒向行驶。

3）中断发动机向驱动桥的动力传递，以使发动机能够起步、怠速，满足汽车暂时停车的需要。

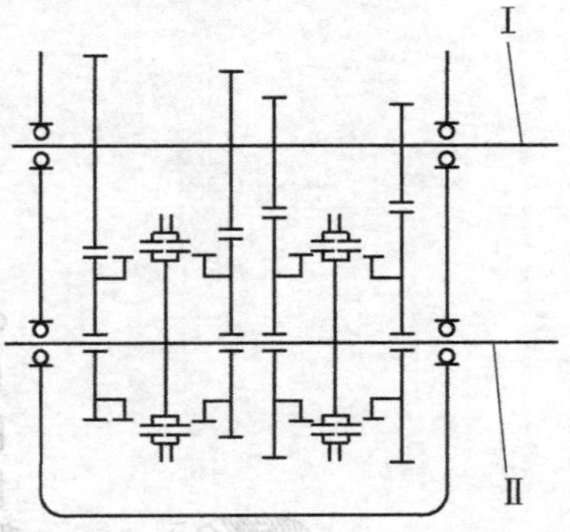

图 2-84 两轴式变速器的结构

汽车上使用的手动变速器分为两轴式和三轴式两种。

两轴式变速器的结构如图 2-84 所示，其前进挡属于单级传动，由输入轴、输出轴两根轴及齿轮组成。

所有各前进挡都有一对齿轮啮合传动，其主动齿轮都安装在输入轴上，从动齿轮都安装在输出轴上，各挡的传动比都等于该挡从动齿轮与主动齿轮齿数之比。

桑塔纳汽车变速器传动机构由输入轴、输出轴及其上的齿轮组成，其输入轴和输出轴的分解分别如图 2-85、图 2-86 所示。

【拓展练习】

1. 汽车变速器齿轮的材料应选用（　　）。

A. 高碳合金钢　　B. 低碳合金钢
C. 碳素工具钢　　D. 铸钢

2. 解放 CA1092 型汽车变速器的常啮合齿轮啮合间隙一般为（　　）mm。

A. 0.15 ~ 0.50　　B. 0.10 ~ 0.25
C. 0.05 ~ 0.15　　D. 0.10 ~ 0.40

3. 对于变速器总成大修送修标志，（　　）说法不正确。

A. 变速器轴承承孔磨损逾限　　B. 变速器壳体破裂
C. 变速器轴及齿轮恶性磨损　　D. 变速器操纵机构松动

4. 变速器增加了超速挡可以（　　）。

A. 提高发动机转速　　B. 降低发动机负荷
C. 提高动力性　　D. 提高经济性

5. 目前，多数自动变速器有（　　）个前进挡。

A. 2　　B. 3
C. 4　　D. 5

6. 汽车变速器齿轮不采用（　　）处理。

A. 渗碳　　B. 淬火
C. 低温回火　　D. 退火

7. 解放 CA1092 型汽车变速器壳体上下轴承孔轴线平行度误差直接测量时，必须用（　　）定心。

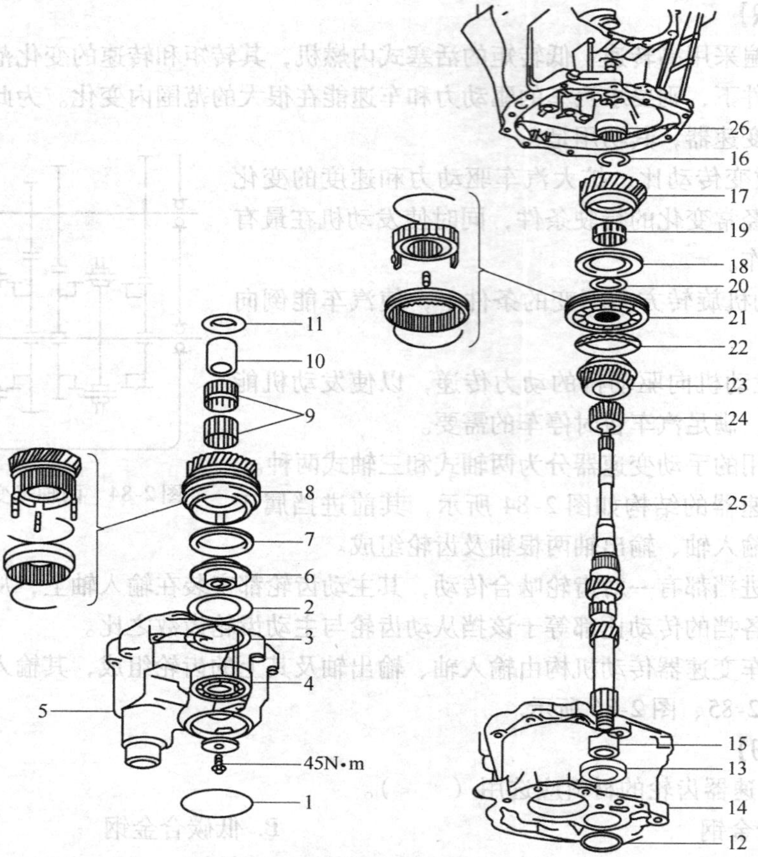

图 2-85　输入轴的分解图

1—后轴承的罩盖　2—挡油圈　3—锁环　4—输入轴后轴承　5—变速器后盖　6—五挡同步器套管
7—五挡同步环　8—五挡同步器和齿轮　9—五挡齿轮滚针轴承　10—五挡齿轮滚针轴承内圈
11—固定垫圈　12—锁环　13—中间轴承　14—轴承支座　15—中间轴承内圈
16—有齿的锁环　17—四挡齿轮　18—四挡同步环　19—四挡齿轮滚针轴承
20—锁环　21—三挡和四挡同步器　22—三挡同步环　23—三挡齿轮
24—三挡齿轮滚针轴承　25—输入轴　26—输入轴滚针轴承

A. 定心爪　　B. 定位套
C. 定心块　　D. 定位块

8. 汽车变速器壳体与盖接合面的平面度误差不大于（　　）mm。
A. 0.20　　B. 0.25
C. 0.30　　D. 0.15

9. 解放 CA1092 汽车变速器壳体前端面对第一、二轴轴承孔轴线的端面圆跳动应不大于（　　）mm。
A. 0.05　　B. 0.035
C. 0.10　　D. 0.025

10. 变速器无负荷试验时，（　　）轴的转速应在 1000～1400r/min 范围内。
A. 第一　　B. 第二
C. 中间　　D. 倒挡

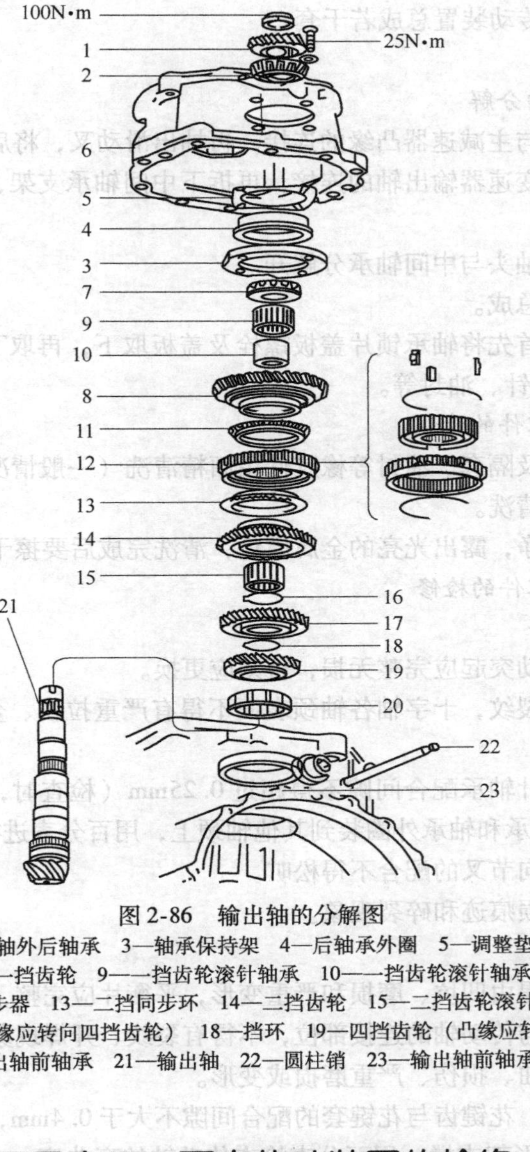

图 2-86 输出轴的分解图

1—五挡齿轮 2—输出轴外后轴承 3—轴承保持架 4—后轴承外圈 5—调整垫片 S3 6—轴承支座 7—输出轴内后轴承 8—一挡齿轮 9—一挡齿轮滚针轴承 10—一挡齿轮滚针轴承内圈 11—一挡同步环 12—一挡和二挡同步器 13—二挡同步环 14—二挡齿轮 15—二挡齿轮滚针轴承 16—挡环 17—三挡齿轮（凸缘应转向四挡齿轮） 18—挡环 19—四挡齿轮（凸缘应转向主动锥齿轮） 20—输出轴前轴承 21—输出轴 22—圆柱销 23—输出轴前轴承外圈

项目十三 万向传动装置的检修

【技能目标】

1. 按规定要求拆检、装配万向传动装置。
2. 零件的修理方法应符合技术要求。

【知识目标】

1. 了解万向传动装置的类型、构造和工作原理。
2. 掌握万向传动装置的检修方法。

【工具设备】

1. 准备好拆、装所用工具和器材，包括 V 形架、磁力表座及百分表、平台、台虎钳、游标卡尺、锤子、铜棒各一，呆扳手、梅花扳手、套筒扳手各一套，清洗剂、润滑脂、棉纱若干。

2. 载货汽车万向传动装置总成若干套。

【操作步骤】

1. 万向传动装置的分解

1）先拆下传动轴与主减速器凸缘的连接，再抽出滑动叉，将后节传动轴拆下。

2）拆下传动轴与变速器输出轴的连接，再拆下中间轴承支架，将前节传动轴连同中间轴承一起拆下。

3）将传动轴花键轴头与中间轴承分解开。

4）分解中间轴承总成。

5）分解万向节。首先将轴承锁片盖板螺栓及盖板取下，再取下十字轴滚针轴承壳，取下十字轴，最后取下滚针、油封等。

2. 万向传动装置零件的清洗

1）中间轴承垫圈及隔套、油封等橡胶件用酒精清洗（一般情况下直接更换）。

2）金属件用汽油清洗。

3）清洗要彻底干净，露出光亮的金属原色，清洗完成后要擦干。

3. 万向传动装置零件的检修

（1）万向节的检修

1）轴承盖上的止动突起应完整无损，否则应更换。

2）十字轴不得有裂纹，十字轴各轴颈表面不得有严重拉伤、金属剥落、压痕，否则应更换。

3）十字轴颈与滚针轴承配合间隙不得超过0.25mm（检查时，将十字轴的一个轴颈用台虎钳夹住，将滚针轴承和轴承外圈装到其他轴颈上，用百分表进行检查）。

4）轴承外圈与万向节叉的配合不得松旷。

5）滚针不得有磨损痕迹和碎裂现象。

（2）传动轴的检修

1）传动轴表面不得由凹坑、磨损和严重变形，平衡片应完整，固定良好。

2）检查花键轴头与传动轴的连接部位，不得有裂纹、开焊现象。

3）花键齿不得扭曲、损伤、严重磨损或变形。

4）用百分表检查，花键齿与花键套的配合间隙不大于0.4mm，否则应更换。

5）将传动轴用V形架支撑，用百分表检查传动轴的弯曲度，中间位置最大圆跳动量不大于0.80mm（相当于弯曲值0.40mm），超限时可采用冷压校正。

（3）中间轴承的检修

1）橡胶垫圈及隔套无老化现象，油封完好，否则应更换。

2）中间支架无裂损、变形。

3）中间支架与橡胶垫圈配合不松旷。

4）轴承内外圈滚道、滚子表面不得有损坏及疲劳剥落和烧蚀现象。

5）用百分表测量中间轴承径向、轴向间隙应符合标准。径向间隙不超过0.1mm，轴向间隙不超过0.3mm，否则应更换。

4. 万向节的装配

（1）组装中间轴承总成

1）把轴承内注入润滑脂，两轴承间放入隔圈，将两轴承放入内圈后装入橡胶垫圈。

2）将垫圈、轴承一同装入中间轴承支架内。

3）把前后油封压入前后轴承盖上，再把前后轴承盖装在支架两侧（有油嘴的轴承盖装在后侧）。

4）插入前后轴承盖固定螺栓，暂时不要紧固，等装到车上转动传动轴数圈后再紧固，以便使两轴承自动平衡。

5）检查定位键，将橡胶垫圈及中间轴承装入支架上。

6）将中间轴承总成装到传动轴上，套上凸缘，拧紧槽形螺母，穿上开口销。

（2）安装万向节

1）将十字轴轴颈套在万向节叉的轴承座孔内（十字轴上的油嘴应朝向轴管一侧，并与套管上的油嘴同侧）。

2）将滚针涂上润滑脂，配上油封放入轴承座孔内。

3）用铜棒和锤子轻敲轴承壳，使其慢慢进入轴承孔内。

4）把轴承壳上的凹槽与盖板对正，紧固盖板螺栓。

5）传动轴和万向节装配后要经过动平衡试验，并装配平衡片。

（3）安装伸缩花键套

1）在花键内均匀涂润滑脂。

2）按装配记号把花键套在传动轴上。

3）旋紧油封盖，套上防尘套。

（4）按拆下传动轴的相反次序将传动轴安装在汽车上　按规定拧紧力矩拧紧传动轴螺栓。

（5）向所有油嘴加注润滑脂　直到润滑脂从十字轴颈、滑动叉堵盖孔和中间轴承盖上的通气孔挤出为止。

【考核要求】

1. 按要求拆检、装配万向传动装置。

2. 各零件的修理方法应符合技术要求。

1）传动轴的径向圆跳动不大于1.0mm，中间传动轴的径向圆跳动不大于0.8mm，滑动叉与传动轴花键的配合间隙不大于0.80mm，万向节叉及传动轴应无裂纹。

2）十字轴与轴承的配合间隙不大于0.25mm，轴承盒应无破裂、与万向节叉配合无松旷现象，十字轴颈及滚针轴承表面无疲劳剥落，油封完好。

3. 考核时间40min，其考核记录及评分标准见表2-15。

表2-15　考核记录及评分标准

序号	作业项目	考核内容	配分	评分标准	评分记录	扣分	得分
1	万向传动装置的解体	解体的方法	20	每出现一处错误操作扣5分，扣完为止			
2	万向传动装置主要机件的检修（修复方法可口述）	传动轴的检修	40	检验方法不正确扣10分			
				检验结果不正确扣5分			
				修复方法不正确扣5分			

（续）

序号	作业项目	考核内容	配分	评分标准	评分记录	扣分	得分
2	万向传动装置主要机件的检修（修复方法可口述）	万向节的检修	40	检验方法不正确扣10分			
				检验结果不正确扣5分			
				修复方法不正确扣5分			
3	万向传动装置的组装	组装工艺和质量	30	万向节安装方向不正确扣5分			
				传动轴未按记号装配扣5分			
				出现其他错误每处扣2分			
4	安全文明生产	遵守安全操作规程，正确使用工量具，操作现场整洁	10	每项错误扣5分，扣完为止			
		安全用电，防火，无人身、设备事故		因违规操作发生重大人身和设备事故，此题按0分计			
5	分数合计		100				

评分人： 年 月 日

【相关知识】

万向传动装置的功用是能在轴间夹角和相对位置经常发生变化的转轴之间传递动力。它主要由万向节和传动轴组成。对于传动距离较远的分段式传动轴，为了提高传动轴的刚度，还设置有中间支承。

万向节按其速度特性分为普通万向节（见图2-87）、准等角速万向节和等角速万向节。

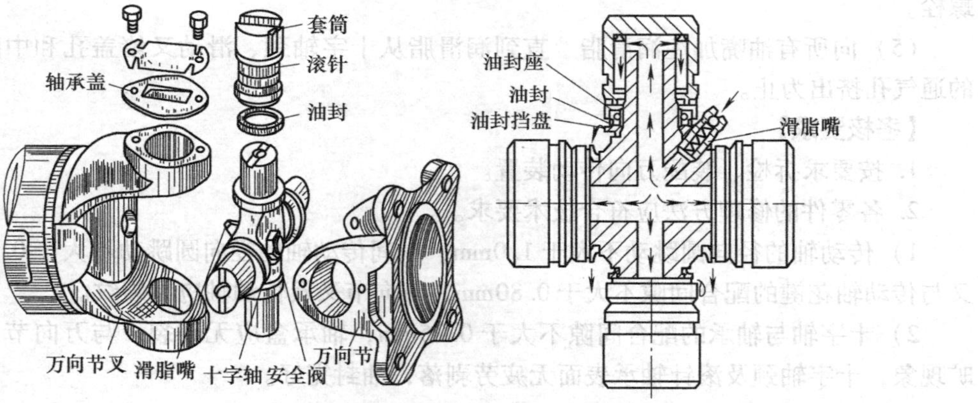

图2-87 普通万向节

【拓展练习】

1. 为便于加注润滑脂，汽车万向传动装置的十字轴上注油嘴的安装方向是（　　）。

A. 朝向传动轴管　　B. 朝向汽车前进方向　　C. 必须朝向汽车后方　　D. 任意方向均可

2. 万向传动装置异响的现象之一是（　　）时，车身发抖并能听到嚓啦的撞击声。

A. 起步　　B. 匀速行驶　　C. 低速行驶　　D. 急加速

3. 汽车万向节传动装置的十字轴万向节主要由十字轴、万向节叉和（　　）组成。

A. 套筒　　B. 滚针　　C. 套筒和滚针　　D. 双联叉

4. 汽车起步或行驶时，始终有明显的异响并伴有振抖，这说明（　　）松旷。

A. 中间支架固定螺栓　　B. 万向节十字轴

C. 联接螺栓　　D. 万向节十字轴轴承

5. 解放 CA1092 型汽车传动轴中间支承轴承与轴颈配合为（　　）mm。

A. −0.020 ~ +0.020　　B. −0.05 ~ +0.020

C. −0.020 ~ +0.050　　D. −0.015 ~ +0.015

6. 汽车传动轴组装和发动机曲轴检验后，还必须进行（　　）。

A. 动平衡试验　B. 传动试验　C. 装车试验　D. 整体检验

7. 汽车发动机大修竣工后，不应有“四漏”现象，“四漏”是指（　　）。

A. 漏油、漏水、漏电、漏气　　B. 漏油、漏水、漏电、漏件

C. 漏水、漏电、漏气、漏调　　D. 漏水、漏电、漏油、漏装

8. 万向转动装置的作用是连接和实现转矩的传递（　　）。

9. 球叉式万向节共有四个钢球，每次只有两个钢球传力（　　）。

10. 等速万向节只能用于转向驱动桥的半轴上（　　）。

项目十四　转向器的检修与调整

【技能目标】

1. 按要求拆检、装配转向器。

2. 转向器调整后应符合技术要求。

【知识目标】

1. 了解转向器的组成、构造和工作原理。

2. 掌握检查、调整转向器的操作方法。

【工具设备】

1. 准备好拆、装所用工具和器材，包括 V 形架、磁力表座及百分表、平台、游标卡尺、塞尺、刀口尺、内径百分表、扭力表、弹簧秤、台虎钳各一，呆扳手、梅花扳手、套筒扳手、锤子、铜棒、拉力器各一，清洗剂、润滑脂、润滑油、棉纱若干。

2. 载货汽车转向器总成一个、调整垫片若干。

【操作步骤】

1. 转向器的分解

1）放油并将转向器外部清理干净。

2）将转向螺杆转到中间位置。

3）拆下侧盖，取出摇臂轴。

4）拆下上盖或下盖，取出转向螺杆螺母总成。转向螺杆螺母总成一般不要分解，若转向不灵活、阻力较大、发卡或出现异常时才分解。

2. 转向器的清洗

1）用柴油或专用清洗剂清洗金属件。

2）用酒精清洗橡胶密封件。

3. 转向器的检修

（1）壳体与盖的检修

1）用直观检查或敲击检测，不得出现任何裂纹。

2）用塞尺和刀口尺检查盖与壳体的结合平面，其平面度误差应不超过0.1mm，否则要进行磨修。

（2）转向摇臂轴轴向间隙的检查　用手握住转向摇臂，用力推拉应无松旷感觉，如图2-88所示。若有松动，说明转向螺母齿条与转向摇臂轴齿扇的啮合间隙过大，应予调整。

（3）转向摇臂轴锯齿花键的检查　拆下转向摇臂轴锁紧螺母及垫圈，用拉力器拆下转向摇臂，检查转向摇臂轴端部锯齿花键是否有损坏，其齿损坏不得超过2个（注意拆卸时转向摇臂轴与摇臂的装配标记）。

（4）转向摇臂轴与壳体上滚针轴承间隙的检查　将转向器壳体夹在台虎钳上，用百分表触头抵在转向摇臂轴上，上下晃动摇臂轴，如图2-89所示，百分表指示的范围即为间隙值。

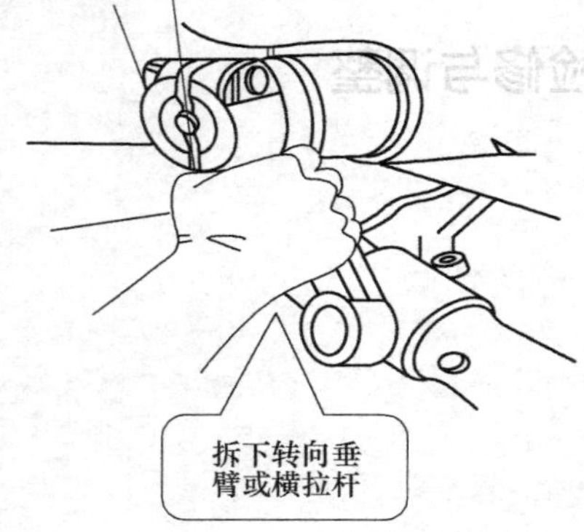

图2-88　转向摇臂轴轴向间隙的检查

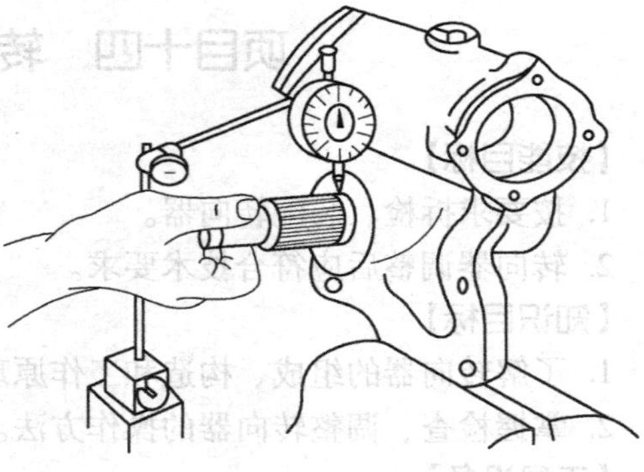

图2-89　转向摇臂轴与壳体上滚针轴承间隙的检查

该间隙若超过0.10~0.12mm时，应更换转向摇臂轴和滚针轴承。

（5）转向螺杆与螺母的检查　松开转向器上盖螺钉，取下上盖总成，然后由转向器上盖孔取出螺杆螺母总成。

注意：转向螺杆螺母在通常情况下不要随意拆开，当发现转动不灵活、卡住或异常时，才将其拆开检查。

1）检视循环钢球的表面有无剥落或损坏，转向螺杆及螺母不应有裂纹，滚道表面不应有剥落现象。

2）用百分表测量转向螺杆轴颈对中心的圆跳动量，如图2-90所示。

若该圆跳动量大于0.08mm，则需要更换总成。

3）用百分表检查转向螺杆与螺母的轴向间隙。固定转向螺母使其不能转动，将百分

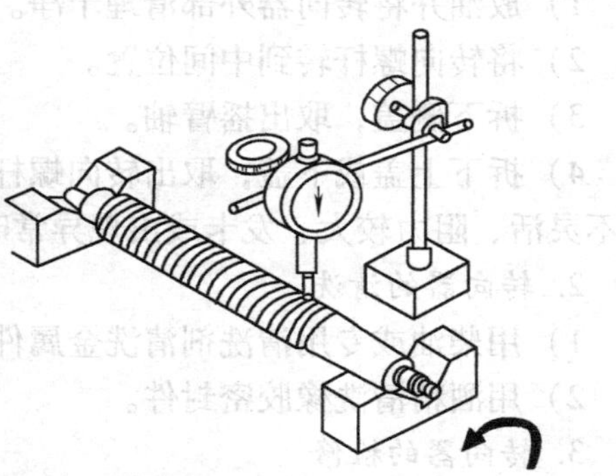

图2-90　测量转向螺杆轴颈对中心的圆跳动量

表的触头抵在转向螺杆的端面上，用手推拉转向螺杆测得其间隙值。该间隙值应不大于0.02~0.05mm。若间隙过大，应更换转向螺母总成。

4）用手转动转向螺杆，检查转向螺杆与螺母总成在滚道全长范围内转动是否灵活。使转向螺杆垂直放置，螺母应能从转向螺杆上端自由落下，如图2-91所示。

5）用百分表测量转向螺杆轴颈的垂直和水平跳动量。将转向螺母置于转向螺杆滚道的对称中心位置，把总成夹在台虎钳上，用百分表的触头抵在转向螺杆油封处，用手上、下、左、右扳动转向螺杆的花键端，测出其跳动量，如图2-92所示。轴颈的垂直和水平跳动量不应超过0.10mm。

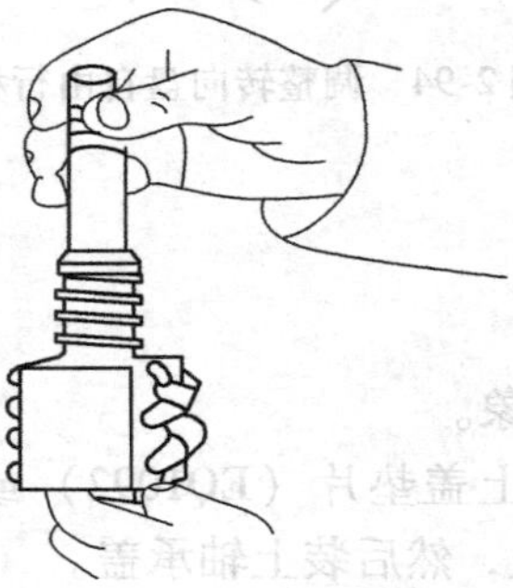

图2-91 检查转向螺杆与螺母总成是否灵活

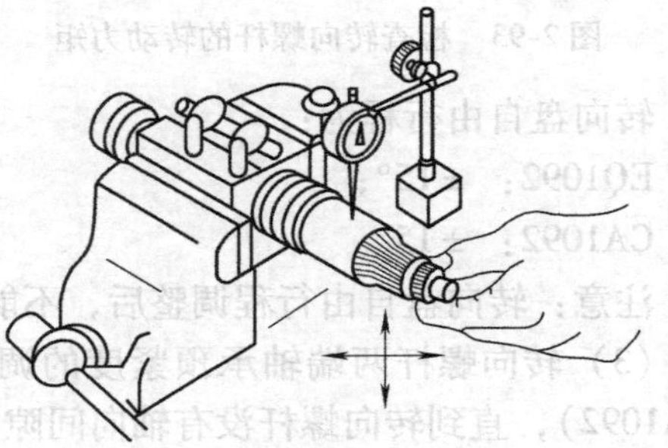

图2-92 测量转向螺杆轴颈的垂直和水平跳动量

4. 转向器的装配

1）将螺杆轴承外圈装入上、下盖。

2）将下盖安装到转向器壳上，放入螺杆螺母总成，安装上盖。

3）进行轴承预紧度的调整（有的利用调整螺母进行调整，有的利用下盖与壳体间的垫片进行调整），用专用工具配合测力器或弹簧秤检测螺杆轴的转动力矩，应符合标准要求。

4）将螺杆转到中间位置，装入摇臂轴。

5）安装侧盖（盖与壳体结合面要涂密封胶），上、下、侧盖固定螺栓要按规定力矩拧紧。

5. 转向器的调整

（1）转向器总成的检查　转向器装配完毕，使转向摇臂轴齿扇在中间位置时，检查转向螺杆的转动力矩，如图2-93所示，转动力矩应为1.86~2.25N·m。预紧力矩为0.7~1.2N·m。增加垫片，预紧力矩减小；反之则增大。

（2）转向器齿扇与齿条啮合间隙的调整　在调整之前，转向器应固定良好，各连接部位间隙正常，轮毂轴承及转向节间隙正常。

1）松开调整螺钉锁紧螺母。

2）旋入（或旋出）调整螺钉。

3）左、右转动转向盘，当其自由行程符合规定时，拧紧调整螺钉锁紧螺母，如图2-94所示。

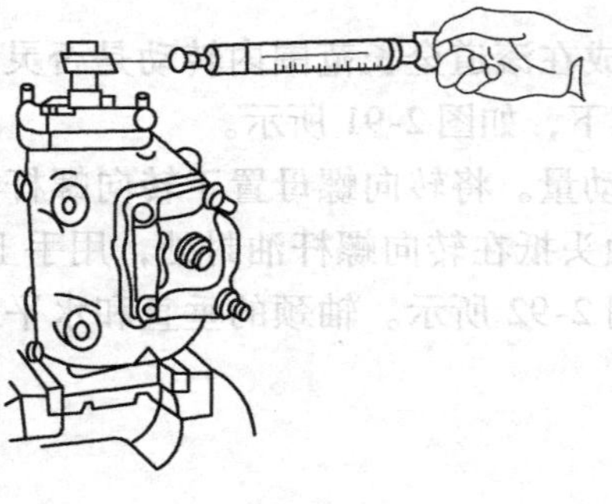

图 2-93　检查转向螺杆的转动力矩

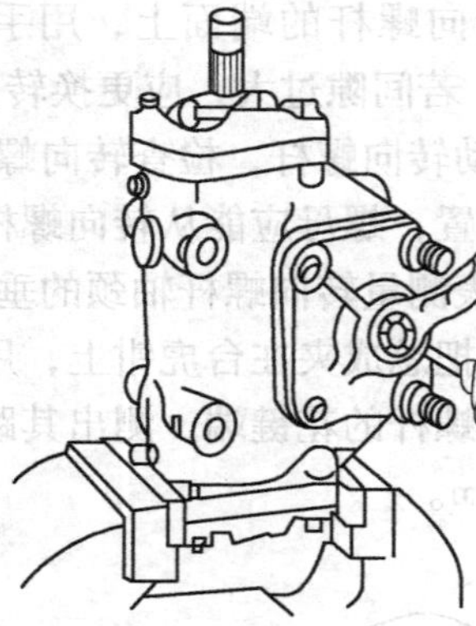

图 2-94　调整转向盘自由行程

转向盘自由行程为：

EQ1092：±15°；

CA1092：±15°。

注意：转向盘自由行程调整后，不能出现转向沉重现象。

（3）转向螺杆两端轴承预紧度的调整　增减转向器上盖垫片（EQ1092）或下盖垫片（CA1092），直到转向螺杆没有轴向间隙，且转动灵活为止，然后装上轴承盖。

6. 装车试验

1）按规定加注转向器油。

2）用转向盘自由转动量测量仪测量转向盘自由转动量，如果不符合规定，应对转向器及传动部分进行调整，直至符合规定。

3）左、右转向角相同。

【考核要求】

1. 按规定拆检、装配转向器。

2. 装配调整后应符合技术标准。

1）壳体无裂纹，结合面平面度误差不大于 0.10mm。

2）摇臂轴与衬套配合间隙不大于 0.10mm。

3）转向螺母与螺杆的轴向及径向间隙不大于 0.05mm。

3. 考核时间 30min，其考核记录及评分标准见表 2-16。

表 2-16　考核记录及评分标准

序号	作业项目	考核内容	配分	评分标准	评分记录	扣分	得分
1	转向器的解体	解体工艺	20	每出现一次操作错误扣 3 分，扣完为止			
2	转向器主要零件的检修（修复方法可口述）	转向器壳体的检修	30	检验方法不正确扣 4 分			
				检验结果不正确扣 3 分			
				修理方法不正确扣 3 分			
		螺杆、螺母（或蜗杆）的检修		检验方法不正确扣 4 分			
				检验结果不正确扣 3 分			
				修理方法不正确扣 3 分			

（续）

序号	作业项目	考核内容	配分	评分标准	评分记录	扣分	得分
2	转向器主要零件的检修（修复方法可口述）	摇臂轴及齿扇（或指销）的检修	30	检验方法不正确扣4分			
				检验结果不正确扣3分			
				修理方法不正确扣3分			
		其他机件的检修	20	检验方法不正确扣10分			
				检验结果不正确扣5分			
				修理方法不正确扣5分			
3	转向器的装配与调整	装配调整方法及质量	20	装配方法不正确扣10分			
				调整方法不正确扣5分			
				调整结果不符合技术要求扣5分			
4	安全文明生产	遵守安全操作规程，正确使用工量具，操作现场整洁	10	每项错误扣5分，扣完为止			
		安全用电，防火，无人身、设备事故		因违规操作发生重大人身和设备事故，此题按0分计			
5	分数合计		100				

评分人： 年 月 日

【相关知识】

常见转向系统的结构如图2-95所示。

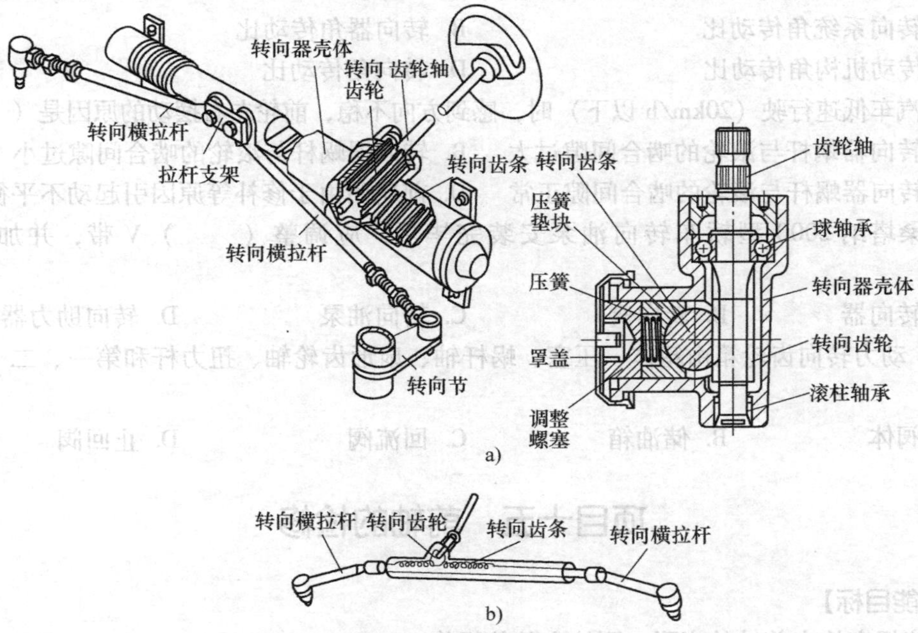

图2-95 常见转向系统的结构

转向器是转向系统中的减速增力传动装置，其功用是增大由转向盘传到转向节的力，并改变力的传递方向。

转向器的种类较多，一般是按转向器中传动副的结构形式分类，目前应用较广泛的有蜗杆曲柄指销式、循环球式和齿轮齿条式等几种。

【拓展练习】

1. 下面哪一个不是三轴式变速器中的零部件？（　　）。

A. 中间轴　　B. 变速器壳　　C. 支承轴承　　D. 半轴

2. 在检修机械循环球式转向器，装复螺杆螺母时，甲说：“两组钢球应成组交换装入导管螺纹孔”；乙说：“两组钢球放在一起挑选分组装入导管螺纹孔”；丙说：“两组钢球应分别装入原来的导管螺纹孔”。说法正确的是（　　）。

A. 甲　　B. 乙　　C. 丙　　D. 甲和乙

3. 转向系统应满足汽车转向时的工作可靠性，操纵轻便灵活，控制转向器可逆程度，调整简单且（　　）。

A. 车轮又滚又滑　　B. 车轮只滚不滑　　C. 车轮只滑不滚　　D. 车轮既不滑也不滚

4. 循环球式转向器上的齿条和齿扇的啮合间隙，需要调整的部位是（　　）。

A. 侧盖与端面间的调整垫片　　B. 侧盖上的调整螺钉

C. 螺杆上端面的螺母　　D. 钢球

5. 桑塔纳、奥迪、夏利、富康等轿车都是采用（　　）齿轮齿条式机械转向器。

A. 可变传动比　　B. 定传动比　　C. 角传动比　　D. 齿轮传动比

6. 北京切诺基汽车采用（　　）作为动力转向装置的动液泵。

A. 转向齿轮箱　　B. 整体式　　C. 双作用叶片式油泵　　D. 叶轮泵

7. 转向盘转角与转向摇臂摆角之比称为（　　）。

A. 转向系统角传动比　　B. 转向器角传动比

C. 传动机构角传动比　　D. 转向角传动比

8. 汽车低速行驶（20km/h 以下）时，感到方向不稳，前轮左右摆动的原因是（　　）。

A. 转向器蜗杆与滚轮的啮合间隙过大　　B. 转向器蜗杆与滚轮的啮合间隙过小

C. 转向器蜗杆与滚轮的啮合间隙正常　　D. 前轮胎由于修补等原因引起动不平衡

9. 桑塔纳 2000 型轿车转向油泵安装完毕后，应调整（　　）V 带，并加注 ATF 油液。

A. 转向器　　B. 转向阀　　C. 转向油泵　　D. 转向助力器

10. 动力转向齿轮箱由箱体、压塞、蜗杆轴、扇形齿轮轴、扭力杆和第一、二（　　）等组成。

A. 阀体　　B. 储油箱　　C. 回流阀　　D. 止回阀

项目十五　前轴的检修

【技能目标】

1. 按规定检查前轴的变形、裂纹和其他损伤。

2. 前轴的修理工艺及方法应符合技术要求。

【知识目标】

1. 了解前轴的构造与作用。

2. 掌握前轴检修的操作方法。

【工具设备】

1. 准备好检修所用工具和器材，包括百分表、塞尺、水平仪、角尺、钢直尺、细线、游标卡尺、拉线各一。

2. 载货汽车前轴、主销各一。

【操作步骤】

一、前轴裂纹的检修

前轴的裂纹多发生在钢板弹簧座内侧250mm处、断面凸缘两侧和主销孔至钢板座之间。

1. 用磁力检测法

磁力检测法即采用磁力检测仪检查前轴是否有裂纹。

2. 浸油敲击法

将前轴放在装有柴油或煤油溶液的大容器内0.3～0.5h后擦洗干净，在前轴的表面涂石灰粉，用木锤轻敲前轴，看有无油迹出现，若有则说明此处产生了裂纹。前轴不得有任何性质的裂纹。

3. 前轴裂纹的修理

1）当前轴检验发现裂纹不大而且深度不大于断面的1/4时，可采用手工电弧焊修复。焊修时，应正确选择焊接规范，采用直流反接焊法（工件接负极）焊接，焊缝突出基体高度不超过1～2mm。

2）当前轴经检验发现裂纹较大且深度大于断面的1/4或发生横向裂纹时，前轴应予报废。

二、钢板弹簧座与主销孔之间变形的检测

1. 采用拉线法检验

如图2-96所示，在前轴主销孔上端中间拉一细线，然后用钢直尺测量两钢板弹簧座平面与拉线之间的距离。测得值不符合原厂设计值时，表明前轴存在垂直方向的弯曲变形。若拉线偏离钢板弹簧座中心（偏离程度应不大于4 mm），表明前轴两端存在水平方向的弯曲或扭曲变形。

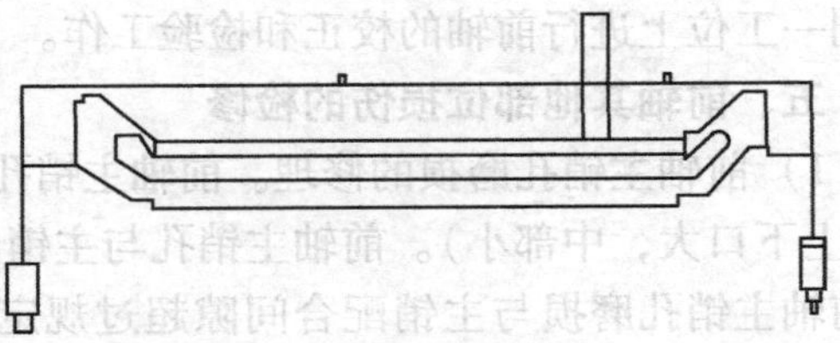
图2-96　用拉线法检验钢板弹簧与主销孔之间的变形

2. 采用试棒和角尺配合进行检验

如图2-97所示，将试棒插入主销孔，然后在两钢板弹簧座上放一标准垫块。在垫块上放一检验角尺，检验时使角尺边缘尽量贴靠试棒，从角尺与试棒的贴靠情况可判断出前轴的变形情况。若上端有间隙，说明前轴向下弯曲，反之为前轴向上弯曲。前轴的弯曲和扭曲变形超过规定时，应进行校正。

三、钢板弹簧座的检修

1）用直尺、塞尺检测钢板弹簧座平面度，如图2-98所示，其误差值应不大于0.4mm，否则应进行修磨，或用刨削、铣削等方法进行加工，但钢板弹簧座的厚度减少量应不大于2mm，否则应进行堆焊修复或换用新件。钢板弹簧座上U形螺栓孔及定位销孔的磨损量应不大于1mm，否则进行堆焊修复。

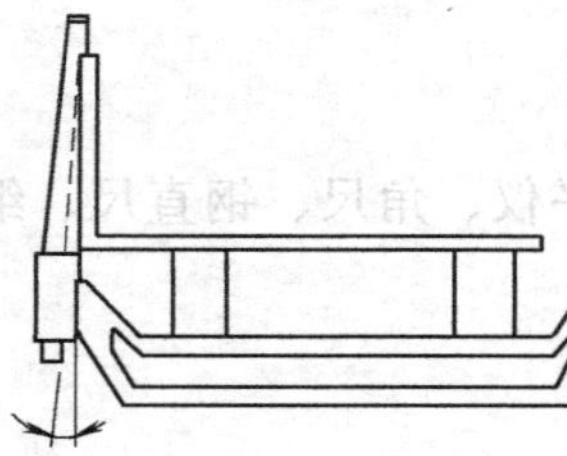

图 2-97 检验前轴的弯曲和扭曲

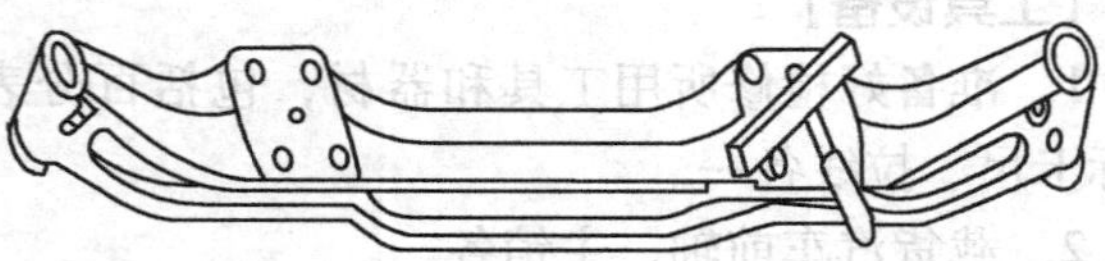

图 2-98 检测钢板弹簧座的平面度

2）将前轴固定于台虎钳或专用支架上，利用水平仪将一侧的钢板弹簧座调整成水平，然后再把水平仪放于另一弹簧座上进行检测，如图 2-99 所示。若水珠不在水平仪中间位置，表明两弹簧座之间存在垂直方向的弯曲或扭曲变形。当前轴两钢板弹簧座之间存在明显的弯曲或扭曲变形时，应予以校正。

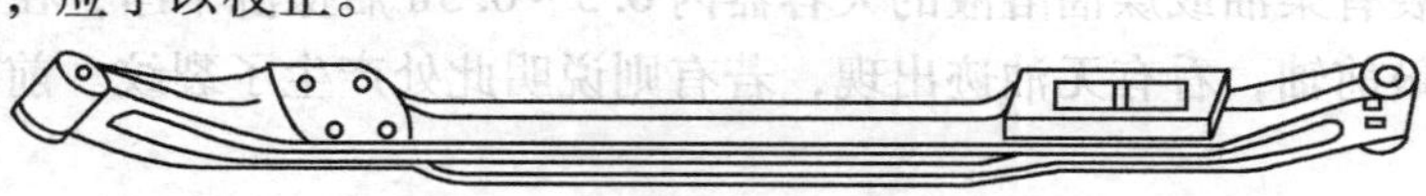

图 2-99 检测钢板弹簧座的弯曲和扭曲变形

四、前轴的校正

前轴校正有冷校和热校两种方法。

1）热校是将前轴变形部位局部加热至 500～600℃后进行校正。这种方法要求严格控制温度，防止加热部分金相组织改变和防止前轴强度降低，校正过程中往往是凭经验手工操作，劳动强度大，修理质量难以保证。

2）冷校一般是在专用的液压校正器上进行的。液压校正器上同时装有检验装置，可以在同一工位上进行前轴的校正和检验工作。

五、前轴其他部位损伤的检修

1）前轴主销孔磨损的修理。前轴主销孔内侧经常受到主销挤压，产生喇叭口或椭圆状（即上下口大，中部小）。前轴主销孔与主销的配合间隙大于原厂规定时，需对其进行修理。当前轴主销孔磨损与主销配合间隙超过规定值（0.03～0.05mm），但孔径磨损尚未达到最后一级修理尺寸时，可采用修理尺寸法将孔扩大后换用加大尺寸的主销，并按同级修理尺寸选配推力轴承，加工转向节主销衬套孔。前轴主销孔磨损到达最后一级修理尺寸时，可镶套修复或更换前轴。

2）前轴拳形部位上、下端面磨损的修理。当前轴主销承孔处上、下平面磨损沟槽不大于 0.50mm 时，应锉平后在装配时加装调整垫片，以保证转向节与前轴主销孔上端面的间隙符合要求。当前轴主销承孔上、下平面处磨损较大时，可在钻床上用带导向尾的锪钻将上端面修平。为保证修理质量，在镗削修理主销孔时，在一次装卡中同时修整主销承孔下端面。主销端面磨损修理后，要求其厚度减少量不超过 2mm，必要时，端面应用电弧堆焊后再加工至标准尺寸。

【考核要求】

1. 检查汽车前轴的变形、裂纹和其他损伤。
2. 前轴的修理工艺、修理方法和技术标准。

1）前轴应无裂纹。

2）钢板弹簧座平面度误差应不大于0.40mm，两个弹簧座应在同一个平面内，其误差不大于0.80 mm。

3）拉线到两钢板弹簧座的距离应符合原厂要求。

4）主销孔与主销座的配合间隙为0.03～0.05mm。

3. 考核时间40min，其考核记录及评分标准见表2-17。

表2-17　考核记录及评分标准

序号	作业项目	考核内容	配分	评分标准	评分记录	扣分	得分
1	前轴常见损伤的检验	前轴变形的检验	45	检验方法不正确扣5分			
				检验结果不正确扣5分			
		前轴裂纹的检验		检验方法不正确扣5分			
				检验结果不正确扣5分			
		前轴其他损伤的检验		检验方法不正确扣5分			
				检验结果不正确扣5分			
2	前轴的修理（口述）	前轴变形的修理	45	修理方法不正确扣5分			
				技术要求错误扣5分			
		前轴裂纹的修理		修理方法不正确扣5分			
				技术要求错误扣5分			
		前轴其他损伤的修理		修理方法不正确扣5分			
				技术要求错误扣5分			
3	安全文明生产	遵守安全操作规程，正确使用工量具，操作现场整洁	10	每项错误扣5分，扣完为止			
		安全用电，防火，无人身、设备事故		因违规操作发生重大人身和设备事故，此题按0分计			
4	分数合计		100				

评分人：　　年　月　日

【相关知识】

前轴是由钢材锻造而成的，一般采用工字形断面，以提高抗弯强度，减轻重量，两端略成方形。前轴中部向下凹，以降低发动机位置，从而降低汽车重心，扩展驾驶视野，并减小传动轴与变速器输出轴之间的夹角。前轴两端向上翘起呈拳形，其中有通孔，主销插入孔内可将前轴与转向节铰接。前轴上平面有两处用以支承钢板弹簧的加宽面，其上有安装U形螺栓用的4个通孔和1个位于中心的钢板弹簧定位坑。此外，在前轴两端还制有前轮最大转向角限位块（或限位螺钉）。在主销孔位有锥形孔，以安装锥形锁销，防止主销转动。

前轴在垂直载荷及由地面传来的纵向和侧面水平力的长期作用下，将引起弯曲变形、扭曲变形及疲劳裂纹。同时，因挤压和摩擦的作用，还会引起主销孔及其上下端、钢板弹簧座平面及弹簧座上定位孔和U形螺栓孔的磨损，而影响汽车的前轮定位和行车安全性，并加剧轮胎的磨损。

【拓展练习】

1. 下列选项中，（　　）不是汽车前桥总成的大修送修标志。

A. 转向节上的轴承损坏　B. 前轴出现裂纹　C. 前轴变形严重　D. 主销承孔磨损逾限

2. 用试棒角尺检验汽车前轴时，若两者之间出现间隙，表明前轴存在（　　）变形。

A. 垂直弯曲　B. 水平弯曲　C. 扭曲　D. 扭曲并弯曲

3. 汽车前轴裂纹、变形，主销承孔磨损严重是（　　）总成大修的送修标志。

A. 前桥　B. 中桥　C. 后桥　D. 前轮

4. 越野汽车的前桥属于（　　）。

A. 转向桥　B. 驱动桥　C. 转向驱动桥　D. 支承桥

5. 以下选项中，哪个不是转向桥中的组成件。（　　）

A. 转向节臂　B. 转向节　C. 主销　D. 前梁

6. 车轮前束是为了调整（　　）所带来的不良后果而设置的。

A. 主销后倾　B. 主销内倾　C. 车轮外倾　D. 车轮内倾

7. 动力转向系统中的安全阀是（　　）。

A. 限制转向油泵的最大的压力　B. 保护油泵及装置中其他机构不致过载而损坏

C. A 和 B 都是　D. A 和 B 都不是

8. 汽车转向节最常见的断裂部位是（　　）。

A. 转向节上耳根部　B. 转向节内外轴承轴颈之间

C. 转向节指轴颈的根部　D. 转向节下耳根部

9. 汽车前桥总成的大修送修标志是转向节上轴承损坏（　　）。

10. 汽车前轴裂纹、变形，主销承孔磨损严重应进行大修（　　）。

项目十六　鼓式车轮制动器的检修

【技能目标】

1. 按要求拆检、装配鼓式车轮制动器。

2. 主要零件的修理方法应符合技术要求。

【知识目标】

1. 了解鼓式车轮制动器的组成和作用。

2. 掌握制动器主要零件的修理方法和技术要求。

【工具设备】

1. 准备好拆、装所用工具和器材，包括游标卡尺、磁力表座、百分表、塞尺、弹簧秤各一，梅花扳手、套筒扳手、呆扳手、锤子、钢丝钳、凿子各一，专用拆装工具一套，清洗剂、润滑脂、砂纸、棉纱若干。

2. 桑塔纳轿车一辆（拆除车轮）。

【操作步骤】

1. 鼓式车轮制动器的分解

1）掩好汽车前轮，支起后轮，拆下轮胎。

2）将制动器外部清理干净。

3）拆下防尘盖，取下锁止销及锁止帽。

4）松开并取下锁紧螺母及调整垫片。

5）取出轮毂轴承，拆下制动鼓。

6）取出驻车制动拉索。

7）取下制动蹄回位弹簧。

8）取下制动蹄定位销总成，将制动蹄从制动底板上取下。

9）取下楔形件拉簧及制动推杆上的拉簧，取出楔形件。

10）视需要分解拆卸制动分泵。

2. 鼓式车轮制动器零件的清洁

1）用毛刷将制动鼓及制动底板清扫干净。

2）用清洗剂将轮毂轴承及轴颈处清洗干净。

3）视需要用制动液清洗制动分泵。

3. 鼓式车轮制动器零件的检修

1）制动分泵橡胶防尘套应无裂纹、无老化现象，保证完好无损。

2）分泵不泄漏，缸壁无划痕或斑锈，与活塞配合符合规定，否则应更换分泵。

3）所有螺栓、螺母及螺孔螺纹不得有损伤；定位销弹簧垫圈开口符合要求；定位销不得弯曲变形，工作可靠。

4）轮毂轴承转动灵活无卡滞，表面不得有损伤剥落现象。轴颈及轮毂承孔表面光洁，与轴承配合符合要求，轴承外圈不得松动。

5）制动蹄摩擦片厚度不小于2.5mm，标准值为5 mm。表面不得有烧焦现象，不得有沟槽。

6）制动鼓内表面如有轻微的沟槽可通过车削解决，但不能超过允许的极限尺寸。制动鼓内径磨损不得超过1mm。

7）检查制动蹄与制动鼓的接触面积。

8）所有弹簧的弹性应符合要求。

4. 鼓式车轮制动器的装配

以与拆卸相反的顺序进行安装，注意在安装时一定用砂纸打磨制动蹄和制动鼓。

1）装上制动分泵。

2）将楔形件放到制动推杆相应的槽中（位置要合适，尽量让窄的地方接触），装上上复位弹簧，将其装到制动蹄上，再装上下复位弹簧。

3）挂上楔形件拉簧。

4）装上驻车制动拉索。

5）将制动蹄放到制动底板上并安装好定位销。

6）挂上制动蹄回位弹簧。

7）调整好两制动蹄的位置。

8）将轮毂轴承涂抹润滑脂，先将内轴承装到轮毂上，装好油封。

9）装上制动鼓（在装制动鼓之前，要将制动鼓内表面和制动蹄摩擦表面上的油污或杂质清理干净，并用砂纸打磨平整）。

10）装上外轴承，装上调整垫及锁紧螺母。

11）拧紧锁紧螺母，调整轴承预紧度，使轮毂转动灵活而且没有轴向间隙。

12）插上锁止销，安上锁止帽，装上防尘盖。

13）装上轮胎（轮胎螺栓拧紧力矩110N·m）。

5. 鼓式车轮制动器的调试

1）先进行制动油路排气。

① 两人协作，一人在驾驶室内，踩下和放松制动踏板数次，直至踩不下去为止，并用力踩住踏板。此时，另一人在车下把轮缸放气螺钉旋松，空气会随制动液一起排出。当制动踏板下降到底后，立即拧紧放气螺钉，然后再抬起踏板。如此反复进行数次，直至放出的制动液中无气泡为止。

② 排气时一般由最远的一个轮缸先进行，顺序为：右后轮—左后轮—右前轮—左前轮。

③ 排气过程中，必须随时检查贮液灌内的液面高度，并按要求加注制动液。

2）排气操作结束后，频繁踩几次制动踏板。

3）调整驻车制动调整螺钉，拉动驻车制动手柄应不超过两个齿，松开驻车制动手柄，制动鼓应转动灵活。

4）两后轮制动鼓、制动蹄摩擦片必须同时更换。

【考核要求】

1. 拆检、装配鼓式车轮制动器。

2. 主要零件的修理方法和技术要求。

3. 装配调整后应符合技术标准。

1）制动蹄衬片厚度不小于2.50mm。

2）制动底板、制动鼓及制动蹄无裂纹，制动鼓内径磨损不得超过1mm（标准内径有直径18mm和直径200mm两种），且无明显的起槽现象。

3）回位弹簧无断裂，弹力符合要求。

4. 考核时间40min，其考核记录及评分标准见表2-18。

表2-18 考核记录及评分标准

序号	作业项目	考核内容	配分	评分标准	评分记录	扣分	得分
1	鼓式车轮制动器的解体	解体方法，解体工艺	20	每出现一处操作错误扣5分			
2	鼓式车轮制动器主要零件的检修（修复方法可口述）	制动鼓的检修	60	检验方法不正确扣5分			
				检验结果不正确扣5分			
				修理方法不正确扣5分			
		制动蹄的检修		检验方法不正确扣5分			
				检验结果不正确扣5分			
				修理方法不正确扣5分			
		制动蹄张开装置的检修		检验方法不正确扣5分			
				检验结果不正确扣5分			
				修理方法不正确扣5分			

（续）

序号	作业项目	考核内容	配分	评分标准	评分记录	扣分	得分
2	鼓式车轮制动器主要零件的检修（修复方法可口述）	其他机件的检修	60	检验方法不正确扣5分 检验结果不正确扣5分 修理方法不正确扣5分			
3	鼓式车轮制动器的装配与调整	装配方法、装配工艺和质量	10	装配错误扣4分 轮毂轴承预紧度调整不符合要求扣3分 间隙调整不符合要求扣3分			
4	安全文明生产	遵守安全操作规程，正确使用工量具，操作现场整洁	10	每项错误扣5分，扣完为止			
		安全用电，防火，无人身、设备事故		因违规操作发生重大人身和设备事故，此题按0分计			
5	分数合计		100				

评分人： 年 月 日

【相关知识】

鼓式制动器（见图2-100）是最早形式的汽车制动器，已经广泛用于各类汽车上。但由于结构问题使它在制动过程中散热性能差、排水性能差，容易导致制动效率下降，因此在近30年中，在轿车领域，它已经逐步退出，让位给盘式制动器。但由于鼓式制动器成本比较低，仍然在一些经济类轿车中使用，主要用于制动负荷比较小的后轮和驻车制动。

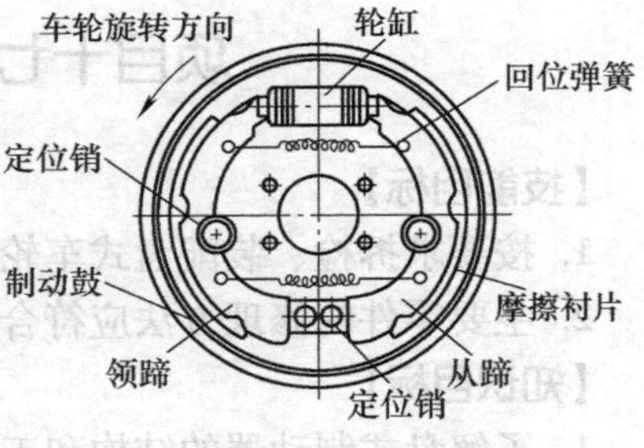

图2-100 鼓式制动器

为了保持良好的制动效率，制动蹄与制动鼓之间要有一个最佳间隙值。随着摩擦衬片磨损，制动蹄与制动鼓之间的间隙增大，需要有一个调整间隙的机构。过去的鼓式制动器间隙需要人工用塞尺调整，现在轿车鼓式制动器都是采用自动调整方式，摩擦衬片磨损后会自动调整其与制动鼓间隙。

轿车鼓式制动器一般用于后轮（前轮用盘式制动器）。鼓式制动器除了成本比较低之外，还有一个好处，就是便于与驻车（停车）制动组合在一起，凡是后轮为鼓式制动器的轿车，其驻车制动器也组合在后轮制动器上。

【拓展练习】

1. 真空助力器开始起助力作用时，（ ）。

A. 真空阀关闭，大气阀关闭　　B. 真空阀关闭，大气阀打开

C. 真空阀打开，大气阀关闭　　D. 真空阀打开，大气阀打开

2. 上海桑塔纳2000型轿车前轮制动器的轮缸内活塞安装前，活塞外表面应涂抹一层（ ）。

A. 制动液　　B. 机油　　C. 润滑脂　　D. 防冻液

3. BJ2020N型汽车前制动器配用（ ）制动器轮缸。

A. 单活塞　B. 双活塞　C. 多活塞　D. 以上答案都不对

4. （　）制动器可在行车制动装置失效后用于应急制动。

A. 盘式　B. 鼓式　C. 驻车　D. 行车

5. 桑塔纳 2000 型轿车后轮制动器制动蹄新摩擦片的厚度为 5mm，磨损极限为（　）mm。

A. 0.30　B. 0.25　C. 0.35　D. 0.2

6. 解放 CA1091 型汽车采用的是（　）驻车制动器。

A. 盘式　B. 鼓式　C. 带式　D. 后轮

7. 盘式制动器的制动盘固定在（　）。

A. 轮毂上　B. 转向节上　C. 制动鼓上　D. 活塞上

8. 变速器保证工作齿轮在全齿宽上啮合的是（　）。

A. 自锁装置　B. 互锁装置　C. 倒挡锁　D. 差速锁

9. 前轮定位中，转向操纵轻便主要是靠（　）。

A. 主销后倾　B. 主销内倾　C. 前轮外倾　D. 前轮前束

10. 互锁装置的作用是（　）。

A. 防止变速器自动换挡或自动脱挡　B. 防止同时换入两个挡

C. 防止误换倒挡　D. 减小零件磨损和换挡噪声

项目十七　盘式车轮制动器的检修

【技能目标】

1. 按要求拆检、装配盘式车轮制动器。

2. 主要零件的修理方法应符合技术要求。

【知识目标】

1. 了解盘式制动器的结构和工作原理。

2. 掌握盘式制动器的检修方法。

【工具设备】

1. 准备好拆、装所用工具和器材，包括游标卡尺、带座百分表、空压机各一，梅花扳手、呆扳手、套筒扳手、一字螺钉旋具、台虎钳、大 C 形卡箍各一，清洗剂、棉纱、制动液储器。

2. 桑塔纳轿车一辆（拆除前轮）。

【操作步骤】

1. 盘式车轮制动器的拆卸

1）从制动主缸的贮液罐内抽出少量的制动液，顶起车身，拆下车轮总成，如图 2-101 所示。

2）将大 C 形卡箍装在制动钳壳体顶部，顶住外制动衬片后部。

3）缓慢紧固 C 形卡箍，将活塞推入制动钳孔内，以使制动钳从制动盘上脱落，如图 2-102 所示。

用呆扳手夹住下导向销头部，拆下制动钳的下装配螺栓，向上转动制动钳总成，从支架上拆下摩擦块。

图 2-101 拆下车轮总成

图 2-102 使制动钳从制动盘上脱落

4）拆下制动钳的液压管并堵住管口，如图 2-103 所示。

5）拆下制动钳安装螺栓，取下制动钳总成，如图 2-104 所示。

图 2-103 拆下制动钳的液压管并堵住管口

图 2-104 取下制动钳总成

6）拆下摩擦块支撑架的固定螺栓，拆下支撑架、防尘圈，抽出导向销。

7）拆下制动盘固定螺栓，取下制动盘。

8）在拆下的制动钳内放一稍薄木块，用压缩空气推动活塞，将其拆下，如图 2-105 所示。

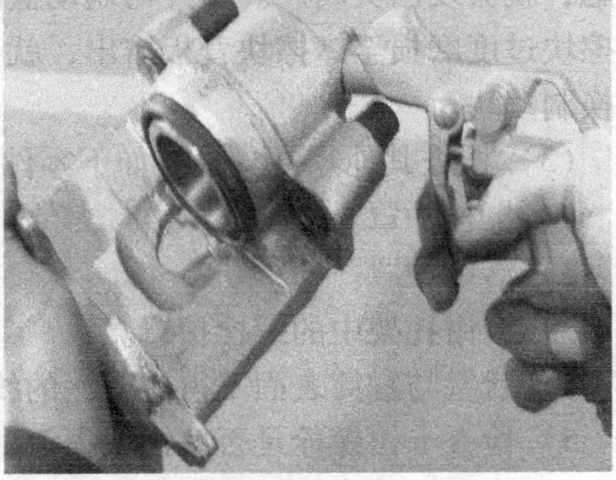

图 2-105 拆下活塞

9）拆下防尘密封圈和活塞密封圈。

2. 盘式车轮制动器的检修

（1）制动盘的检修

1）制动盘不得有裂纹，否则应更换。

2）制动盘的工作表面有轻微锈斑、划痕和沟槽，可用砂纸打磨清除。

3）制动盘的工作表面如有严重磨损或划痕时，可进行车削，但车削后的极限值应不小于原厂的规定，如桑塔纳 2000GSi 轿车标准厚度为 20mm，磨损极限为 17.8mm；一汽奥迪轿车标准厚度为22mm，磨损极限为20mm。

4）车削后的制动盘端面，应在距制动盘外缘10mm处测量端面圆跳动，其误差应不大于0.1mm。否则，将会引起故障，降低制动效能。

5）检查制动盘的摆动量。在测量前，前轴或后桥轴向间隙应在规定范围内（不超过0.01mm），再用千分尺检查制动盘，最大摆动量（在垫块接触表面中间位置测量）应小于0.07mm。

6）用千分尺检查制动盘的厚度，如图2-106所示。制动盘厚度不小于8mm或18mm（标准值为10mm或20mm）。

（2）制动块的检修

1）浮式钳盘制动器的制动块总成的摩擦块与摩擦块背板均采用粘接方式连接，为一次性使用件，需检查有无开裂、翘起。

2）用钢直尺检查制动衬片的厚度，如图2-107所示。如摩擦块的厚度小于极限值时（如桑塔纳2000GSi轿车制动块总厚度低于7mm时），应更换新的制动块总成。

图2-106 检查制动盘的厚度

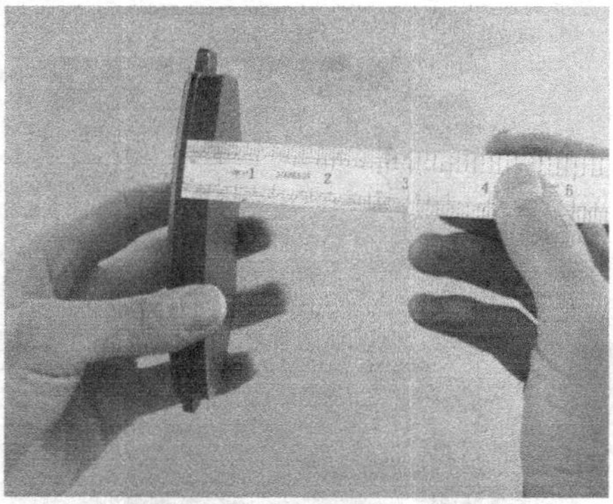

图2-107 检查制动衬片的厚度

在许多车辆上采用了报警装置，当摩擦块磨损至一定程度时，报警簧片与旋转的制动盘接触，就会发出尖叫声。簧片与制动盘的接触不会对制动盘造成损伤，但是如再继续使用，摩擦块过度磨损至摩擦块背板露出，就会损伤制动盘。因此，当簧片发出尖叫声时，应及时更换制动块。

（3）检查其他零件　检查如下零件是否有开口、裂缝或磨损，更换任何损坏的零件。

1）螺栓护罩。

2）活塞护罩。

3）卡钳托架中的螺栓护罩。

4）活塞与缸筒表面不得有较深的纹痕，配合间隙应不大于0.15mm，否则应予以更换。

5）检查卡钳螺栓是否腐蚀或损坏。

3. 盘式车轮制动器的装配

按与拆卸相反的顺序进行装配，同时注意以下几点：

1）由于新制动块总成比旧件的厚度大，在装配制动块前应将制动钳的活塞推回一定距离。为减小推压活塞回位时的阻力，可将制动钳上的放气螺钉拧开。

2）导向销必须平滑地装入壳内。

3）活塞装配时，要用适宜的制动润滑剂涂在活塞、缸筒及新密封圈的表面上。

4）装复后，用力踏动制动踏板两次，使制动衬片就位。

5）在踩下几次制动踏板后，检查制动盘的运转是否有较大阻力。

6）将清洁的制动液加注到总泵中至适合的液面。

7）制动钳装配完毕后，要对液压系统放气。

4. 磨合制动衬片和制动盘

1）更换制动衬片后，磨合新制动面。

2）修整或更换制动盘后，磨合新制动面。

3）在48km/h的速度下，停车20次，磨合新制动面。

4）在制动踏板上使用中等压力，勿使制动器过热。

【考核要求】

1. 拆检、装配盘式车轮制动器。

2. 主要零件的修理方法和技术要求。

3. 装配后应符合技术标准。

1）制动蹄摩擦片厚度不小于7mm（包括底板）。

2）制动盘厚度不小于8mm，制动盘端面圆跳动不大于0.06 mm。

4. 考核时间30min，其考核记录及评分标准见表2-19。

表2-19 考核记录及评分标准

序号	作业项目	考核内容	配分	评分标准	评分记录	扣分	得分
1	盘式车轮制动器的解体	解体工艺和解体方法	20	每出现一次操作错误扣5分			
2	盘式车轮制动检修（修复方法可口述）	制动盘的检修	50	检验方法不正确扣5分			
				检验结果不正确扣5分			
				修理方法不正确扣5分			
		制动钳的检修		检验方法不正确扣5分			
				检验结果不正确扣5分			
				修理方法不正确扣5分			
		其他机件的检修		检验方法不正确扣5分			
				检验结果不正确扣5分			
				修理方法不正确扣5分			
3	盘式车轮制动器的装配	装配方法和装配工艺	20	每出现一处装配错误扣3分			
4	安全文明生产	遵守安全操作规程，正确使用工量具，操作现场整洁	10	每项错误扣5分，扣完为止			
		安全用电，防火，无人身、设备事故		因违规操作发生重大人身和设备事故，此题按0分计			
5	分数合计		100				

评分人：　　年　月　日

【相关知识】

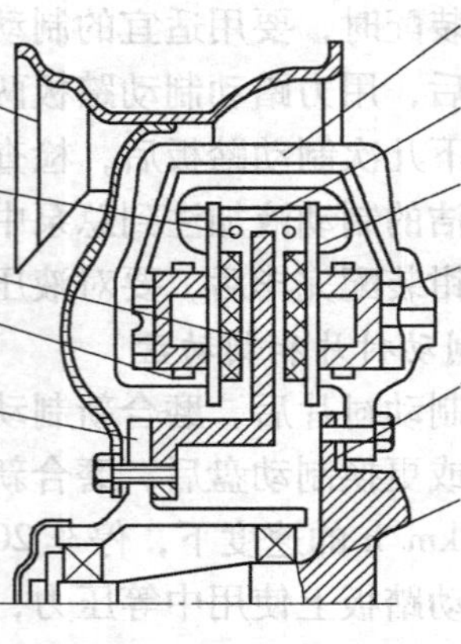

图 2-108 盘式制动器

盘式制动器的结构如图 2-108 所示。

其旋转元件是制动盘，同车轮固装在一起旋转，以其端面为摩擦工作表面。其固定的摩擦元件摩擦块和轮缸活塞都装在跨于制动盘两侧的钳体上，总称制动钳。制动钳用螺栓与转向节或桥壳上的凸沿固装。

制动时，油液被压入内、外两轮缸中，活塞在液压作用下使两制动块压紧制动盘，产生摩擦力矩而制动。

【拓展练习】

1. 浮钳盘式制动器一般采用（　　）方式进行制动器间隙的自动调整。

A. 摩擦限位式　　B. 楔块式　　C. 阶跃式　　D. 活塞密封圈式

2. 确定汽车修理工艺规程的原则不包括（　　）。

A. 技术上的先进性　　B. 经济上的合理性

C. 质量上的可靠性　　D. 性能上的稳定性

3. 解放 CA1092 型汽车传动轴中间支承轴承与轴颈配合为（　　）mm。

A. -0.020 ~ +0.020　　B. -0.05 ~ +0.020　　C. -0.020 ~ +0.050　　D. -0.015 ~ +0.015

4. 盘式制动器活塞与缸筒配合间隙不大于（　　）mm，否则应更换。

A. 0.05　　B. 0.10

C. 0.15　　D. 0.20

5. 汽车修理过程中，除车架和车身之外，其他零件、组合件及总成都装配已修好的备用品，此法为（　　）。

A. 就车修理法　　B. 总成互换法

C. 专业分工法　　D. 综合作业法

6. 汽车零件修复时，下列选项中（　　）可用镶套法进行修复。

A. 转向拉杆　　B. 气门座

C. 发动机缸体　　D. 传动轴花键轴

7. 下列选项中，（　　）不是载货汽车车身总成的大修送修标志。

A. 驾驶室变形严重　　B. 货箱纵、横梁腐朽

C. 货箱底板，栏板破面积较大　　D. 驾驶室轻微锈蚀

8. 下面 A、B、C、D 是某三挡变速器的各挡传动比，则最有可能是倒挡传动比的是(　　)。

A. $l=2.4$　　B. $l=1$　　C. $l=1.8$　　D. $l=3.6$

9. 汽车车架弯曲检验，要求纵梁上平面直线度误差为每 100mm 长度不大于（　　）mm。

A. 5　　B. 4　　C. 3　　D. 2

10. 汽车的基体是（　　）。

A. 车架　　B. 发动机　　C. 车身　　D. 车轮

项目十八 双管路气压制动阀的检修

【技能目标】

1. 按要求拆检、装配双管路气压制动阀。

2. 对控制阀进行检修、试验和调整，使之符合技术要求。

【知识目标】

1. 了解双管路气压制动阀的结构和工作原理。

2. 掌握双管路气压制动阀主要零件的修理方法和技术要求。

【工具设备】

1. 准备好拆、装所用工具和器材，包括游标卡尺、塞尺、钢直尺、平台、呆扳手、梅花扳手、套筒扳手各一，清洗剂、锂基润滑脂、毛刷、肥皂水若干。

2. CA1091 汽车双管路气压制动阀一个。

【操作步骤】

1. 制动阀的拆卸

1）取出卡圈，拆下轴及拉臂。

2）松开上、下体联接螺栓，分离上、下阀体，取下橡胶垫圈、钢垫片、压紧圈、平衡臂及钢球。

3）解体上阀体。

4）拆下柱塞座，拆下密封垫片，阀门复位弹簧及两用阀等，拆散与柱塞座装配连接的塑料罩、螺母等零件。

5）取出膜片总成及复位弹簧，用弹簧钳拆下弹性挡圈，并分解膜片总成。

2. 制动阀的装复

1）在熟悉零件结构之后，按与拆卸时相反的顺序装复制动阀。

2）装复前零件应用煤油仔细清洗。

3）在各相互运动的零件工作表面均匀涂上润滑脂。

4）装配后各相互运动的零件工作表面不能发卡。

3. 制动阀的维修

1）制动阀壳体不得有裂纹、变形现象。

2）耐油橡胶制成的阀门密封面不得有老化、变形和严重磨损。

3）膜片应无老化、破裂和变形。

4）密封圈、密封垫损坏应更换。

4. 制动阀的调整

（1）调整排气间隙

1）折下前、后腔柱塞座总成，用深度尺测量两腔的排气间隙均为(1.5 +0.30)mm。

2）如果排气间隙不符合要求，应拧动装在拉臂上的调整螺钉进行调整。调整螺钉拧进时，排气间隙减小，反之增大，调好后拧紧锁紧螺母。

（2）调整最大制动输出气压

1）将制动踏板踩到底的同时，拧动调整螺钉，使制动输出气压为 539 ~589kPa，这时调整螺钉与拉臂的限位块接触。

2）重新将踏板踩到底，输出气压如不符合要求，应重新调整。拧入调整螺钉时，输出气压变小；反之变大。调好后拧紧锁紧螺母。

（3）调整两腔气压差　在后腔内有一推杆，用它来调整两腔气压差。

1）从前、后制动气室各引一个气压检查表。

2）拆下后腔的塑料罩。松开锁紧螺母，踏下制动踏板到任一位置，拧动调整螺栓。拧进调整螺栓时，后腔输出气压降低，反之升高。

3）调整到后腔的输出气压较前腔低 9.8 ~ 39.2kPa。

4）再踏踏板检查一次，符合要求后，拧紧锁紧螺母，装好防尘罩。

【考核要求】

1. 拆检、装配双管路气压制动阀。

2. 口述主要零件的修理方法和技术要求。

3. 对控制阀进行试验和调整，使之符合技术标准。

1）上阀门的排气开度(1.20 +0.20)mm。

2）防尘罩无老化、破损现象。

3）各弹簧无裂纹和明显变形，弹力符合要求。

4）各密封圈完好无损，密封良好。

5）壳体各结合面的平面度误差不大于 0.10mm。

4. 考核时间 40min，其考核记录及评分标准见表 2-20。

表 2-20　考核记录及评分标准

序号	作业项目	考核内容	配分	评分标准	评分记录	扣分	得分
1	从车上拆下制动阀	工艺和方法	10	每出现一处操作错误扣 5 分			
2	解体检修制动阀各机件（维修方法可口述）	制动阀的解体	30	每出现一处操作错误扣 2 分			
		制动阀各主要机件的检修		检验方法不正确扣 5 分			
				检验结果不正确扣 4 分			
				修复方法不正确扣 4 分			
3	安装并调整制动阀	制动阀的安装	30	每出现一处操作错误扣 2 分			
		制动阀的调整		调整方法不正确扣 5 分			
				结果不符合技术要求扣 5 分			
4	就车检查制动阀的工作性能	检查方法、工艺和质量	20	检查方法不正确扣 5 分			
				检查结果不正确扣 5 分			
5	安全文明生产	遵守安全操作规程，正确使用工量具，操作现场整洁	10	每项错误扣 5 分，扣完为止			
		安全用电，防火，无人身、设备事故		因违规操作发生重大人身和设备事故，此题按 0 分计			
6	分数合计		100				

评分人：　　　年　月　日

【相关知识】

气压式制动传动装置

气压式制动传动装置是利用压缩空气作力源的动力式制动装置。驾驶人只需按不同的制动强度要求，控制制动踏板的行程，便可通过控制制动气压的大小来获得所需要的制动力。

1. 气压式制动传动装置的组成

气压制动传动装置由两大部分组成（见图2-109），一是气源部分，包括空气压缩机1、调压机构（卸荷阀2和调压阀3）、贮气筒5、气压表8和安全阀6等部件；二是控制部分，包括制动踏板9，制动控制阀10，控制管路，制动气室11、12，制动灯开关13等部件。

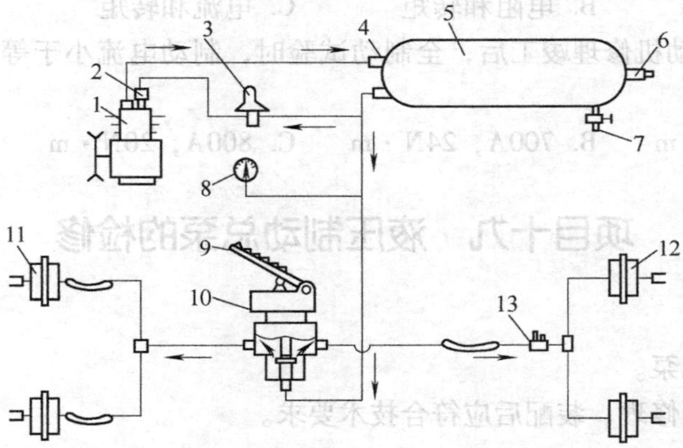

图2-109 制动装置的基本组成

1—空气压缩机 2—卸荷阀 3—调压阀 4—单向阀 5—贮气筒 6—安全阀 7—油水放出阀 8—气压表 9—制动踏板 10—制动控制阀 11—前制动气室 12—后制动气室 13—制动灯开关

2. 气压制动传动装置的工作

制动时，在制动气室内建立的气压应与踏板行程成正比。踏板踩到底时，制动气室内最高气压为0.5～0.8MPa左右，但贮气筒中的气压在任何时候都应高于或等于此值。制动控制阀就是这样一个渐进随动装置。

【拓展练习】

1. 桑塔纳2000型轿车采用的是（　　）伺服制动装置。

A. 真空增压式　　B. 气压助力式　　C. 真空助力式　　D. 涡流增压式

2. 东风EQ1092型汽车的气压制动是（　　）车轮制动器。

A. 非平衡式　　B. 平衡式　　C. 自动增力式　　D. 双向平衡式

3. 制动主缸装配前，应先用（　　）清洗缸壁。

A. 酒精　　B. 汽油　　C. 柴油　　D. 防冻液

4. 国产TS8350型制动鼓镗床镗削直径范围（　　）。

A. 220～450mm　　B. 200～400mm　　C. 220～500mm　　D. 210～480mm

5. 鼓式气压制动系统的制动力来自于（　　）。

A. 路面对车轮作用的向后反作用力　　B. 车轮对路面作用的一个向前的力

C. 汽车的牵引力　　D. 地面的摩擦因数

6. 多片全盘式制动器的各盘都封闭在壳体中，制动效果较其他盘式制动器（　　）。

A. 好　　B. 相同　　C. 较差　　D. 较好

7. 弹簧驻车制动器应将驻车制动操纵阀推回到不制动位置的工作阶段是（　）。

A. 单独进行驻车制动时　　B. 正常行驶不制动时

C. 单独进行行车制动时　　D. 无压缩空气时

8. 气压制动系统的制动气压压力由（　　）控制。

A. 气筒气压　　B. 调压器　　C. 制动控制阀　　D. 制动气室

9. 起动机全制动试验的目的在于测出全制动时的（　），并与标准值进行比较，不得低于标准转矩的10%，以判断起动机的机械和电气故障。

A. 电压和转矩　　B. 电阻和转矩　　C. 电流和转矩　　D. 电流和转速

10. QD124A起动机修理竣工后，全制动试验时，制动电流小于等于（　　），转矩大于等于（　　）。

A. 600A，20N·m　　B. 700A，24N·m　　C. 800A，20N·m　　D. 800A，28N·m

项目十九　液压制动总泵的检修

【技能目标】

1. 按要求拆检总泵。

2. 液压制动总泵修理、装配后应符合技术要求。

【知识目标】

1. 了解液压制动总泵的构造和工作原理。

2. 掌握检查、更换制动总泵的操作要点。

【工具设备】

1. 准备好拆、装所用工具和器材，包括梅花扳手、套筒扳手、推杆调节规、游标卡尺、内径百分表各一，制动液、清洗剂、油盆、毛刷等。

2. 桑塔纳轿车液压制动总泵一个。

【操作步骤】

1. 制动总泵的拆卸

1）从总泵上断开制动器管路。

2）断开液面传感器电气插头。

3）拆卸总泵装配螺母。

4）拆卸总泵。

5）泄放总泵贮液罐中的所有制动液。

6）拆卸总泵贮液罐。

2. 制动总泵的分解

1）先摘下防尘罩，撬下挡圈，取出第一活塞组件。

2）旋下限位螺钉，用压缩空气吹出第二活塞组件。

3）旋下螺栓，分解第一活塞组件。

4）从活塞上取下各密封圈。

5）用制动液清洗各零部件。

3. 制动总泵的检修

1）检查总泵缸孔壁面必须光滑、无锈蚀，壁面如有轻微的擦伤和斑点，可使用细砂布磨光，不可使用砂纸研磨。如刻痕较深，应更换总泵。

2）检查总泵缸孔的磨损情况，如磨损量大于0.12mm，配合间隙大于0.15mm，必须更换泵总成。可将活塞放在总泵缸中，用塞尺来检查活塞与缸孔之间的间隙。

3）检查贮液罐是否损坏、老化，检查滤网是否阻塞，除去聚集的沉积物。

4）贮液罐盖检查。检查贮液罐盖通气孔是否阻塞，应使其畅通；检查浮标是否能自由地上下移动，如果不能，则更换贮液罐盖总成。

5）检查制动液位开关功能，将浮标置于下降的位置和上升的位置，测量端子之间的导通性。当浮标上升时，应为不导通；当浮标下降时，应为导通。

6）检查活塞的回位弹簧，出现损伤、变形或弹性下降时应更换。

7）检查密封圈，如出现老化、损坏与磨损，应更换。

4. 组装制动总泵

1）组装前，应将所有零件用制动液清洗干净，用压缩空气吹净所有的通道，确保各零件无灰尘和其他异物。

在制动总泵密封组件中使用推荐的润滑脂或制动液，更换橡胶护圈、推杆密封圈、卡簧、初级活塞、次级活塞及其皮碗。

2）将贮液罐密封圈装入贮液罐盖的凹槽里，然后将滤网和贮液罐盖装到贮液罐上，再将新的橡胶护圈装到贮液罐上。

3）将活塞狭槽与制动总泵的定位销对正，把初级活塞总成装进制动总泵内。将次级活塞总成装进制动总泵中并推进初级活塞，使初级活塞上的狭槽与定位销对正，最后装上定位销。

4）将贮液罐装到制动总泵上，向内推动次级活塞，安装新的卡簧。

5）在推杆密封圈上涂上总泵密封组件中推荐使用的密封润滑脂或制动液，并将密封圈装到制动助力器上。

5. 制动总泵推杆间隙的调整

1）将推杆调节规装到制动总泵上，转动调节螺母，使中心轴向内移动，直至其顶部与次级活塞端部接触为止。

2）在保持中心轴位置不变的情况下，将推杆调节规倒装到制动助力器上，并安装制动总泵螺母，按规定力矩拧紧。

3）在发动机真空管与制动助力器之间接一块真空表，测推杆调节规本体与调节螺母的间隙时，起动发动机并保持一定的转速，以产生66kPa的真空。

4）利用塞尺测量推杆调节规本体与调节螺母的间隙，此间隙的规定值为0～0.4mm。如果间隙不符合要求，松开锁紧螺母，转动调整器来调节间隙，使其在规定的范围，然后紧固锁紧螺母，再拆下推杆调节规。

5）制动总泵安装好后，加注制动液，并给系统放气。

6）对制动踏板的高度和自由行程进行检查，并视需要调整。

【考核要求】

1. 拆检液压制动总泵。

2. 口述总泵各零件的修理方法。

3. 总泵装配后应符合技术标准。

1）活塞和缸筒的配合间隙不大于0.15mm，缸筒内表面无严重锈蚀及拉伤。

2）活塞回位弹簧无折断，弹力符合要求。

3）皮碗和密封圈无老化及明显磨损。

4）旁通孔及补偿孔无堵塞。

4. 考核时间30min，其考核记录及评分标准见表2-21。

表2-21 考核记录及评分标准

序号	作业项目	考核内容	配分	评分标准	评分记录	扣分	得分
1	液压制动总泵的解体与清洗	液压制动总泵的解体	30	每出现一处操作错误扣2分			
		液压制动总泵各零件的清洗		每出现一处操作错误扣2分			
2	液压制动总泵各主要机件的检修（修复方法可口述）	缸筒的检修	40	检验方法不正确扣5分			
				检验结果不正确扣2分			
				修理方法不正确扣3分			
		活塞的检验		检验方法不正确扣5分			
				检验结果不正确扣5分			
		密封圈的检验		检验方法不正确扣5分			
				检验结果不正确扣5分			
		弹簧的检验		检验方法不正确扣5分			
				检验结果不正确扣5分			
3	液压制动总泵的组装	装配工艺和装配方法	20	每出现一处操作错误扣5分			
4	安全文明生产	遵守安全操作规程，正确使用工量具，操作现场整洁	10	每项错误扣5分，扣完为止			
		安全用电，防火，无人身、设备事故		因违规操作发生重大人身和设备事故，此题按0分计			
5	分数合计		100				

评分人： 年 月 日

【相关知识】

1. 液压制动总泵的结构

液压制动总泵主缸有两腔：第一腔与右前、左后制动器相连；第二腔与左前、右后制动器相通。每套管路和工作腔又分别通过补偿孔和回油孔与储油罐相通。第二活塞由右端弹簧保持在正确的初始位置，使补偿孔和进油孔与缸内相通。第一活塞在左端弹簧作用下，压靠在套上，使其处于补偿孔和回油孔之间的位置，如图2-110所示。

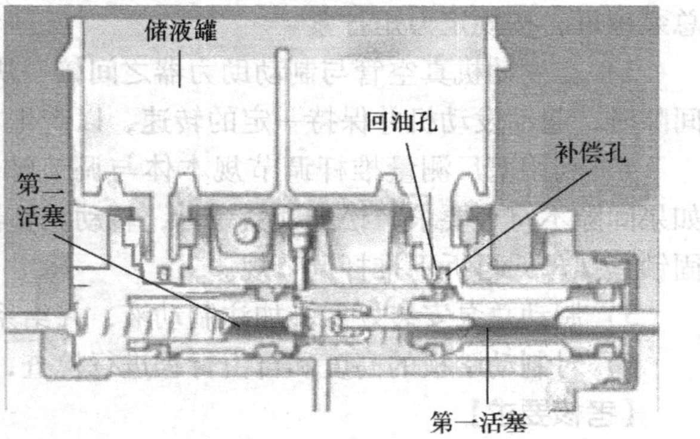

图2-110 液压制动总泵的结构

2. 液压制动工作原理

制动时，第一活塞左移，油压升高，克服弹力将制动液送入右前左后制动回路，同时又推动第二活塞，使第二腔液压升高，进而使两轮制动。

解除制动时，活塞在弹簧作用下回位，液压油自轮缸和管路中流回制动主缸。如活塞回位迅速，工作腔内容积也迅速扩大，使油压迅速降低。贮液罐里的油液可经进油孔和活塞上面的小孔推开密封圈流入工作腔。当活塞完全回位时，补偿孔打开，工作腔内多余的油由补偿孔流回贮液罐。若液压系统由于漏油以及由于温度变化引起主缸工作腔、管路、轮缸中的油液膨胀或收缩，都可以通过补偿孔进行调节。

【拓展练习】

1. 解放 CA1091 型汽车采用的是（　　）伺服制动装置。

A. 真空增压式　　B. 气压助力式

C. 真空助力式　　D. 涡流增压式

2. 两轴式变速器的特点是输入轴与输出轴（　　），且无中间轴。

A. 重合　　B. 垂直　　C. 平行　　D. 斜交

3. 制动轮缸装配前，应先用（　　）清洗缸壁。

A. 酒精　　B. 汽油　　C. 柴油　　D. 防冻液

4. 在用光鼓机镗削制动时，应以（　　），以保证两者同心。

A. 轮毂未磨损部位来校正中心　　B. 轮毂轴承中心为旋转中心

C. 轮毂外沿来校正中心　　D. 可以用任何部位校正中心

5. 鼓式液压制动系统的制动力来自于（　　）。

A. 路面对车轮作用的向后反作用力　　B. 车轮对路面作用一个向前的力

C. 汽车的牵引力　　D. 地面的摩擦因数

6. 多片全盘式制动器的各盘都封闭在壳体中，散热条件较其他盘式制动器（　　）。

A. 好　　B. 相同　　C. 较差　　D. 较好

7. 弹簧驻车制动器应将驻车制动操纵阀拉出到制动位置的工作阶段是（　　）。

A. 单独进行驻车制动时　　B. 正常行驶不制动时

C. 单独进行行车制动时　　D. 无压缩空气时

8. 气压制动系统的制动气压压力来源于（　　）。

A. 气筒气压　　B. 调压器　　C. 制动控制阀　　D. 制动气室

9. 液压制动汽车，制动时一脚不灵，多踩几脚后才能制动的原因是（　　）。

A. 制动间隙大

B. 制动管路中有气，多踩将气体压缩后制动才有力

C. 制动间隙小

D. 制动间隙合适

10. 气压制动式汽车，制动跑偏的原因之一是（　　）。

A. 各轮制动间隙过大　　B. 各轮制动间隙过小

C. 同一轴上两个制动鼓的间隙不一致　　D. 制动时，气压过高

项目二十 盘式制动器液压制动分泵的检修

【技能目标】

1. 按要求拆检盘式制动器液压制动分泵。

2. 制动分泵修理、装配后应符合技术标准。

【知识目标】

1. 了解制动分泵的类型、构造和工作原理。

2. 掌握制动分泵的检修、装配操作要点。

【工具设备】

1. 准备好拆、装所用工具和器材，包括游标卡尺、内径量表、梅花扳手、呆扳手、套筒扳手、一字螺钉旋具、台虎钳各一，制动液储液器、木块、清洗剂、棉纱、毛刷若干。

2. 桑塔纳轿车制动分泵一个，空气泵一台。

【操作步骤】

1）松开并拆下前轮轮胎螺母。

2）拆下轮胎，将制动器的外部清理干净，如图 2-111 所示。

3）拆下制动钳壳体的固定螺栓，如图 2-112 所示。

图 2-111 拆下轮胎

图 2-112 拆下制动钳壳体的固定螺栓

4）拆下制动分泵的油管，如图 2-113 所示。

5）取下制动分泵。

6）用高压空气把分泵的活塞吹出，如图 2-114 所示。

7）直到活塞被完全吹出，如图 2-115 所示（必要时在活塞的对面垫上木板，以免活塞受损）。

8）用工具小心地从缸筒中取出密封圈（用容器接住溢出的制动液）。

9）用酒精或制动液清洗缸筒及活塞。

10）取出活塞，并检查活塞。

① 活塞与缸筒表面不得有较深的纹痕。

② 相对运动灵活，无卡滞现象。

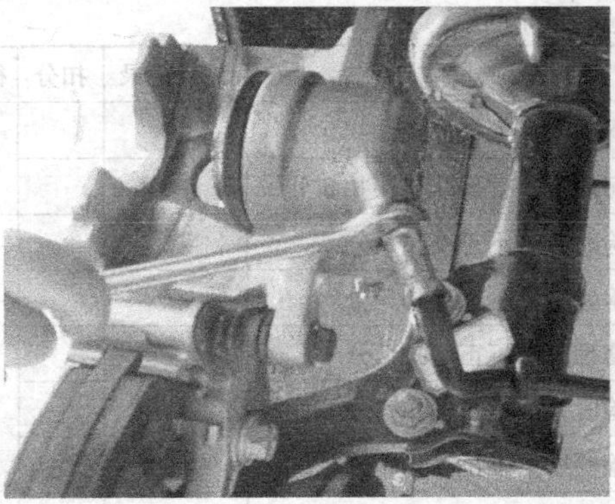

图 2-113　拆下制动分泵的油管

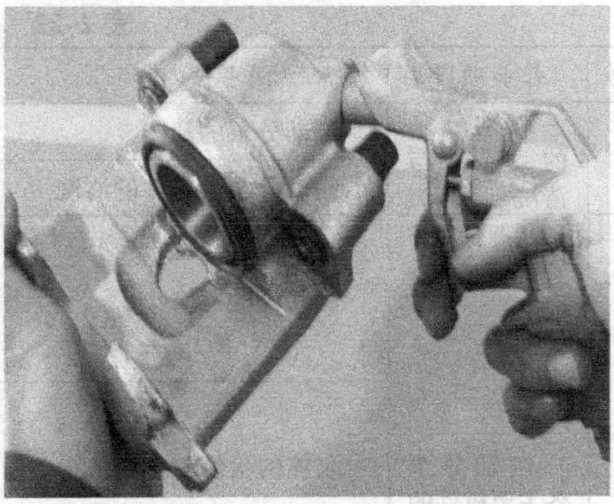

图 2-114　吹出分泵的活塞

③ 配合间隙应不大于 0. 15mm，否则应予以更换。

11）检查活塞缸及里面的密封圈，如图 2-116 所示。

图 2-115　活塞被完全吹出

图 2-116　检查活塞缸

① 密封圈不得有裂纹和老化现象。

② 缸体不得有裂纹、划伤。

12）检查制动钳体有无裂纹和机械损伤。

【考核要求】

1. 拆检盘式制动器液压制动分泵。
2. 掌握各零件的修理方法。
3. 制动分泵装配后应符合技术标准。

1）钳体无裂纹。

2）活塞与缸筒表面无明显划痕，缸筒磨损不大于 0. 1mm。

3）活塞与缸筒配合间隙不大于 0. 15 mm。

4）密封圈完好。

4. 考核时间 40min，其考核记录及评分标准见表 2-22。

表 2-22　考核记录及评分标准

序号	作业项目	考核内容	配分	评分标准	评分记录	扣分	得分
1	制动分泵的解体与清洗	制动分泵的解体	20	每出现一处操作错误扣5分			
		制动分泵各零件的清洗		每出现一处操作错误扣5分			
2	制动分泵各主要机件的检修（修复方法可口述）	制动钳的检修	55	检验方法不正确扣5分			
				检验结果不正确扣5分			
				修理方法不正确扣5分			
		泵体的检修		检验方法不正确扣5分			
				检验结果不正确扣5分			
				修理方法不正确扣5分			
		活塞的检修		检验方法不正确扣5分			
				检验结果不正确扣5分			
				修理方法不正确扣5分			
		其他零件的检验		检验方法不正确扣5分			
				检验结果不正确扣5分			
3	制动分泵的组装	装配工艺和装配方法	15	每出现一处操作错误扣5分			
4	安全文明生产	遵守安全操作规程，正确使用工量具，操作现场整洁	10	每项错误扣5分，扣完为止			
		安全用电，防火，无人身、设备事故		因违规操作发生重大人身和设备事故，此题按0分计			
5	分数合计		100				

评分人：　　　年　月　日

【相关知识】

浮动钳盘式制动器

滑销式浮动钳盘的特点是制动钳体在轴向处于浮动状态，轮缸布置在制动钳的内侧，且数目只有固定式的一半，为单轮缸。

工作原理：制动时利用摩擦片的反作用力，推动制动钳体移动，使外侧的摩擦片也相继压紧制动盘，以产生制动力，如图 2-117 所示。

在它的外侧无液压元件，不会产生气阻，且占据的空间小，还可以利用内侧活塞附装驻车制动机构，但是内外摩擦片的磨损速度不一致，内片磨损快于外片。

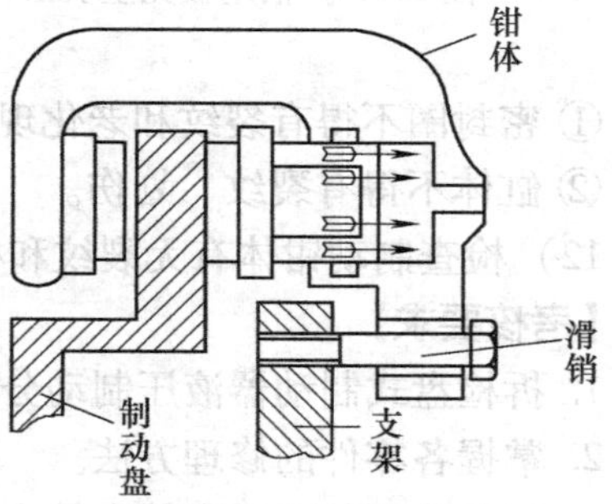

图 2-117　浮动钳盘式制动器的工作原理

【拓展练习】

1. 下列选项中，（　　）不是汽车车架总成大修送修标志。

A. 前桥变形严重　　B. 断裂、锈蚀、变形超限

C. 车架大部分铆钉松动　　D. 车架弯曲变形超限

2. 汽车前轴裂纹、变形，主销承孔磨损严重是（ ）总成大修的送修标志。

A. 前轮　　B. 中桥　　C. 后桥　　D. 都不是

3. 汽车进厂的外部检验项目不包括的是（　　）。

A. 车容　　B. 轮胎　　C. 电气设备　　D. 离合器工作情况

4. 汽车大修合格证应有（　　）。

A. 检验记录　　B. 走合期规定　　C. 技术状况说明　　D. 处理意见

5. 液压制动系统作用在前后桥制动蹄上的张开力与下面哪些因素无关？（ ）

A. 踏板力　　B. 制动踏板的杠杆比

C. 前后轮缸活塞的直径比　　D. 制动蹄摩擦片面积

6. 汽车传动系统的“FR”布置方案具体是指（ ）。

A. 发动机前置后轮驱动　　B. 发动机后置后轮驱动

C. 发动机后置前轮驱动　　D. 发动机前置前轮驱动

7. 自动防抱死装置是在（ ）时可防止车轮完全抱死。

A. 驻车制动　　B. 预制动　　C. 紧急制动　　D. 行车制动

8. 电控液力自动变速器，换挡阀的工作由（ ）控制。

A. 主油路调压阀　　B. 换挡电磁阀　　C. 手控制阀　　D. 节气门阀

9. 以下选项哪一个不属于汽车车身的安全防护装置。（ ）

A. 安全带和气囊系统　　B. 保险杠及护条

C. 头枕和安全玻璃　　D. 空调系统和可调节座椅

10. 在不制动时，液力制动系统中制动主缸与制动轮缸的油压是（ ）。

A. 主缸高于轮缸　　B. 主缸与轮缸相等　　C. 轮缸高于主缸　　D. 都不对

项目二十一　驻车制动器的检修

【技能目标】

1. 按要求拆检驻车制动器。

2. 驻车制动器装配、调整后应符合技术要求。

【知识目标】

1. 了解驻车制动器的类型、构造和工作原理。

2. 掌握检查、装配、调整驻车制动器的操作要点。

【工具设备】

1. 准备好拆、装所用工具和器材，包括游标卡尺、弓形内径规、梅花扳手、呆扳手、套筒扳手、锤子、鲤鱼钳、一字螺钉旋具各一，变速器二轴凸缘盘螺母专用拆装工具、制动蹄回位弹簧拆装工具、弹簧试验机各一。

2. EQ1092 型汽车变速器附驻车制动器总成一个。

【操作步骤】

1. 驻车制动装置的分解

1）掩好前轮，支起后轮，拆下车轮。

2）将制动器外部清理干净。

3）拆下防尘盖，取下锁止销及锁止帽。

4）松开并取下锁紧螺母及调整垫片。

5）取出轮毂轴承，拆下制动鼓。

6）取出驻车制动拉索。

7）取下制动蹄回位弹簧。

8）取下制动蹄定位销总成，将制动蹄从制动底板上取下。

9）取下楔形件拉簧及制动推杆上的拉簧，取出楔形件。

2. 驻车制动装置的清洁

1）用毛刷将制动鼓及制动底板清扫干净。

2）用清洗剂将轮毂轴承及轴颈处清洗干净。

3）视需要用制动液清洗制动分泵。

3. 驻车制动装置的检修

1）驻车制动器杆的支承销孔、扇形齿磨损严重时可堆焊修复。

2）驻车制动拉索出现毛刺或折断应更换。

3）检查制动蹄与摩擦片结合面以及制动蹄衬片，应符合要求。

4）检查制动蹄销与制动蹄销孔或蹄臂销孔的配合间隙，不大于0.20mm。检查制动蹄臂销衬套与销的配合间隙，不大于0.20mm。

5）检查驻车制动鼓有无裂纹、变形，表面是否光洁，摩擦片是否烧蚀。制动盘或制动鼓磨损起槽超过0.50mm应光磨；制动摩擦片表面到铆钉头距离小于0.5mm时应更换新片，并按工艺规范装配调试，使之达到规定的技术标准才能运行。

4. 调整驻车制动器间隙

若发现驻车制动不灵，首先调整其操纵杆或驻车制动。

（1）东风1092型汽车驻车制动器的调整

1）放松驻车制动杆到极限位置，取下制动鼓检查孔上的密封，查看制动片与制动鼓之间的配合间隙是否适当，可用塞尺从鼓的观察孔处沿整个片边沿检查，其间隙应在0.2～0.40mm，并保证有良好的接触状态。

2）若驻车制动器间隙过大，可调节拉杆上的球形调整垫后面的调整螺母，减小拉杆长度，即减小自由行程。螺母拧进则间隙减少，反之，则间隙增大，调好后应将锁紧螺母拧紧。

3）驻车制动杆从极限位置往上拉，应只有两响的自由行程，第3响开始有制动感觉，第5响应在规定的坡道停住。放松驻车制动时，运转中听不到有摩擦声。

4）拉驻车制动时，用500mm长撬杠不能转动制动鼓；放松驻车制动时，车轮应能运转自如。

拉紧驻车制动杆时，制动片与制动鼓接触面积不少于50%，靠合印迹应两端明显、中间较轻。

使用中制动鼓允许有微热，但不应出现烫手现象。

（2）桑塔纳轿车鼓式车轮驻车制动器的调整

1）松开驻车制动手柄，用力踩一下制动踏板，使后轮制动器具有正常的蹄鼓间隙。

2）将驻车制动手柄拉紧，旋转调整螺母和限位垫圈，直至用手不能转动后轮为止。松开驻车制动操纵手柄，支起后桥，车轮应能自由转动。

5. 驻车制动效能的检验

交通法规明确规定了机动车辆的驻车制动性能，要求空载在干燥硬实的20%坡道使用驻车制动，车辆能可靠地停住，车轮不往下滚动；用二挡缓缓起步时，发动机应有熄火现象。

路试中当车速为15km/h时，拉紧制动杆能及时制动，为效能可靠。

驻车制动调整后，在行驶过程中不允许摩擦片与制动盘（鼓）有摩擦或咬住的现象。

空车停在20%坡道上，拉起驻车制动操纵杆，然后放手，可使车辆停住不动。这时驻车制动操纵杆行程相当于全行程的2/3，拉动3~5齿时，便起制动作用。

使车辆停在平坦、干燥路面上，当发动机保持中速运转时，拉紧驻车制动器，换入二挡缓慢起步，发动机应被迫熄火（此方法只宜在试验离合片的接合与分离作用时一并使用）。

【考核要求】

1. 拆检驻车制动器。

2. 掌握主要零件的修理方法。

3. 驻车制动器装配调整后应符合技术标准。

1）制动蹄衬片铆钉头埋入深度不小于0.50mm，无裂纹、油污及烧焦等现象。

2）制动蹄及制动鼓无裂纹，表面无油污。

3）制动蹄回位弹簧无裂纹、变形及弹力明显下降现象。

4. 驻车制动操作杆从放松往上拉到极限位置，应具有两响的自由行程，第3响开始制动，第5响汽车应能在规定的坡道上停车。

5. 考核时间40min，其考核记录及评分标准见表2-23。

表2-23 考核记录及评分标准

序号	作业项目	考核内容	配分	评分标准	评分记录	扣分	得分
1	驻车制动器的解体与清洗	驻车制动器的解体	20	每出现一处操作错误扣5分			
		驻车制动器各零件的清洗		每出现一处操作错误扣5分			
2	驻车制动器各主要机件的检修（修复方法可口述）	制动鼓（盘）的检修	50	检验方法不正确扣5分			
				检验结果不正确扣5分			
				修理方法不正确扣5分			
		制动蹄（钳）的检修		检验方法不正确扣5分			
				检验结果不正确扣5分			
				修理方法不正确扣5分			
		其他零件的检修		检验方法不正确扣10分			
				检验结果不正确扣5分			
				修理方法不正确扣5分			
3	驻车制动器的组装与调整	驻车制动器的组装	20	操作错误扣5分			
		驻车制动器的调整		调整方法不正确扣10分			
				调整后不符合技术要求扣5分			

（续）

序号	作业项目	考核内容	配分	评分标准	评分记录	扣分	得分
4	安全文明生产	遵守安全操作规程，正确使用工量具，操作现场整洁	10	每项错误扣5分，扣完为止			
		安全用电，防火，无人身、设备事故		因违规操作发生重大人身和设备事故，此题按0分计			
5	分数合计		100				

评分人：　　年　月　日

【相关知识】

1. 驻车制动的功用

停驶后防止溜滑，坡道起步，行车制动失效后临时使用或配合行车制动器进行紧急制动。

2. 驻车制动器的类型

按在汽车上安装位置的不同，驻车制动装置分中央驻车制动装置和车轮驻车制动装置两类。前者的制动器安装在传动轴上，称为中央制动器；后者和行车制动装置共用一套制动器，结构简单紧凑，已在轿车上得到普遍应用，如图2-118、图2-119所示。

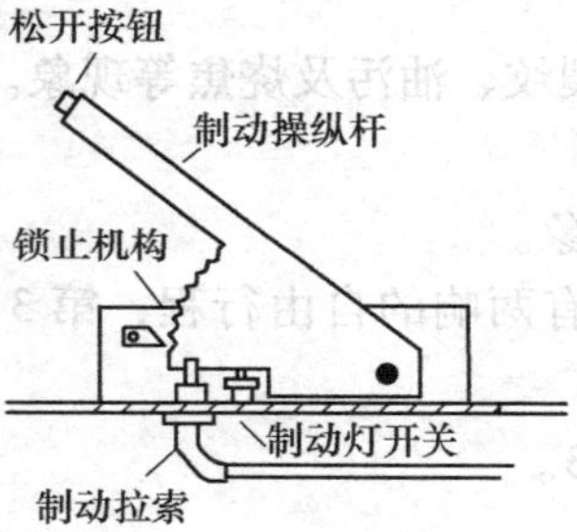

图2-118　手拉式驻车制动操纵机构示意图

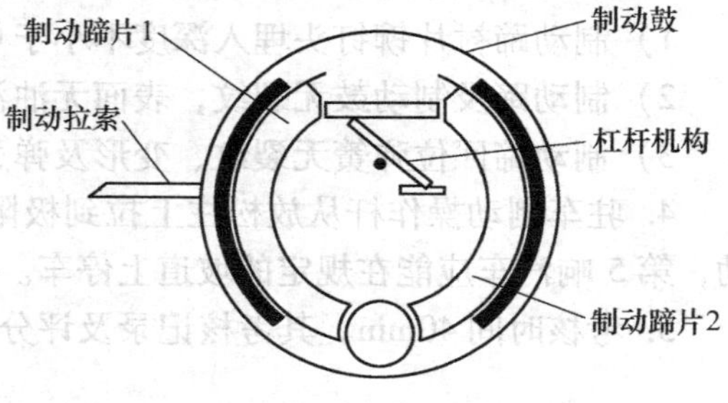

图2-119　驻车制动机构示意图

【拓展练习】

1. 双回路液压制动系统中任一回路失效时，下列哪个说法不正确（　　）。

A. 制动主缸仍能工作　B. 所需踏板行程变小　C. 制动距离增加　D. 制动效能下降

2. 采用机械式传动系统的汽车滑行时，靠（　　）中断传动系统的动力传递。

A. 离合器分离　B. 变速器空挡　C. 发动机熄火　D. 制动器制动

3. 液力变矩器之所以能起变矩作用，是由于（　　）。

A. 多了一个涡轮　B. 多了一个固定不动的导轮

C. 多了一个锁止离合器　D. 多了一个单向离合器

4. 汽车行驶时，路面作用在车轮上的力经过转向器可大部分传递给转向盘，这种转向器称为（　　）转向器。

A. 可逆式　B. 不可逆式　C. 极限可逆式　D. 极限不可逆式

5. 曲轴弯曲常采用冷压校正法，校正后还应进行（　　）。

A. 时效处理　B. 淬火处理　C. 正火处理　D. 表面热处理

6. 自动增力式车轮制动器的两制动蹄摩擦片的长度是（　　）。

A. 前长后短　　B. 前后等长　　C. 前短后长

7. 解放 CA1092 型汽车的驻车制动器采用（　　）。

A. 盘式　　B. 凸轮张开式　　C. 自动增力式　　D. 都不是

8. 下列选项中，属于发动机经济性评价指标的是（　　）。

A. 油耗率　　B. 加速性能　　C. 发动机功率　　D. 底盘测功

9. 汽车制动解除时，若排气缓慢或不排气而造成全车制动鼓发热，应检查（　　）。

A. 制动气室　　B. 制动蹄回位弹簧　　C. 制动操纵机构　　D. 储气筒

10. 关于汽车制动试验台第三滚筒说法不正确的是（　　）。

A. 当两个第三滚筒有一个压下时，驱动电动机电路便接通

B. 既可以自转，又可以上下摆动

C. 可以保护电动机

D. 可以防止滚筒剥伤轮胎

模块三　汽车故障诊断与排除

项目一　起动机不工作的故障诊断与排除

【技能目标】

1. 根据起动机不工作的故障现象找出故障部位。
2. 熟练排除起动机不工作的故障。

【知识目标】

1. 了解起动系统的类型、组成和工作原理。
2. 掌握起动机故障的诊断方法。

【工具设备】

1. 准备好拆装和检测所用工具和器材，包括常用工具一套、万用表一块。
2. 桑塔纳轿车一辆，并按故障要求设置好故障。

【操作步骤】

起动机不工作的故障诊断与排除流程图如图 3-1 所示。

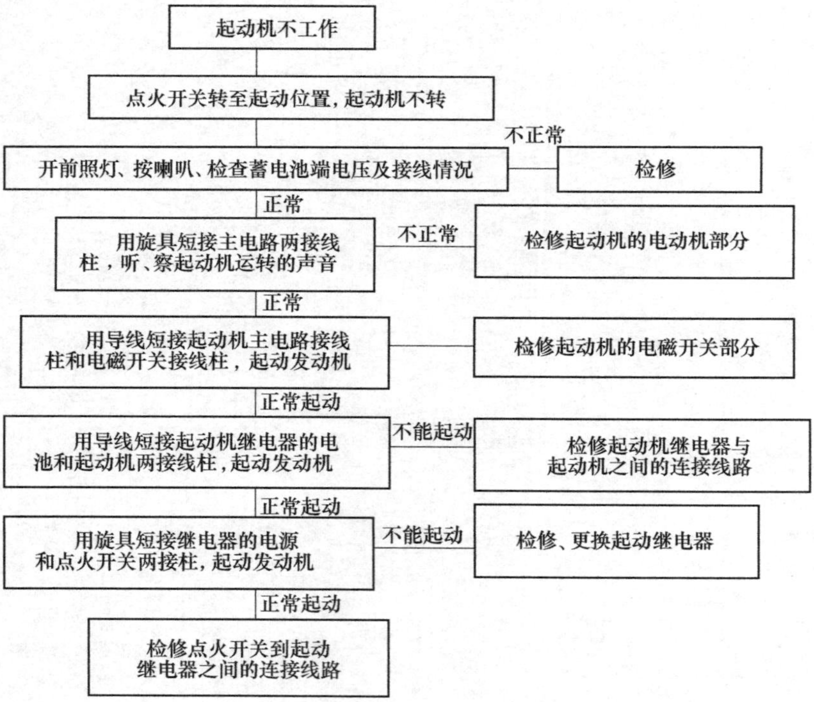

图 3-1　起动机不工作的故障诊断与排除流程图

1）起动发动机的同时，接通前照灯或喇叭，观察灯光亮度和喇叭声响是否正常，如图3-2所示，如变弱，则检查蓄电池是否亏电以及线路连接是否松动。

图3-2　起动发动机同时观察灯光和喇叭

2）短接起动机电磁开关与蓄电池正极接柱，观察起动机运转情况，如运转正常，检查点火开关。

3）短接起动机开关接柱，观察起动机运转情况，如运转正常，检查起动机电磁开关。

4）从车上拆下起动机，然后拆下起动机电刷，检查起动机电刷和换向器表面的状况，如图3-3所示，换向器表面应无烧蚀现象，电刷在电刷架内应活动自如，无卡滞现象，电刷与换向器的接触面积不应小于4/5，电刷长度不应小于新电刷的2/3。

5）以上检测都正常，若起动机不转，则故障为励磁线圈断路，需检测励磁线圈，如图3-4所示。

图3-3　检查起动机电刷和换向器

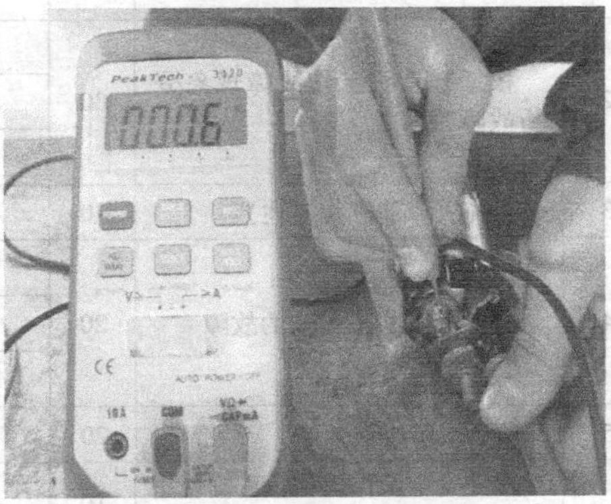

图3-4　检测励磁线圈

6）若起动机转动无力，则故障为励磁线圈短路。

7）若外部电路接触火花很大，则故障为励磁线圈或电刷架搭铁。

8）若有运转不均匀的现象，则故障为励磁线圈和电枢线圈短路。

9）若输出转矩小，则故障还可能为电刷接地不良。

10）确认并排除故障后，将起动机装回发动机。

11）再次起动发动机，发动机能正常起动，确认系统正常无故障。

【考核要求】

1. 根据起动机不工作的故障现象找出故障部位。

2. 排除起动机不工作的故障。故障设置及选取原则见表3-1。

3. 故障排除后应符合技术要求。

1）蓄电池电压应符合原厂规定的要求。

2）在环境温度不低于－5℃时，按原厂规定电压的蓄电池或外电源，用起动机应能顺利起动发动机。

表 3-1 故障设置及选取原则

序号	故障设置	选取原则
1	接线柱接触不良（起动机处）	在所列故障中任选一项
2	起动机开关触点不能接触	
3	电刷磨损过短或弹簧过短	
4	电刷弹簧过软	
5	点火开关损坏	

3）在正常温度下，起动时间不得超过5s。

4. 考核时间50min，其考核记录及评分标准见表3-2。

表 3-2 考核记录及评分标准

序号	考核内容	配分	评分标准	考核记录	扣分	得分
1	正确使用工具仪器	10	使用错误扣5分			
			使用不当酌情扣分			
2	根据起动机工作故障现象分析故障原因	30	检查方法错误扣10分			
			检查程序错误扣10分			
			检查结果错误扣10分			
3	明确故障部位（口述）	10	不能确定故障部位扣5分			
4	排除起动机不工作的故障	20	不能排除扣20分			
			自制一处故障扣10分			
			不能完全排除酌情扣分			
5	验证故障排除效果	20	不验证扣10分			
6	遵守安全操作规程，正确使用工量具，操作现场整洁	10	每项错误扣5分，扣完为止			
	安全用电，防火，无人身、设备事故		因违规操作发生重大人身和设备事故，此题按0分计			
7	分数总计	100				

评分人： 年 月 日

【相关知识】

起动机是用来起动发动机的，它主要由电动机、传动机构（或称啮合机构）和起动开关三部分组成。

起动机不工作的故障现象是：起动发动机时起动机不转；起动机空转，发动机不转；起动机无力；有啮入声无运转声以及起动后有尖啸音或小齿轮退出困难。

1. 起动机不转的原因

1）蓄电池线脱落折断，搭铁线松脱。其现象是：按喇叭不响，开前照灯不亮，有时灯虽亮但一起动起动机即熄灭。采取的措施：检查电源线，刮除铁锈并紧固搭铁线。

2）起动开关接触盘烧蚀，回位弹簧折断。其现象是：按喇叭声音正常，用螺钉旋具接起动开关上的两主接线柱（接蓄电池、电枢的），则运转正常。采取的措施：更换触盘和弹簧，打磨主触点表面。

3）两只电刷同时卡住或电动机内部断线。其现象是：按喇叭响，短接起动开关电动机仍不转，多次短接起动开关之后起动机无温升。采取的措施：检查电刷接触情况及各接线点有无火花。

4）励磁线圈或电枢线圈有搭铁故障。其现象是：按上项试火无火花，但用蓄电池火线碰起动机外壳上的“电枢”或“磁场”接线柱时，火花很强。采取的措施：拆开起动机，检查各线圈的搭铁故障。

5）发动机阻力过大或异物卡住起动机。其现象是：按喇叭响，短接起动开关的两个主接线柱，起动机不转，但起动机有温升，起动机内有“嗡嗡”声。采取的措施：用力矩扳手测转动力矩。

6）电磁开关的吸拉线圈断路。其现象是：运转起动机时开关内只有很小的衔铁摆动音。采取的措施：检修电磁开关。

2. 起动机空转，发动机不转的原因

1）单向离合器失效。其现象是：运转起动机时其转速很高，发出“嗡翁”的高速转动音，但发动机不转。采取的措施：检查单向离合器锁止力矩。

2）单向离合器缓冲弹簧折断或太软。其现象是：起动时伴有齿轮撞击的尖叫声，小齿轮不能进入啮合位置。采取的措施：更换缓冲弹簧。

3. 起动机无力的原因

1）励磁线圈短路。其现象是：有啮入音，几乎完全转不动曲轴，起动机温升快，有“嗡嗡”音。采取的措施：拆检励磁线圈。

2）搭铁线接触不好或蓄电池线过长。其现象是：每次起动都能使曲轴转动，但转速太低，随即被迫停转，俗称“闷住”。采取的措施：除掉搭铁点的铁锈，选用短的蓄电池线。

3）蓄电池亏电或温度过低。其现象是：起动转速低，经连续起动两、三次后，完全拖不转曲轴。采取的措施：做补充充电，冬季为蓄电池保温。

4. 有啮入声，无运转声的原因

1）保持线圈断线。其现象是：起动开关“哒哒”有声，起动机刚转即停。采取的措施：检修保持线圈。

2）励磁线圈内有短路故障。其现象是：起动开关动作有力，起动机只有嗡嗡声，有时曲轴能被冲动一下。采取的措施：拆检励磁线圈。

3）蓄电池严重亏电。其现象是：起动开关连续“哒哒”响，但无任何转动迹象。采取的措施：换用蓄电池。

5. 起动后有尖啸音或小齿轮退出困难的原因

1）单向离合器卡死。其现象是：发动机起动后即出现尖叫声，起动机被反拖高速旋转。采取的措施：检修单向离合器。

2）起动机安装不当，齿侧间隙过小。其现象是：起动后有较长时间的齿轮啮合声，有如远方警笛声。采取的措施：重装起动机，保证较大的侧隙。

【拓展练习】

1. “爱岗爱业”主要表现在（　　）。

A. 严守岗位，尽心尽职，严格把关，服务行业

B. 以本职业为荣，以本职为荣，积极服务汽车维修行业

C. 遵守行规行约

D. 以法律为准绳，严守管理程序，裁量公正

2. “乐于奉献”主要是指（　　）。

A. 严守岗位，尽心尽职，注重务实，服务行业

B. 以本职业为荣，以本职为荣，积极服务汽车维修行业

C. 严格把关，遵守行规行约

D. 以法律为准绳，严守管理程序，裁量公正

3. “忠于职守”主要表现在（　　）。

A. 严守岗位，尽心尽职，注重务实，服务行业

B. 以本职业为荣，以本职为荣，积极服务汽车维修行业

C. 严格把关，遵守行规行约

D. 以法律为准绳，严守管理程序，裁量公正

4. 下列（　　）是“依法管理”的表现。

A. 绝对服从领导　B. 团结同事　C. 遵守企业考勤制度

D. 以法律法规为准绳，严守管理程序

5. 挂车车架和货箱是（　　）大修送修标志。

A. 挂车　B. 定车牵引的半挂车　C. 载货汽车　D. 铰接式大客车

6. 下列选项中，属于发动机动力性评价指标的是（　　）。

A. 油耗率　B. 加速性能　C. 发动机功率　D. 底盘测功

7. QD124A 起动机修理竣工后，全制动试验时，制动电流小于等于（　　）A，转矩大于等于（　　）N·m。

A. 550，20　B. 550，24　C. 800，15　D. 都不是

8. 检查起动机电刷和换向器表面状况，电刷与换向器接触面积不应小于（　　）。

A. 4/5　B. 3/5　C. 3/4　D. 1/2

9. 电刷在电刷架内应活动自如，电刷长度不应小于新电刷的（　　）。

A. 2/3　B. 4/5　C. 3/4　D. 1/2

10. 下列哪一项不属于起动机的组成（　　）。

A. 电动机部分　B. 控制部分　C. 传动机构　D. 起动开关

项目二　发动机怠速不稳的故障诊断与排除

【技能目标】

1. 根据发动机怠速不稳的故障现象找出故障部位。
2. 排除发动机怠速不稳故障。

【知识目标】

1. 了解发动机点火系统、燃油供给系统的组成和工作原理。
2. 掌握发动机怠速不稳故障的检查方法。

【工具设备】

1. 准备好拆、装所用工具和器材，包括常用工具一套，汽车废气分析仪、发动机转速表、火花塞套筒、塞尺各一。

2. 桑塔纳 LX 型轿车一辆，并按故障设置要求设置故障。

【操作步骤】

汽油发动机怠速不稳的故障诊断与排除流程图，如图 3-5 所示。

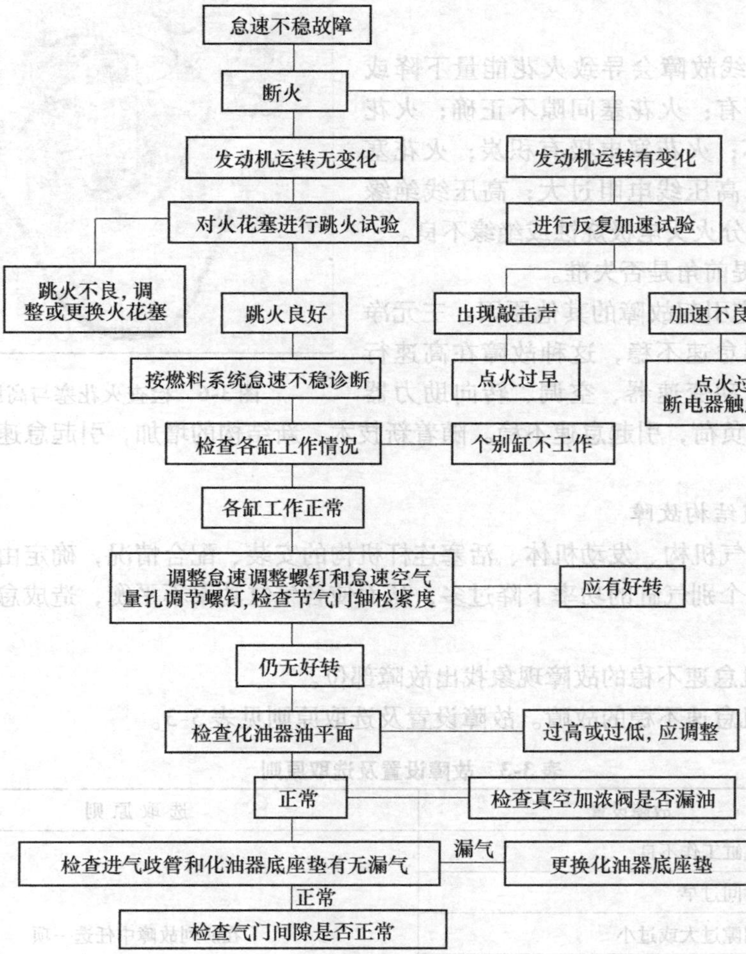

图 3-5　汽油发动机怠速不稳的故障诊断与排除流程图

1. 进气系统故障

检查进气管有无泄漏情况。

当不该进入的空气、汽油蒸气、燃烧废气进入到进气歧管时，会造成混合气过浓或过稀，使发动机燃烧不正常。当漏气位置只影响个别气缸时，发动机会出现较剧烈的抖动，对冷车怠速影响更大。造成泄漏的常见原因有：进气歧管衬垫漏气；进气歧管破损或其他机件将进气歧管磨出孔洞；真空管插头脱落、破裂；曲轴箱强制通风（PCV）阀开度大。

2. 燃油供给系统故障

燃油供给系统的故障有化油器油面调整不当、怠速调整不当、化油器滤网堵塞、燃油滤清器堵塞；燃油泵滤网堵塞；燃油泵的泵油能力不足；进油管变形、油管压瘪堵塞。

3. 点火系统故障

点火系统有故障主要表现为高压火花弱或火花塞不点火，其常见原因有：点火触发信号缺失；点火供电或接地线的连接松动、接触不良；初级线圈或次级线圈有故障等。

1）检查火花塞与高压线的技术状况，如图3-6所示。

火花塞、高压线故障会导致火花能量下降或失火，其常见原因有：火花塞间隙不正确；火花塞电极烧蚀或损坏；火花塞电极有积炭；火花塞磁绝缘体有裂纹；高压线电阻过大；高压线绝缘外皮或插头漏电；分火头电极烧蚀或绝缘不良。

2）检查点火提前角是否失准。

3）检查、确定引起故障的其他原因。三元净化催化器堵塞引起怠速不稳，这种故障在高速行驶时最易发现。自动变速器、空调、转向助力器有故障会增加怠速负荷，引起怠速不稳。随着新技术、新结构的增加，引起怠速不稳的因素会更多。

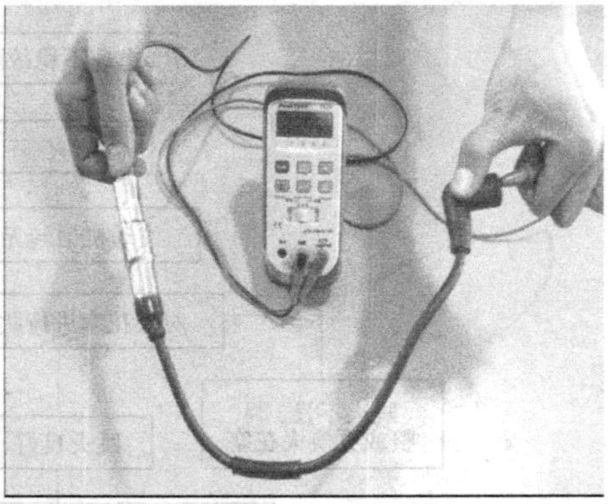

图3-6 检查火花塞与高压线

4. 发动机机械结构故障

检查发动机配气机构、发动机体、活塞连杆机构的安装、配合情况，确定由于他们的故障而导致的发动机个别气缸的功率下降过多，从而使各气缸功率不平衡，造成怠速不稳。

【考核要求】

1. 根据发动机怠速不稳的故障现象找出故障部位。

2. 排除发动机怠速不稳的故障。故障设置及选取原则见表3-3。

表3-3 故障设置及选取原则

序号	故障设置	选取原则
1	个别气缸工作不良	在所列故障中任选一项
2	点火时间过早	
3	气门间隙过大或过小	
4	怠速调整不当	
5	化油器故障	

3. 排除故障后应符合下列技术要求。

1）发动机怠速运转平稳，怠速值为800～900r/min。

2）发动机点火时间应符合原厂规定要求。

3）气门间隙为：冷态时，进气门：(0.23±0.05)mm，排气门：(0.45′±0.05)mm；热态时，进气门：(0.20±0.05)mm，排气门：(0.40±0.05)mm。

4）火花塞间隙0.60～0.80mm。

5）发动机怠速时的排放污染物应符合国家标准。

4. 考核时间50min，其考核记录及评分标准见表3-4。

表3-4　考核记录及评分标准

序号	考核内容	配分	评分标准	考核记录	扣分	得分
1	正确使用工具仪器	15	使用错误扣10分			
			使用不当酌情扣分			
2	根据怠速不稳的故障现象，确定故障性质	10	确定错误扣10分			
3	确定故障原因	30	检查方法错误扣10分 检查程序错误扣10分 判断原因错误扣10分			
4	明确故障部位（口述）	5	确定错误扣5分			
5	排除发动机怠速不稳的故障	25	不能排除扣25分 自制一处错误扣5分			
			不能完全排除酌情扣分			
6	遵守安全操作规程，正确使用工量具，操作现场整洁	15	每项错误扣5分，扣完为止			
	安全用电，防火，无人身、设备事故		因违规操作发生重大人身和设备事故，此题按0分计			
7	分数总计	100				

评分人：　年　月　日

【相关知识】

怠速是发动机的最低稳定转速。怠速不稳是发动机维修中遇到最多的故障。

发动机怠速不稳的现象是：起动发动机后，怠速转速不稳定，易熄火或发动机剧烈抖动。

当发动机气缸内气体作用力的变化（一个气缸气体作用力变化或几个气缸气体作用力变化），会引起各气缸功率不平衡，导致各活塞在做功行程时的水平方向分力不一致，出现对发动机横向搬倒的力矩不平衡，从而产生发动机抖动。也可以说，凡是引起发动机气缸内气体作用力变化的故障，都有可能导致发动机怠速抖动。

1. 如何观察怠速不稳

1）观察发动机缸体的抖动程度。

2）从发动机转速表或读数据流观察，如图3-7所示。

3）原地起动发动机，坐在座椅上感觉车身剧烈抖动。

图3-7　观察发动机转速

2. 怠速不稳按原因关联分类

1）直接原因，指机械零件脏污、磨损、安装不正确等，导致个别气缸功率的变化，从而造成各气缸功率不平衡，致使发动机出现怠速不稳。

2）间接原因，指发动机燃油、点火、空气进给系统不正常，导致混合气燃烧不良，造成各气缸功率难以平衡，使发动机出现怠速不稳。

【拓展练习】

1. 根据《汽车维修业开业条件》，维修企业的生产厂房地面应平整坚实。一类企业的生产厂房面积不少于800m^2，二类企业的生产厂房面积不少于（　　）m^2。

A. 200　　B. 3000　　C. 5000　　D. 2000

2. 根据《汽车维修业开业条件》，汽车维修企业的管理负责人、技术负责人及检验、业务、价格核算、维修（机修、电器、钣金、油漆）等关键岗位至少应配备（　　）人，并应经过有关培训，取得行业主管部门颁发的从业资格证书，持证上岗。

A. 1　　B. 5　　C. 10　　D. 20

3. 根据《汽车维修业开业条件》，汽车维修企业应设有接待室，一类企业的接待室面积不少于40m^2，二类企业的接待室面积不少于（　　）m^2。

A. 5000　　B. 1000　　C. 1500　　D. 20

4. 发动机怠速时，点火提前角位于（　　）值。

A. 最大　　B. 较大　　C. 较小　　D. 最小

5. 六缸发动机怠速运转不稳，拔下第二缸高压线，运转状况无变化，故障在（　　）。

A. 第二缸　　B. 相邻缸

C. 中央高压线　　D. 化油器

6. 电控汽油喷射发动机运转不稳是指不论发动机处于（　　）情况，发动机运转都不稳定，有抖动现象。

A. 怠速　　B. 何种

C. 中速　　D. 加速

7. CAH101型化油器除一般怠速系统外，还附加有热补偿装置。热怠速补偿装置的开启温度为（　　）。

A. （50±2）℃　　B. （62±2）℃　　C. （58±2）℃　　D. （65±2）℃

8. 汽车耗油量的测量采用（　　）。

A. 路试　　B. 台架

C. 路试或台架　　D. 发动机测功仪

9. 汽油机无怠速的原因之一是（　　）。

A. 加速泵不良　　B. 油面稍低

C. 化油器怠速量孔堵死　　D. 机械省油器堵死

10. 汽油发动机点火提前角过小将使（　　）。

A. 发动机起动困难　　B. 发动机非常容易起动

C. 发动机怠速更加稳定　　D. 提高汽油发动机的经济性

项目三　发动机加速时化油器回火的故障诊断与排除

【技能目标】

1. 正确分析和判断化油器回火故障的原因及产生部位。
2. 按要求排除化油器回火的故障。

【知识目标】

1. 了解燃油供给系统的类型、组成和工作原理。
2. 掌握化油器回火故障的排除方法。

【工具设备】

1. 准备好拆、装所用工具和器材，包括常用工具一套，火花塞套筒、塞尺各一。
2. 桑塔纳 LX 轿车一辆，并按故障设置要求设置故障。

【操作步骤】

化油器式发动机加速时化油器回火故障的诊断流程图如图 3-8 所示。

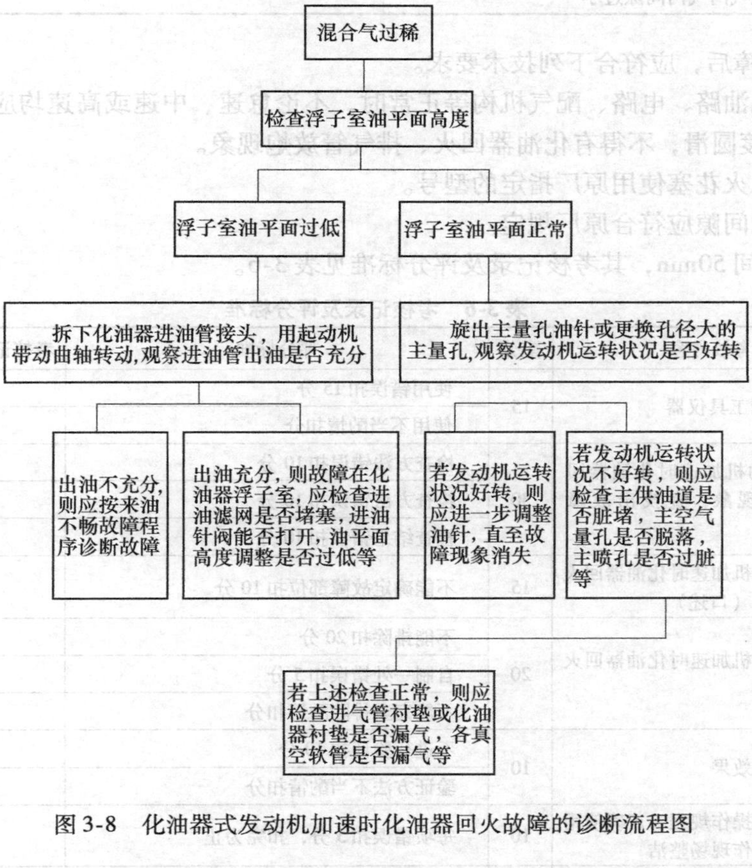

图 3-8　化油器式发动机加速时化油器回火故障的诊断流程图

1）检查主量孔配剂针是否旋入过多，一般调整时，旋紧后再旋出 1 圈半为宜。

2）从化油器侧面检查孔检查浮子室油面高度。

① 如油面高度正常，则故障在化油器内油路，应拆下化油器清洗吹通。

② 如果油面过低或无油，则故障在化油器进口处或外油路。

3）拆下化油器进油口处油管，摇转曲轴或用起动机带动，看油管的出油情况。

① 如出油畅通，则故障在油面控制部分，应拆下化油器盖，检查滤网是否过脏、三角针阀是否卡住。

② 如出油不畅，则故障在外油路。

若上述检查都正常，则检查高压火花是否过弱、火花塞是否积炭过多。

【考核要求】

1. 根据发动机加速时化油器回火的故障现象，找出故障原因及部位。

2. 排除发动机加速时化油器回火的故障。故障设置及选取原则见表 3-5。

表 3-5　故障设置及选取原则

序号	故障设置	选取原则
1	供油系统来油不畅	在所列故障中任选两项
2	分电器搭铁不良	
3	火花塞积炭过多或过热	
4	进气门气门间隙过小	

3. 排除故障后，应符合下列技术要求。

1）发动机油路、电路、配气机构等正常时，不论怠速、中速或高速均应运转均匀。改变转速时应过渡圆滑，不得有化油器回火、排气管放炮现象。

2）发动机火花塞使用原厂指定的型号。

3）进气门间隙应符合原厂规定。

4. 考核时间 50min，其考核记录及评分标准见表 3-6。

表 3-6　考核记录及评分标准

序号	考核内容	配分	评分标准	考核记录	扣分	得分
1	正确使用工具仪器	15	使用错误扣 15 分			
			使用不当酌情扣分			
2	根据发动机加速时化油器回火的故障现象，查找出故障原因	30	检查方法错误扣 10 分			
			检查方法错误扣 10 分			
			检查结果错误扣 10 分			
3	明确发动机加速时化油器回火的故障部位（口述）	15	不能确定故障部位扣 10 分			
4	排除发动机加速时化油器回火的故障	20	不能排除扣 20 分			
			自制一处错误扣 5 分			
			不能完全排除酌情扣分			
5	验证排除效果	10	不进行验证扣 10 分			
			验证方法不当酌情扣分			
6	遵守安全操作规程，正确使用工量具，操作现场整洁	10	每项错误扣 5 分，扣完为止			
	安全用电，防火，无人身、设备事故		因违规操作发生重大人身和设备事故，此题按 0 分计			
7	分数总计	100				

评分人：　　年　月　日

【相关知识】

汽油机燃料供给系统的作用：不断地输送滤清的汽油和清洁的新鲜空气，并根据发动机各种工况的不同要求，配制出一定数量和浓度的可燃混合气，使其进入气缸燃烧，做功后将废气排入大气。

化油器式汽油机燃料供给系统的组成如图 3-9 所示。

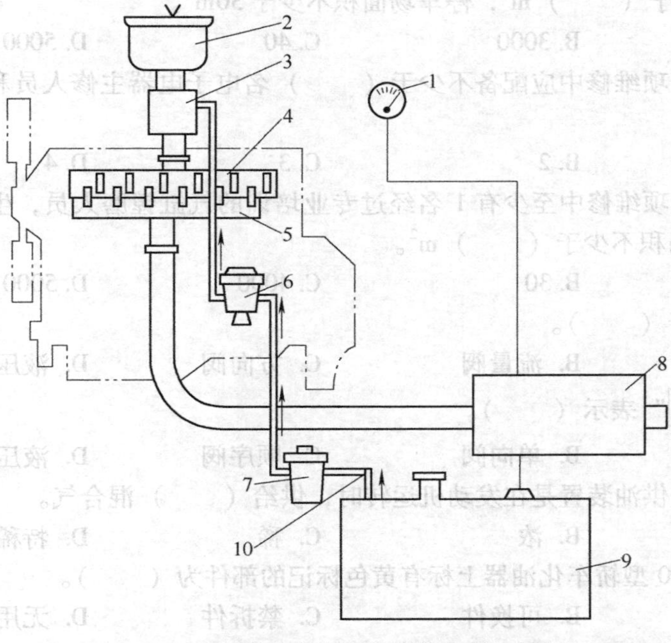

图 3-9　化油器式汽油机燃料供给系统的组成

1—汽油表　2—空气滤清器　3—化油器　4—进气管　5—排气管　6—汽油泵　7—汽油滤清器　8—排气消声器　9—油箱　10—油管

1）汽油供给装置：包括汽油箱、汽油滤清器、汽油泵和油管。

2）空气供给装置：空气滤清器。

3）可燃混合气制备装置：化油器。

4）可燃混合气供给和废气排出装置：进气管、排气管及排气消声器。

1. 化油器回火的故障现象

发动机工作时，进气管或化油器喉管内发出"啪、啪"响声，并有烟或火焰从化油器喉管中窜出；发动机起动时，连续回火以至无法起动或起动后回火现象仍未消除，甚至熄火。

2. 化油器回火的故障原因

混合气过稀通常是化油器回火的主要原因，引起混合气过稀的原因主要有：

1）主量孔调整针旋入过多。

2）主量孔或主喷管部分堵塞。

3）进油滤网或三角针阀过脏堵塞。

4）浮子室油面过低。

5）小喉管环形槽有脏污形成半堵塞。

6）油箱油量不足，油管破裂、凹瘪、漏气或部分堵塞。

7）汽油泵内外摇臂之间间隙过大，外摇臂磨损过大，汽油泵与气缸体间衬垫过厚，进、出油阀关闭不严，膜片破裂。

8）真空加浓装置失效。

【拓展练习】

1. 汽车专项维修业务中的四轮定位检测调整至少有1名经过专业培训的汽车维修人员，生产厂房面积不少于（　　）m^2，停车场面积不少于30m^2。

A. 2000　　B. 3000　　C. 40　　D. 5000

2. 电气系统专项维修中应配备不少于（　　）名电子电器主修人员和不少于1名检验人员。

A. 1　　B. 2　　C. 3　　D. 4

3. 气缸镗磨专项维修中至少有1名经过专业培训的气缸镗磨人员，生产厂房面积不少于60m^2，停车场面积不少于（　　）m^2。

A. 2000　　B. 30　　C. 4000　　D. 5000

4. 节流阀属于（　　）。

A. 压力阀　　B. 流量阀　　C. 方向阀　　D. 液压辅件

5. "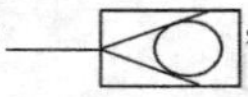"表示（　　）。

A. 换向阀　　B. 单向阀　　C. 顺序阀　　D. 液压缸

6. 化油器的主供油装置是在发动机运转时，供给（　　）混合气。

A. 特浓　　B. 浓　　C. 稀　　D. 特稀

7. 桑塔纳2000型轿车化油器上标有黄色标记的部件为（　　）。

A. 可拆件　　B. 可换件　　C. 禁拆件　　D. 无用件

8. 单腔化油器中的省油器的作用是（　　）。

A. 发动机大负荷时额外供油　　B. 提高发动机供油经济性

C. 使混合气变稀　　D. 提高发动机转速

9. CAH101型化油器除一般怠速系统外，还附加有热补偿装置，热怠速补偿装置的开启温度为（　　）。

A. 50±2℃　　B. 62±2℃　　C. 58±2℃　　D. 都不是

10. 汽油机加速时回火的原因之一是（　　）。

A. 加速泵不良　　B. 油面稍低

C. 化油器怠速量孔堵死　　D. 机械省油器堵死

项目四　汽油发动机无法起动的故障诊断与排除

【技能目标】

1. 正确分析和判断发动机无法起动的原因。
2. 正确判断发动机无法起动的故障部位。
3. 正确排除发动机无法起动的故障。

【知识目标】

1. 了解发动机点火系统、起动系统、燃油供给系统的结构和工作原理。

2. 掌握发动机无法起动故障的排除方法。

【工具设备】

1. 准备好拆、装所用工具和器材，包括常用工具一套，塞尺、万用表、试灯各一，砂条一根。

2. 桑塔纳轿车一辆，并按故障设置要求设置故障。

【操作步骤】

1）汽油机无法起动（油、电路综合故障）的故障诊断与排除流程图，如图3-10所示。

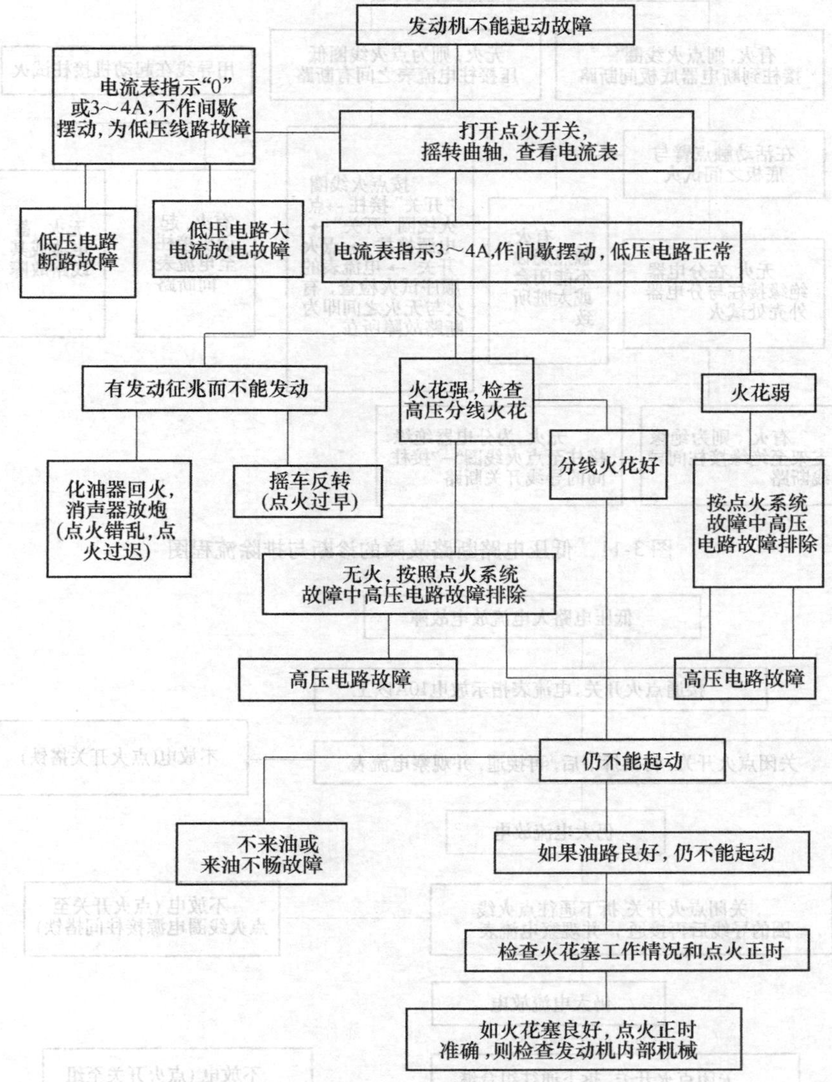

图3-10　汽油机无法起动故障的诊断与排除流程图

2）低压电路断路故障的诊断与排除流程图如图3-11所示。

3）低压电路大电流放电故障的诊断与排除流程图如图3-12所示。

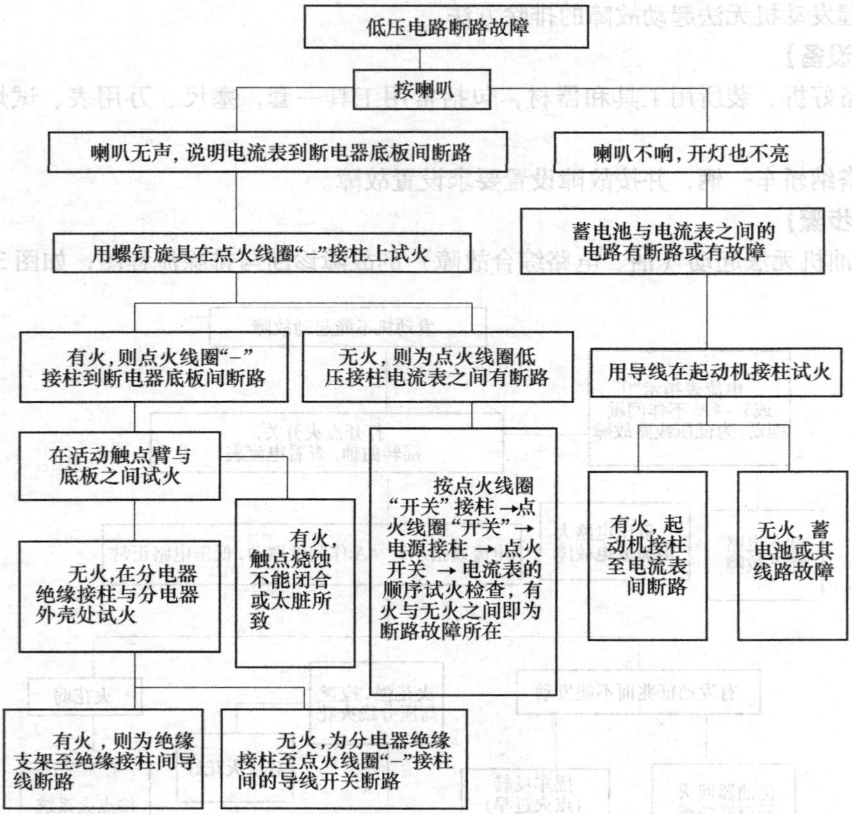

图 3-11　低压电路断路故障的诊断与排除流程图

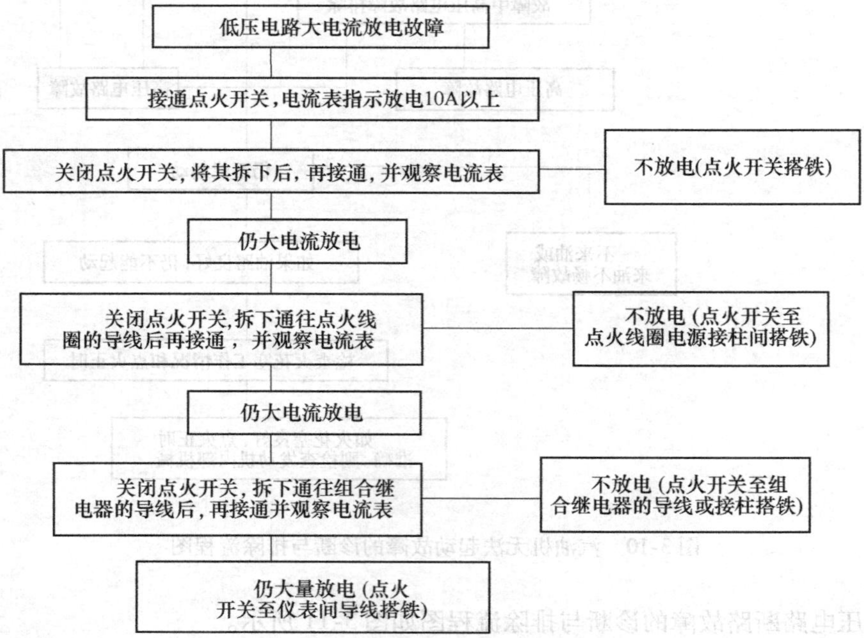

图 3-12　低压电路大电流放电故障的诊断与排除流程图

4）不来油或来油不畅故障的诊断与排除流程图如图 3-13 所示。

5）高压电路故障诊断与排除流程图如图 3-14 所示。

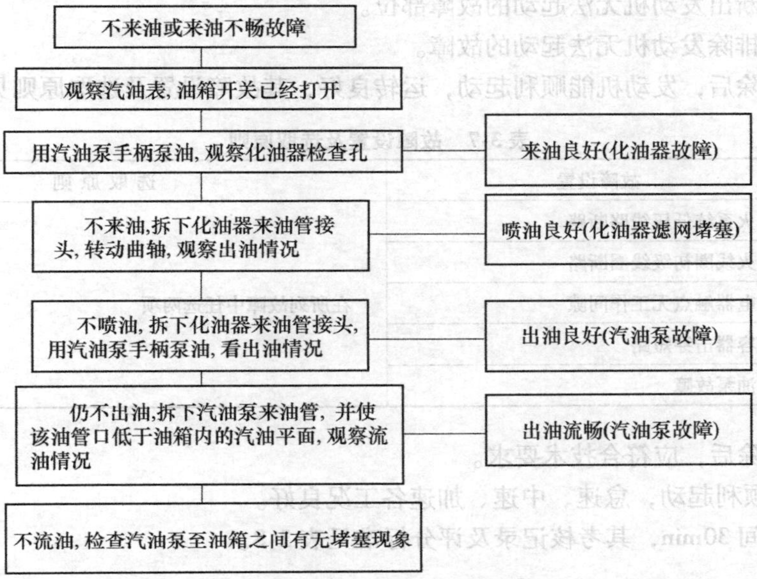

图 3-13　不来油或来油不畅故障的诊断与排除流程图

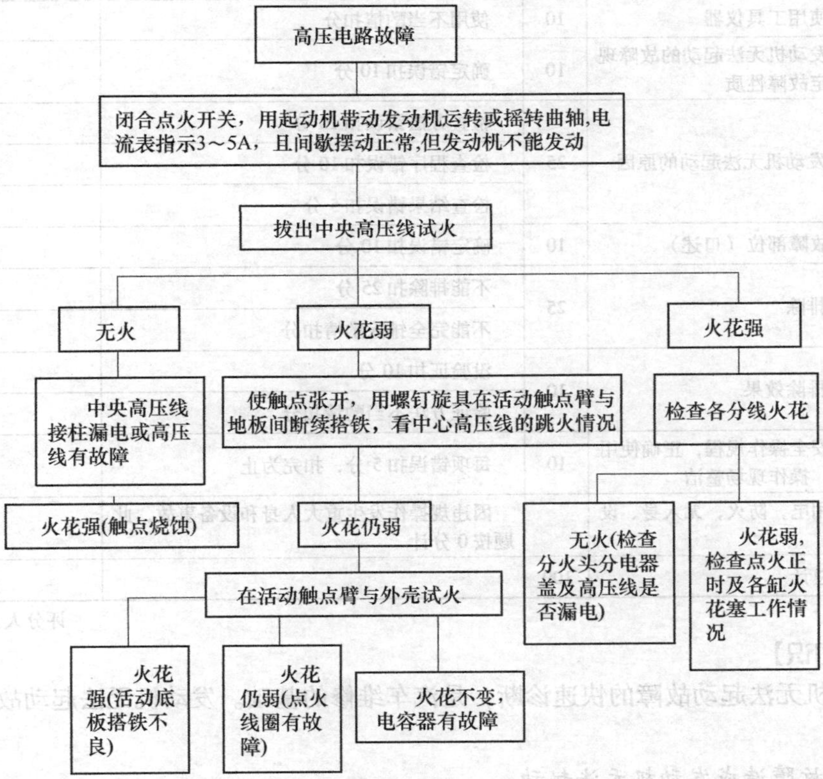

图 3-14　高压电路故障诊断与排除流程图

【考核要求】

1. 正确分析和判断发动机无法起动的原因。
2. 正确判断出发动机无法起动的故障部位。
3. 正确地排除发动机无法起动的故障。
4. 故障排除后，发动机能顺利起动，运转良好，其故障设置及选取原则见表3-7。

表3-7 故障设置及选取原则

序号	故障设置	选取原则
1	点火系统低压线路断路	在所列故障中任选两项
2	点火线圈初级线圈断路	
3	断电器触点无工作间隙	
4	电容器击穿短路	
5	汽油泵故障	

5. 故障排除后，应符合技术要求。

发动机能顺利起动，怠速、中速、加速各工况良好。

6. 考核时间30min，其考核记录及评分标准见表3-8。

表3-8 考核记录及评分标准

序号	考核内容	配分	评分标准	考核记录	扣分	得分
1	正确使用工具仪器	10	使用不当酌情扣分			
2	根据发动机无法起动的故障现象，确定故障性质	10	确定错误扣10分			
3	查找发动机无法起动的原因	25	检查方法错误扣10分			
			检查程序错误扣10分			
			检查结果错误扣5分			
4	确定故障部位（口述）	10	确定错误扣10分			
5	故障排除	25	不能排除扣25分			
			不能完全排除酌情扣分			
6	验证排除效果	10	没验证扣10分			
			验证方法不当酌情扣分			
7	遵守安全操作规程，正确使用工量具，操作现场整洁	10	每项错误扣5分，扣完为止			
	安全用电，防火，无人身、设备事故		因违规操作发生重大人身和设备事故，此题按0分计			
8	分数总计	100				

评分人： 年 月 日

【相关知识】

对发动机无法起动故障的快速诊断，是汽车维修的基础。发动机无法起动故障的基本原因有：

1. 电路故障造成发动机无法起动

1）先查有无高压火，再查高压线路、低压线路故障点。

2）低压电路断路故障。

3）低压电路大电流放电故障。

4）高压电路故障。

2. 油路故障造成发动机无法起动

1）先检查油压情况，再查供油系统有无脏、堵、漏或损坏。

2）油路不来油或来油不畅故障。

3. 机械故障

发动机气缸磨损、气门关闭不严及气缸垫损坏等。

【拓展练习】

1. 汽车维修的职业（　　）包括汽车维修职业的信用和名誉，它表现为社会对汽车维修职业的信任感和汽车维修在社会生活中的声誉。

A. 信誉　　B. 尊严　　C. 责任　　D. 情感

2. 汽车维修的职业（　　）是指社会或他人对汽车维修职业的尊重，也是指汽车维修从业人员对汽车维修职业的尊重和爱护。

A. 信誉　　B. 尊严　　C. 责任　　D. 情感

3. 汽车维修的职业（　　）是指汽车维修从业人员所承担的社会责任，具体讲就是对汽车技术状况负责、对托修方负责。

A. 信誉　　B. 尊严　　C. 责任　　D. 情感

4.（　　）是汽车维修从业人员“忠于职守”的表现。

A. 尽职尽责　　B. 艰苦奋斗

C. 以法律为准绳管理　　D. 办事公开

5. 蓄电池电解液的浓度应为（　　）g/cm^3。

A. 1.84　　B. 1.90　　C. 2.00　　D. 2.8

6. 热车起动困难的主要原因是（　　）。

A. 供油不足　　B. 火花塞有故障

C. 点火过早　　D. 混合气过浓

7. 下列选项中，（　　）是汽车发动机不能起动的主要原因。

A. 油路不过油　　B. 混合气过稀或过浓　　C. 点火过迟　　D. 点火过早

8. 发动机（　　）时，必须将附加电阻接入低压电路。

A. 起动　　B. 加速　　C. 减速　　D. 运转

9. 汽车修理过程中，对车架和车身，其他零件组合件及总成等都在原车上进行检测、维护和修理，此法为（　　）。

A. 就车修理法　　B. 总成互换法　　C. 专业分工法　　D. 综合作业法

10. 蓄电池点火系统的组成有（　　）。

A. 蓄电池，发电机，电流表，点火线圈，分电器，火花塞及高、低压导线，开关

B. 蓄电池，调节器，发电机，电流表，点火线圈，分电器，火花塞及高、低压导线、开关

C. 蓄电池，发电机，调节器，点火线圈，电压表，分电器，火花塞及高、低压导线

D. 点火线圈，电压表，高、低压导线，发电机，蓄电池，分电器，火花塞

项目五　柴油发动机起动不着火的故障诊断与排除

【技能目标】

1. 根据柴油发动机起动不着火的故障现象，找出故障原因。

2. 排除柴油发动机无法起动、起动不着火的故障。

【知识目标】

1. 了解柴油机的组成、结构和工作原理。

2. 掌握柴油发动机起动不着火故障的排除方法。

【工具设备】

1. 准备好拆、装所用工具和器材，包括梅花扳手、呆扳手、管扳手、套筒扳手、扭力扳手各一套，喷油器效验器、喷油器压力调整垫片各一套。

2. 柴油发动机一台，并按故障设置要求设置故障。

【操作步骤】

1. 检查低压油路

1）检查柴油箱，如图3-15所示。若油箱里有足够的燃油，则应检查油箱通气孔是否堵塞；若通气孔畅通，再检查油箱底是否有水或杂质。

2）通过手油泵进行泵油试验，如图3-16所示。

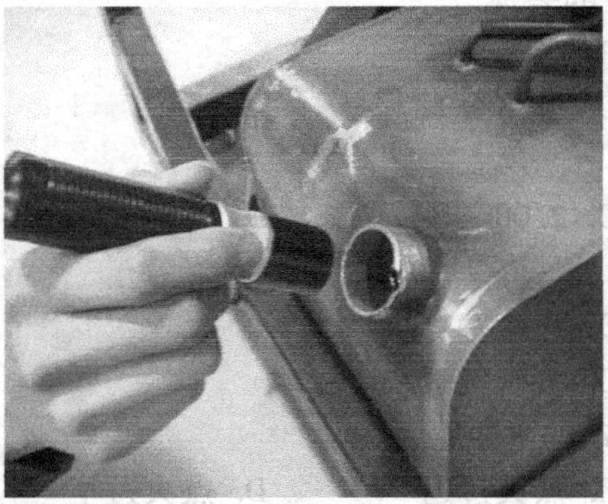

图3-15　检查柴油箱

图3-16　用手油泵进行泵油试验

① 如果拉出按钮时感到无吸力，而按下按钮时感到吃力，说明输油泵至喷油泵间的油路堵塞，应检查柴油滤清器是否堵塞。

② 若拉出按钮时明显感到吃力，而松手后按钮自动回位，说明油箱至输油泵间的油路堵塞，应先检查油管是否堵塞。

③ 若上拉、下按按钮时均无正常泵油阻力，说明手油泵有故障，应先检查输油泵出油阀是否发卡或不密封。

④ 将输油泵解体，看弹簧是否折断，活塞是否损坏；若环境寒冷，还应检查所用柴油在该环境温度下是否结蜡。

3）检查油泵中是否有空气。如果油路畅通，再检查油管中是否有空气。

① 放开柴油滤清器或喷油泵上的排气螺塞，用手动泵泵油，如果从排气螺塞处流出的柴油中夹有气泡（即流出泡沫状柴油），说明已有空气进入，应先查油管有无破损、管接头是否松动。

② 若无破损、松动，就应分段进行放气检查，检查方法如下：

旋松输油泵上的出油接头，按动手动泵，观察排出柴油的情况。如果泡沫柴油排不尽，说明输油泵至油箱间的油管或油箱内的进油管破裂或管接头松动。

如果泡沫柴油能排尽，则应旋松柴油滤清器输出接头或排气螺塞，再进行排气试验，检查管路及接头是否漏气。

2. 检查喷油泵连接装置和喷油正时

起动起动机，查看喷油泵输入轴是否转动。若不转或转得太慢，应检查联轴器有无断裂，主、从动盘的半圆键是否完好及固定螺钉是否松动。若上述各项均正常，再检查喷油是否正时，检查方法是：

1）拆下第一缸的高压油管。

2）转动曲轴，使第一缸活塞处于做功行程始点，此时飞轮壳的指针应对准飞轮上的0度线（如拆下喷油泵的侧盖板，第一缸的柱塞弹簧应处于压缩状态）。

3）按柴油机运转方向反转曲轴，使检视窗上的指针对准飞轮上的15°～25°处（相当于喷油提前角的规定角度值）。

4）松开喷油泵传动轴联轴器主、从动盘上的两个紧固螺钉，按喷油泵的转动方向，缓慢而均匀地转动喷油泵凸轮轴至第一缸出油口油面刚刚发生波动的瞬时为止。

5）拧紧联轴器主、从动盘上的两个螺钉。

3. 检查高压油路

1）查看是否因高压油管破裂或接头松动而引起供油不足。排除故障后，应旋松高压油管接头，以进行排气。

2）确认上述均正常后，可以在起动发动机时用手触摸感试各缸的油管。若有喷油脉动，说明故障不在喷油泵，而在喷油器。若无喷油脉动或脉动强度很弱，说明故障在喷油泵。若确定是喷油器有故障，应将其拆下，再接上高压油管，用螺钉旋具撬动喷油泵弹簧座，做泵油动作。若喷油器雾化不良，应分解喷油器，以进行检查、校验喷油压力。若确定是喷油泵有故障，则应先卸下侧盖，检查以下项目：

① 起动起动机，若喷油泵凸轮轴不转，说明轴已断。

② 检查供油调节拉杆是否总处于不供油的位置，如图3-17所示。

③ 检查喷油泵柱塞是否与其套筒粘住，是否因柱塞弹簧折断而被卡住。

④ 检查油量调节机构的扇形小齿轮的固定螺钉是否松动、齿条是否卡住及其行程是否达标，如图3-18所示。

⑤ 检查喷油泵出油阀的密封性。将喷油泵的高压油管拆下并用手动泵泵油，若喷油泵的出油

图3-17　检查供油调节拉杆的位置

阀处有油溢出，说明出油阀密封不严（有污物垫起、弹簧折断或磨损过甚）；如果没有油溢出，应检查高压油路中有无空气（可用螺钉旋具撬动喷油泵柱塞弹簧座，做喷油动作，使油从出油阀中喷出，直到无泡沫为止；旋紧高压油管，再撬动喷油泵弹簧座几次，使喷油器喷出燃油，并听到清脆的“不、不”声为止。

图 3-18　检查油量调节机构

⑥ 拆卸溢流阀，查看其弹簧是否折断、变形，球阀是否密封如图 3-19 所示。若不正常，说明低压油路中因没有足够的压力而引起供油不足。

⑦ 确认以上均正常后，应校验喷油泵喷油正时、喷油压力和喷油量是否达到标准，如图 3-20 所示。

图 3-19　拆卸溢流阀并检查

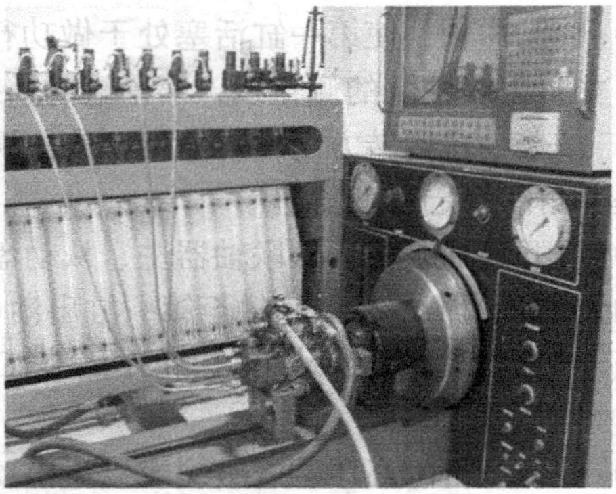

图 3-20　校验喷油泵

【考核要求】

1. 根据柴油发动机起动不着火的故障现象，经分析查找出故障原因。
2. 排除柴油发动机起动不着火的故障，故障设置及选取原则见表 3-9。

表 3-9　故障设置及选取原则

序号	故障设置	选 取 原 则
1	油箱内无油或油量不足	在所列故障 1、2、3、4、5 项中任选两项，或从 6、7 项中任选一项
2	低压油路堵塞	
3	低压油路管路接头松动	
4	油门拉杆处于不供油位置	
5	高压油管中有空气	
6	喷油正时不正确	
7	喷油器压力弹簧调整过硬	

3. 排除故障后应符合技术要求。

1）在环境温度不低于 −5℃时，按原厂规定电压的蓄电池，用起动机应能顺利起动发动机。

2）在正常温度下，起动时间不超过5s。

4. 考核时间50min，其考核记录及评分标准见表3-10。

表3-10　考核记录及评分标准

序号	考核内容	配分	评分标准	考核记录	扣分	得分
1	正确使用工具仪器	15	使用错误扣15分 使用不当酌情扣分			
2	根据故障现象，分析故障原因	30	检查方法错误扣10分 检查程序错误扣10分 检查结果错误扣10分			
3	明确故障部位（口述）	10	不能确定故障部位扣10分			
4	排除柴油发动机不着火的故障	25	不能排除扣20分 不能完全排除酌情扣分 自制一处故障扣5分			
5	验证排除效果	10	不验证扣10分			
6	遵守安全操作规程，正确使用工量具，操作现场整洁	10	每项错误扣5分，扣完为止			
	安全用电，防火，无人身、设备事故		因违规操作发生重大人身和设备事故，此题按0分计			
7	分数总计	100				

评分人：　　年　月　日

【相关知识】

柴油机在进气行程中吸入的是纯空气。在压缩行程接近终了时，柴油经喷油泵将油压提高到10MPa以上，经由喷油器喷入气缸，与压缩后的高温空气混合，形成可燃混合气。由于柴油机压缩比高（一般为16~22），所以压缩终了时气缸内的压力可达3.5~4.5MPa，同时温度高达750~1000K，大大超过柴油的自燃温度。所以柴油在喷入气缸后，在很短时间内与空气混合后便立即自行发火燃烧。在高压气体推动下，活塞向下运动并带动曲轴旋转而做功。

柴油发动机起动不着火的故障现象：起动机能带动发动机，起动时转速也能逐渐提高，但尚未达到正常的转速就自动熄火，并出现发动机反转。

从故障现象看，柴油发动机起动不着火是由供油不畅、喷油不正时和负载过大等原因引起的，根据“从简单到复杂”的原则，按照低压油路、喷油正时、高压油路的顺序，逐项进行检查、诊断。

【拓展练习】

1. 为了保障人员和设备安全，在车辆举升前，应（　　）。

A. 清理作业场地　　B. 有条理地摆放所需工具

C. 检查举升设备的技术状况　　D. 切断电源

2. 一级维护是指除日常维护作业外，以清洁、润滑、（　　）为作业中心内容。

A. 调整　　B. 紧固　　C. 修理　　D. 补给

3. 汽车一、二级维护的行驶里程，依据车辆使用说明书的有关规定，同时依据汽车使用条件的不同，由（　　）级交通行政主管部门确定。

A. 县　　B. 市　　C. 省　　D. 区

4. 变速器中，下列哪个齿轮传动比表示超速？（　　）

A. 2.15:1　　B. 1:1　　C. 0.85:1　　D. 以上都不表示超速

5. 以下废物中，不属于特种垃圾的是（　　）。

A. 废机油　　B. 制动液　　C. 防冻液　　D. 电线

6. 发动机排放废气中所含的（　　）物质与水作用，可形成对零件有腐蚀作用的物质。

A. 酸类　　B. 碱类　　C. 盐类　　D. 中性

7. 柴油发动机曲轴中心线径向圆跳动的大修标准是（　　）mm。

A. ≤0.05　　B. ≤0.01　　C. ≤0.50　　D. ≤0.02

8. 柴油发动机达到额定转速时，调速器将开始（　　）。

A. 自动增油　　B. 自动减油　　C. 自动减速　　D. 停止供油

9. 柴油发动机运转不稳，这种故障往往伴随着排气管排出（　　）。

A. 白烟而产生敲击声　　B. 白烟而不产生敲击声

C. 黑烟而产生敲击声　　D. 黑烟不产生敲击声

10. 柴油发动机动力不足，可在发动机运转中，运用（　　）法，观察和察听发动机转速变化，找出故障缸。

A. 多缸断油　　B. 单缸断油　　C. 多缸断火　　D. 单缸断火

项目六　发动机异响的故障诊断与排除

【技能目标】

1. 正确分析和判断发动机异响的原因，找出异响部位。

2. 正确排除发动机异响故障。

【知识目标】

1. 了解发动机的组成、结构和工作原理。

2. 掌握排除发动机异响故障的方法。

【工具设备】

1. 准备好拆、装所用工具和器材，包括常用工具一套，扭力表、塞尺、点火正时灯各一。

2. 桑塔纳轿车一辆，并按故障设置要求设置故障。

【操作步骤】

1. 气门响

1）使发动机处于怠速运转，在气门室罩处察听，其声响随着发动机转速的变化而变化，并且存在明显且有节奏的“嗒嗒”声。若稍加大节气门，响声更明显，逐渐加油时响声随转速的提高节奏加快。如在发动机温度变化时或做断火试验，响声无变化，则说明气门响，其诊断过程如图 3-21 所示。

2）拆下气门室盖（罩），检查气门间隙。若气门间隙过大，应进行调整；若气门间隙正常，说明气门杆端处润滑不良，气门与气门导管配合间隙太大或气门座圈松动。

3）往发响的气门杆端处加少许机油，起动发动机并怠速运转。若响声减弱或消失，说明响声系润滑不良所致，应疏通油道；若响声不减弱，说明气门座圈松动，应拆下重新镶配。其诊断过程如图 3-22 所示。

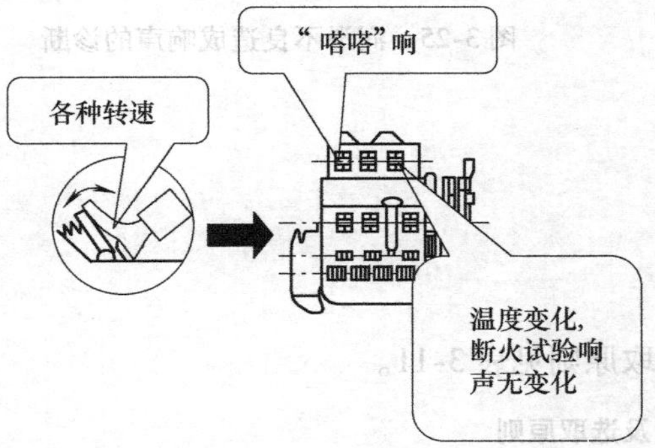

图 3-21　气门响的诊断

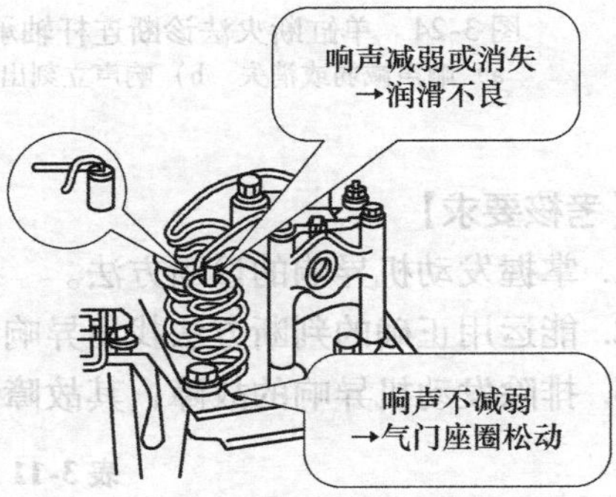

图 3-22　气门具体部位响声的诊断

2. 连杆轴承响

1）发动机怠速运转时，其声响为短促的“嗒嗒”声，发动机由怠速升至中速时，声响连续且更清晰。随着转速的升高，敲击声更为突出，若在机油加注口处察听，声响为清脆的“嘡嘡”声，诊断过程及察听部位如图 3-23 所示。

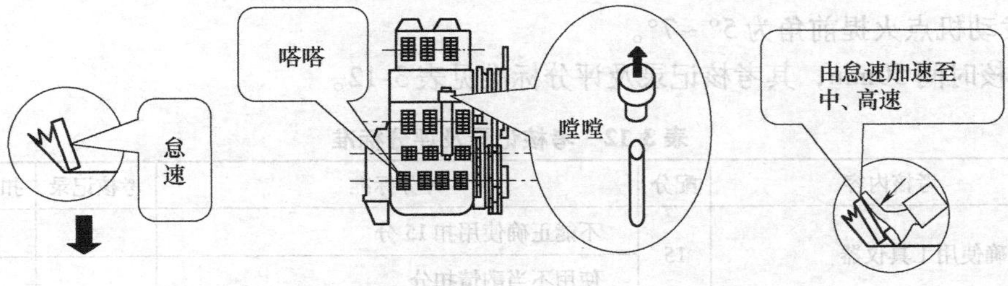

图 3-23　连杆轴承响的诊断

2）利用单缸断火法试验。若某缸断火时声响减弱或消失，且在复缸的同时响声又立刻出现，说明是该缸的连杆轴承响，其诊断过程如图 3-24 所示。

3）放尽机油，拆下油底壳检查。

① 发现机油中或油底壳壁上有轴承合金颗粒，说明连杆轴承合金脱落，应更换新的相同级别的轴承。

② 检查连杆轴承盖螺栓是否松动，若松动则应立即按规定力矩拧紧；若连杆轴承盖不松动，可用手上下推拉轴承盖检查，感觉旷量较大，说明连杆轴承磨损过甚，应更换新的相同级别的轴承。

4）在检查声响的同时，应注意观察机油压力，若过低，说明润滑不良，应立即查找原因，其诊断过程如图 3-25 所示。

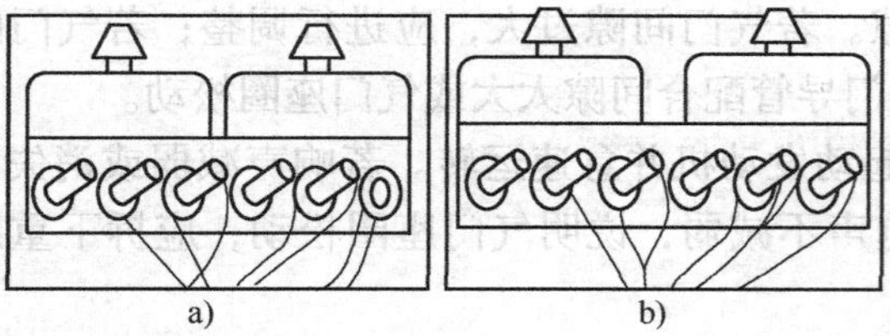

图 3-24 单缸断火法诊断连杆轴承响
a）响声减弱或消失 b）响声立刻出现

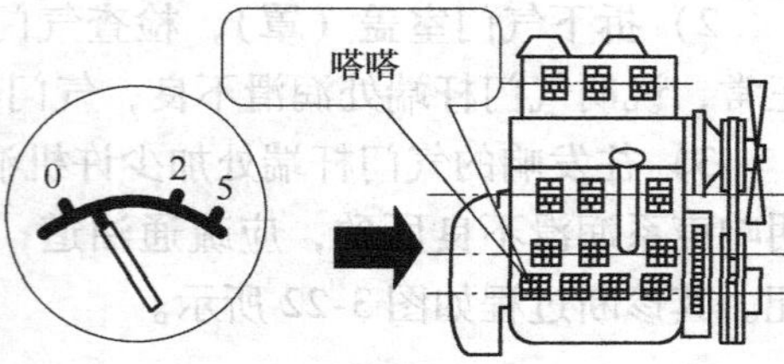

图 3-25 润滑不良造成响声的诊断

【考核要求】

1. 掌握发动机异响的诊断方法。
2. 能运用正确的判断方法找出异响的部位。
3. 排除发动机异响的故障，其故障设置及选取原则见表 3-11。

表 3-11 故障设置及选取原则

序号	故障设置	选 取 原 则
1	发动机气门间隙过大	在所列故障中任选一项或选两项
2	连杆轴颈与轴瓦间配合间隙过大	

4. 排除故障后应符合技术要求。

1）连杆轴径与轴瓦间的配合间隙为 0.03 ~0.06mm。

2）曲轴主轴径与轴瓦间的配合间隙为 0.03 ~0.08mm。

3）发动机点火提前角为 5° ~7°。

5. 考核时间 50min，其考核记录及评分标准见表 3-12。

表 3-12 考核记录及评分标准

序号	考核内容	配分	评分标准	考核记录	扣分	得分
1	正确使用工具仪器	15	不能正确使用扣 15 分			
			使用不当酌情扣分			
2	根据发动机在运转过程中产生异响的规律，找出异响的原因	30	检查方法错误扣 10 分			
			检查程序错误扣 10 分			
			检查结果错误扣 10 分			
3	明确异响的故障部位（口述）	10	不能确定故障部位扣 10 分			
4	排除发动机异响的故障（个别可口述）	25	不能排除扣 25 分			
			排除不彻底酌情扣分			
5	验证排除效果	5	不进行验证扣 5 分			
6	遵守安全操作规程，正确使用工量具，操作现场整洁	15	每项错误扣 5 分，扣完为止			
	安全用电，防火，无人身、设备事故		因违规操作发生重大人身和设备事故，此题按 0 分计			
7	分数总计	100				

评分人： 年 月 日

【相关知识】

发动机工作时，会伴随有轻微且有节奏的机械振动和排气声音，这种振动和声音都是相对不大的，属于一种正常现象。随着发动机工作时间的增加，发动机在运转的过程中出现间歇且无规律的碰撞声、摩擦声和强烈的振动声，是被认为发动机工作中的不正常响声，主要是由于内部零件磨损松旷、受力变形或者维护不好所致。

发动机常见的异响有下面几种。

一、气门响

1. 故障现象

1）发动机怠速运转时，有节奏的“嗒嗒”声。

2）发动机转速升高时，响声也随着升高，而且变得杂乱。

3）发动机温度变化时，响声不变化。

2. 故障原因

1）气门杆端和调整螺钉或摇臂磨损。

2）气门调整不当。

3）凸轮磨损过甚，运转中挺柱产生跳动。

4）气门座圈脱落。

5）气门导管积炭过多而咬住气门。

6）气门挺柱固定螺母松动或调整螺栓端面不平。

二、连杆轴承响

1. 故障现象

1）发动机运转中，产生一种连续而短促的“噹噹”的金属敲击声，中速运转时，响声比较明显，在突然加速时，敲击声随着增大。

2）当发动机负荷增加时，响声也随着增大。

3）当发动机温度发生变化时，响声不变化。

4）断火后响声会明显地减弱或消失。

2. 故障原因

1）连杆轴承径向间隙过大。

2）连杆轴承的紧固螺栓松动或折断。

3）连杆轴承润滑不良使合金烧毁或脱落。

4）连杆轴颈失圆，使轴颈与轴承之间接触不良。

5）曲轴主油道堵塞或润滑系统有故障，造成油压过低，轴承润滑不良。

【拓展练习】

1. 根据《汽车维修业开业条件》，中小型车是指车身总长不超过（　　）的载客车辆和最大设计载重量不超过3.5t的载货汽车。

A. 2m　　B. 3m　　C. 6m　　D. 10m

2.《汽车维修业开业条件》中规定，汽车整车维修企业分为（　　）类。

A. 一　　B. 两　　C. 三　　D. 四

3.《汽车维修业开业条件》中规定，检验人员数量应与其经营规模相适应，其中至少应有（　　）名总检验员和1名进厂检验员。

A. 1　　B. 2　　C. 3　　D. 5

4. 根据《汽车维修业开业条件》，企业应有与承修车型、经营规模相适应的合法停车场地，一类企业的停车场面积不少于200m^2，二类企业的停车场面积不少于（　）m^2。

A. 5000　　B. 1000　　C. 150　　D. 2000

5. 下列不属于车辆检测诊断内容的是（　）。

A. 主减速器啮合印痕　　B. 发动机异响

C. 底盘功率　　D. 排放性

6. 汽车修理中，在一个工位完成全部修理工作，此作业方式为（　）。

A. 固定工位作业法　　B. 流水作业法　　C. 专业分工法　　D. 就车修理法

7. 承修车辆多、车型较单一的汽车修理厂应采用（　）劳动组织形式。

A. 综合作业法　　B. 专业分工作业法　　C. 就车修理法　　D. 固定修理法

8. 粘结法用于修理汽车零件的裂纹，主要缺点是（　）。

A. 设备复杂，操作困难　　B. 易产生热应力

C. 易造成腐蚀　　D. 抗冲击能力差，不耐高温

9. 发动机飞轮与曲轴装配后，飞轮平面对曲轴轴线的全跳动量应不大于（　）mm。

A. 0.10　　B. 0.20　　C. 0.30　　D. 0.25

10. 发动机冷车时，其响声清晰；热车后响声逐渐减小，也可能消失；在怠速时，提高转速，则响声较大；速度高时，则不易听出。说明异响是（　）。

A. 爆燃声　　B. 轴承响声　　C. 活塞敲缸　　D. 气门响声

项目七　交流发电机不充电的故障诊断与排除

【技能目标】

1. 正确分析和判断发电机不充电的原因，找出故障部位。
2. 排除发电机不充电的故障。

【知识目标】

1. 了解发电系统的组成和工作原理。
2. 掌握发电机不充电故障的排除方法。

【工具设备】

1. 准备好拆、装所用工具和器材，包括常用工具一套，汽车电器万能试验台、万用表、试灯各一。
2. 桑塔纳汽车一辆，并按故障设置要求设置故障。

【操作步骤】

发电机不充电的故障诊断与排除流程图如图3-26所示。

1）检查发电机传动带的松紧度，并检查是否因沾有油污而打滑，如图3-27所示。

2）用试灯法检查有关导线的连接情况以及有无断路，如图3-28所示。

灯亮，表明该接线柱之前线路良好；灯不亮，表明该接线柱之前有断路故障。

3）检查电源系统。先断开分电器断电器触点，接通点火开关，观察电流表动态，如图3-29所示。

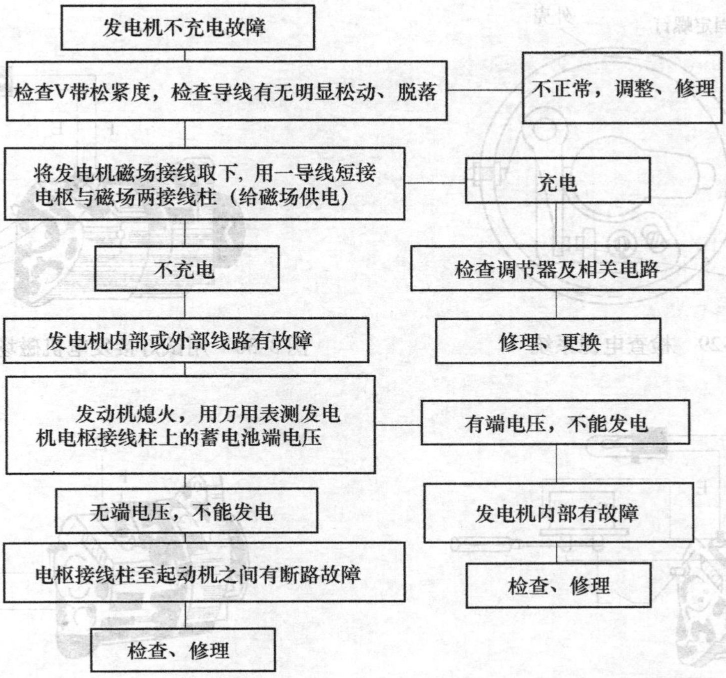

图 3-26　发电机不充电的故障诊断与排除流程图

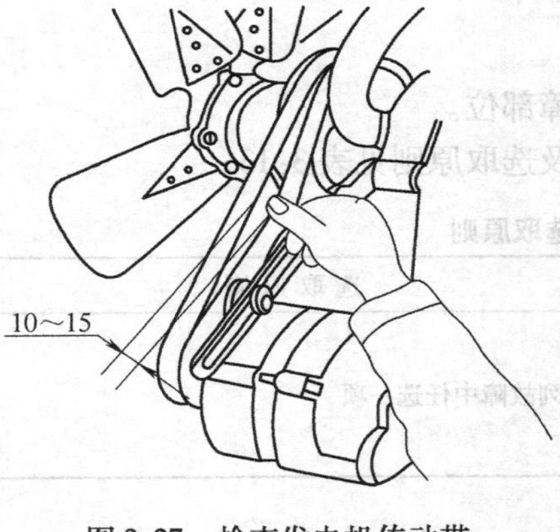

图 3-27　检查发电机传动带

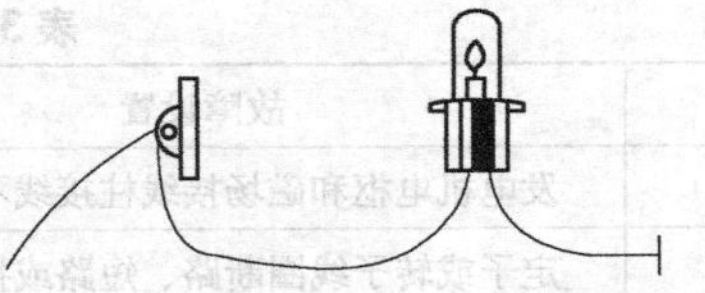

图 3-28　检查导线连接情况

① 电流表指示零，则磁场电路有故障。用试灯一端接发电机磁场接线柱，另一端搭铁，如图 3-30 所示。灯亮，表明外磁场电路良好，故障在发电机内部磁场电路，应拆检排除；灯不亮，表明外磁场电路断路或高速触点烧结，此时将调节器的“火线”与“磁场”短接，如图 3-31所示。

灯亮，表明调节器损坏，应予更换；灯不亮，表明线路有断路，应查出断路点，予以排除。

② 若电流表指针指 –2A 左右，表明充电电路有故障。应先拆下发电机电枢线，用试灯一端接发电机电枢，另一端搭铁，如图 3-32 所示。灯不亮，表明发电机内部有故障，应拆检排除；灯亮，表明发电机外部的充电电路有故障，应检查排除。

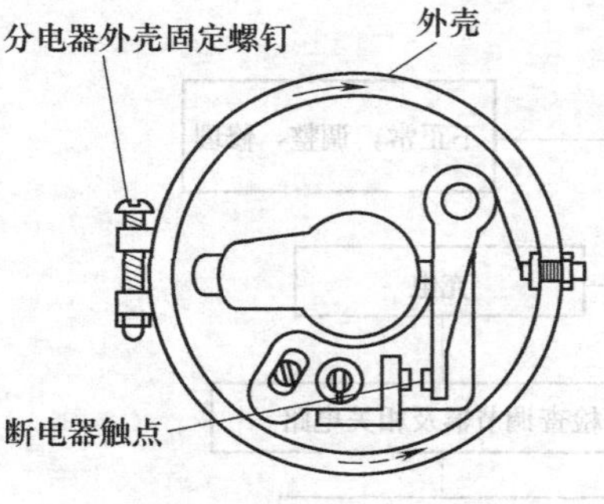

图 3-29　检查电源系统

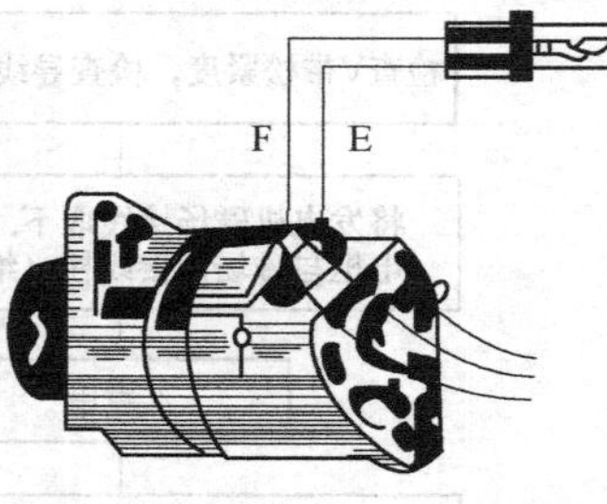

图 3-30　用试灯接发电机磁场接线柱和搭铁

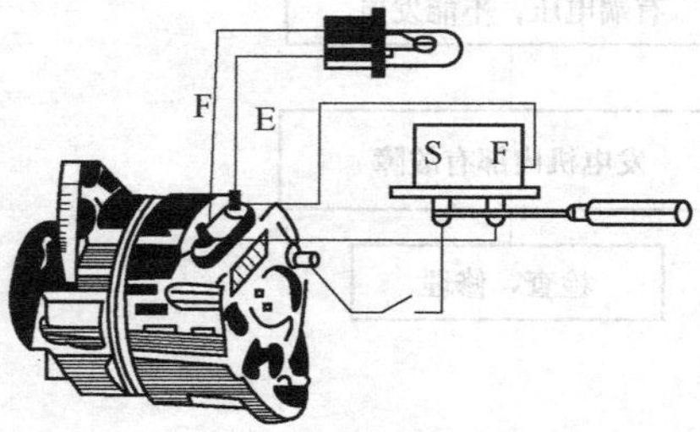

图 3-31　将调节器的火线与磁场短接

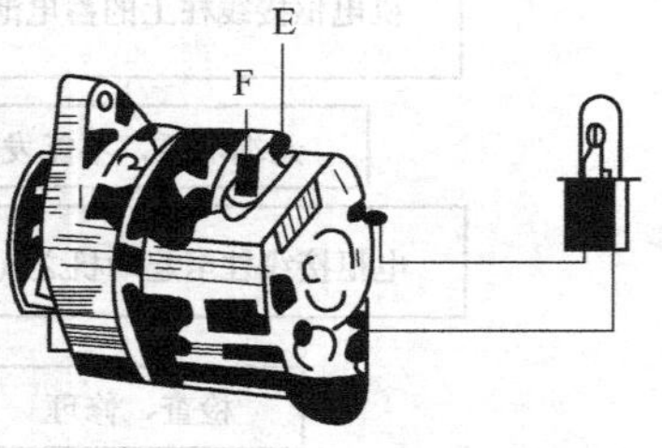

图 3-32　用试灯连接发电机电枢和搭铁

【考核要求】

1. 根据交流发电机不充电的故障现象，找出故障部位。

2. 排除交流发电机不充电的故障，其故障设置及选取原则见表 3-13。

表 3-13　故障设置及选取原则

序号	故障设置	选取原则
1	发电机电枢和磁场接线柱接线不良	在所列故障中任选一项
2	定子或转子线圈断路、短路或搭铁	
3	电压调节器的故障	

3. 故障排除后应符合技术要求。

1）发电机工作时有关参数符合原厂规定。

2）发电机定子、转子绕组的电阻值符合原厂规定。

3）电刷的长度符合原厂的规定。

4. 考核时间 50min，其考核记录及评分标准见表 3-14。

【相关知识】

汽车充电系统由交流发电机，蓄电池，调节器及充、放电指示装置等组成。

充电系统的常见故障有不充电、充电电流过小或过大、充电电流不稳及发电机异响等。

1. 发电机不充电的故障现象

1）发电机在任何转速下运转，电流表指示放电或充电，指示红灯均亮，如图 3-33a 所示。

表 3-14　考核记录及评分标准

序号	考核内容	配分	评分标准	考核记录	扣分	得分
1	正确使用工具仪器	15	使用错误扣 15 分			
			使用不当酌情扣分			
2	根据故障现象，分析故障原因	30	检查方法错误扣 10 分			
			检查程序错误扣 10 分			
			检查结果错误扣 10 分			
3	明确故障部位（口述）	10	不能确定故障部位扣 10 分			
4	排除交流发电机不充电的故障	25	不能排除扣 15 分			
			自制一处故障扣 10 分			
5	验证排除效果	5	不进行验证扣 5 分			
6	遵守安全操作规程，正确使用工量具，操作现场整洁	15	每项错误扣 5 分，扣完为止			
	安全用电，防火，无人身、设备事故		因违规操作发生重大人身和设备事故，此题按 0 分计			
7	分数总计	100				

评分人：　　年　月　日

2）蓄电池很快亏电，如图 3-33b 所示。

2. 发电机不充电的故障原因

1）发电机传动带过松而打滑。

2）发电机电枢或磁场接线柱松脱、过脏、绝缘损坏或导线接触不良。

3）充电指示灯接线搭铁或电流表损坏。

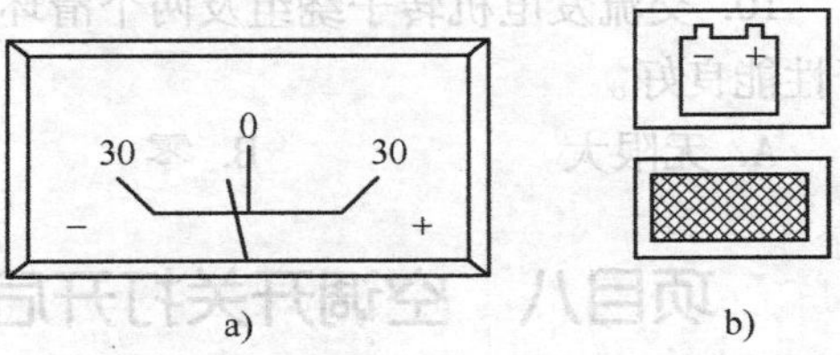

图 3-33　发电机不充电的故障现象

4）发电机内部故障，滑环绝缘击穿，定子或转子绕组断路、短路，电刷卡滞或磨损过大，弹簧弹力不足、折断，换向器损坏，硅二极管击穿等。

5）电压调节器电压过低，或第一对触点烧蚀，或第二对触点烧结。

【拓展练习】

1. 根据《机动车维修管理规定》，获得（　　）汽车维修经营业务许可的，可以从事相应车型的整车修理、总成修理、整车维护、小修、维修救援、专项修理和维修竣工检验工作。

A. 一类　　B. 二类　　C. 三类　　D. 其他

2. 根据《机动车维修管理规定》，下列（　　）业务属于三类汽车维修经营业务。

A. 车辆玻璃安装专项维修　　B. 整车维修

C. 总成维修　　D. 整车维护

3. 根据《机动车维修管理规定》，获得（　　）类汽车维修经营业务许可的，可以从事相应车型的整车修理、总成修理、整车维护、小修、维修救援和专项修理工作。

A. 一　　B. 二　　C. 三　　D. 其他

4. 根据《机动车维修管理规定》，道路运输管理机构对机动车维修经营申请予以受理的，应当自受理申请之日起（　　）日内作出许可或者不予许可的决定。

A. 5　　B. 15　　C. 50　　D. 100

5. 根据《机动车维修管理规定》，机动车维修经营许可证件实行有效期制，从事一、二类汽车维修业务的证件有效期为（　　）年。

A. 1　　B. 20　　C. 6　　D. 长期

6. 解放 CA1091 型汽车发电机空转时，在转速不大于 1150r/min 的条件下，电压为（　　）V。

A. 11　　B. 12　　C. 13　　D. 14

7. 用万用表测量交流发电机整流二极管和励磁二极管的电阻值，均应为（　　）Ω，否则应更换二极管底板。

A. 40 ~ 60　　B. 50 ~ 80　　C. 20 ~ 30　　D. 30 ~ 50

8. 起动发动机，电流表指针指（　　）A 左右，表明充电电路有故障。

A. 4　　B. 5　　C. 2　　D. 3

9. 晶体管调节器是以（　　），利用发电机端电压的变化来控制晶体管的（　　），以调节发电机励磁电流，达到自动稳定发电机端电压的目的。

A. 稳压管为感受元件，导通　　B. 稳压管为感受元件，导通与截止

C. 晶体管为感受元件，导通与截止　　D. 开关二极管为感受元件，导向与截止

10. 交流发电机转子绕组及两个滑环与外壳的电阻值为（　　）时，表示交流发电机转子性能良好。

A. 无限大　　B. 零　　C. 20Ω　　D. 80Ω

项目八　空调开关打开后压缩机不运转的故障诊断与排除

【技能目标】

1. 正确分析和判断压缩机不运转的原因，找出故障部位。

2. 排除压缩机不运转的故障。

【知识目标】

1. 了解空调系统的组成、作用和工作原理。

2. 掌握压缩机不运转故障的排除方法。

【工具设备】

1. 准备好拆、装所用工具和器材，包括梅花扳手、呆扳手、套筒扳手各一套，空调歧管压力表组、万用表各一，冷媒三罐。

2. 桑塔纳轿车一辆，并按设置故障的要求设置故障。

【操作步骤】

1）检查空调熔丝是否熔断，检查电源线路和插头接触是否良好。

2）检查并调整离合器传动带的松紧度（方法与检查发动机风扇传动带相同），检查压缩机轴键的情况。

3）检查压缩机电磁离合器线圈是否断路。如图 3-34 所示为压缩机电磁离合器的结构。

4）检查及更换磨损严重的离合器传动带盘和压力板。

5）检查系统内有无制冷剂及制冷剂的压力。正常状态时，压力表组压力指示值为：低

压压力 0.15 ~0.20MPa；高压压力 1.45 ~1.50MPa。

旋下压缩机检修阀防尘盖，压下气门芯，看有无制冷剂。若无制冷剂，表明低压开关起作用而将电路断开。按规定抽真空后添加制冷剂。

6）调高发动机怠速后，运转正常。表明怠速安全装置起作用，应重调怠速，以适应发动机驱动空调设备的需要。

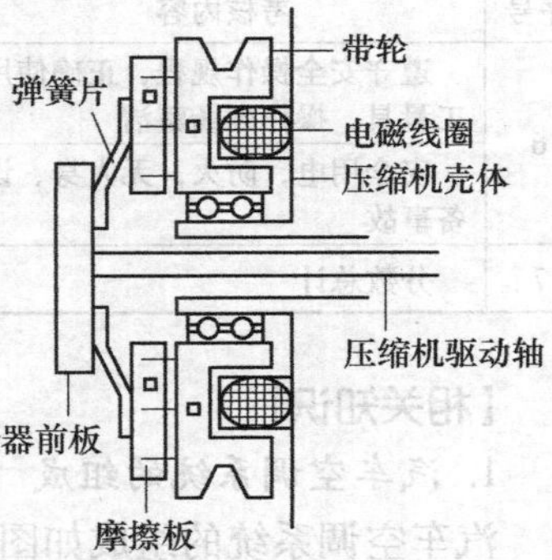

图 3-34　压缩机电磁离合器的结构

【考核要求】

1. 根据空调开关打开后压缩机不运转的故障现象，找出故障原因。

2. 排除空调开关打开后压缩机不运转的故障，其故障设置及选取原则见表 3-15。

表 3-15　故障设置及选取原则

序号	故障设置	选取原则
1	电磁离合器电源部分出现故障	在所列故障中任选两项
2	离合器电磁线圈断路	
3	离合器传动带盘与压力板接合面磨损严重或有油污	
4	系统内制冷剂过少、压力太低	
5	高低压开关故障	

3. 排除故障后应符合技术要求。

1）电磁离合器电源电压为 12V。

2）离合器电磁线圈的电阻值符合原厂规定。

3）系统内制冷剂的压力应符合原厂规定。

4）吸盘与压缩机带轮之间的间隙符合原厂规定。

4. 考核时间 50min，其考核记录及评分标准见表 3-16。

表 3-16　考核记录及评分标准

序号	考核内容	配分	评分标准	考核记录	扣分	得分
1	正确使用工具仪器	15	不能正确使用扣 15 分			
			使用不当酌情扣分			
2	根据故障现象分析故障原因	30	检查方法错误扣 10 分			
			检查程序错误扣 10 分			
			检查结果错误扣 10 分			
3	明确故障部位（口述）	10	不能确定故障部位扣 10 分			
4	排除空调开关打开后压缩机不运转的故障	20	不能排除扣 20 分			
			自制一处故障扣 5 分			
5	验证排除效果	10	不进行验证扣 10 分			

（续）

序号	考核内容	配分	评分标准	考核记录	扣分	得分
6	遵守安全操作规程，正确使用工量具，操作现场整洁	15	每项错误扣5分，扣完为止			
	安全用电，防火，无人身、设备事故		因违规操作发生重大人身和设备事故，此题按0分计			
7	分数总计	100				

评分人： 年 月 日

【相关知识】

1. 汽车空调系统的组成

汽车空调系统的组成如图3-35所示。

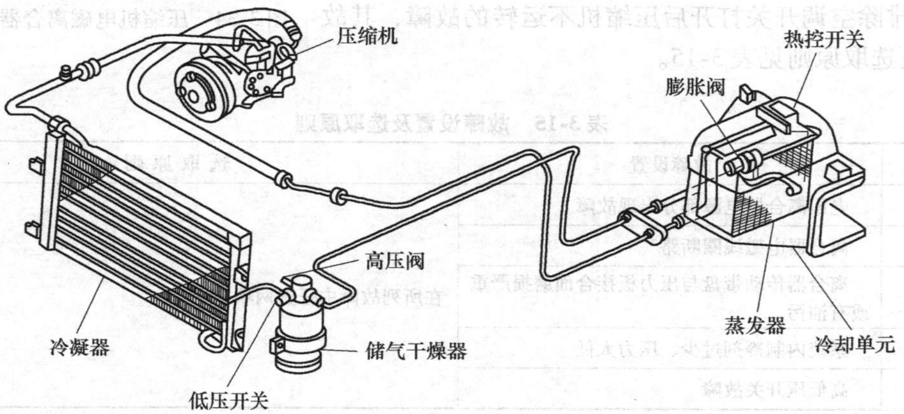

图3-35 汽车空调系统的组成

由于汽车空调是在振动大、灰尘多、发动机高温和连续运转的条件下工作的，极易发生故障。

2. 空调压缩机不转动的故障现象

空调开关接通后，制冷压缩机不转动，出风口只出风而无冷气。

3. 压缩机不转动的故障原因

1）空调熔丝熔断、电源线路断路或接触不良、电磁离合器线圈烧断。

2）空调系统内无制冷剂，造成低压开关或空调怠速安全电路起作用，而将电路断开。

3）电磁离合器传动带盘与压力板接合面磨损严重而打滑。

4）电磁离合器从动压力板连接半圆键松脱。

5）传动带过松而打滑。

【拓展练习】

1. 根据《机动车维修管理规定》，机动车维修经营许可证件实行有效期制，从事三类汽车维修业务的证件有效期为（　　）年。

A. 0.5　　B. 10　　C. 20　　D. 3

2. 根据《机动车维修管理规定》，机动车维修经营者应当在许可证件有效期届满前（　　）日到作出原许可决定的道路运输管理机构办理换证手续。

A. 30　　B. 1　　C. 120　　D. 180

3. 根据《机动车维修管理规定》，机动车维修经营者应当在许可证件有效期届满前 30 日到（　）的道路运输管理机构办理换证手续。

A. 省级　B. 交通部　C. 原许可决定　D. 户籍所在地乡镇

4. 根据《机动车维修管理规定》，机动车维修经营者需要终止经营的，应当在终止经营前（　）日告知作出原许可决定的道路运输管理机构，办理注销手续。

A. 30　B. 360　C. 120　D. 180

5. 车辆技术档案一般由车队的（　）负责填写和管理。

A. 驾驶员　B. 队长　C. 车管技术员　D. 车辆管理所

6. 汽车空调贮液干燥滤清器视液镜无气泡和液流说明（　）。

A. 制冷剂足量　B. 制冷剂过多

C. 制冷剂不足　D. 干燥剂从干燥滤清器中逸出

7. 汽车空调贮液干燥器的功用是（　）。

A. 防止系统中水分与制冷剂发生化学作用

B. 防止膨胀阀处结冰和堵塞

C. 随时向系统补充制冷剂　D. 以上答案全对

8. 汽车空调高压侧低压保护（　）。

A. 采用高压开关　B. 装在低压侧

C. 限制高压最低值　D. 对压缩机无保护作用

9. 汽车 SRS 气体发生剂引燃后产生大量的（　）。

A. NO_2　B. N_2　C. O_2　D. CO_2

10. 汽车空调压缩机由（　）驱动。

A. 发动机　B. 发电机　C. 电动机　D. 起动机

项目九　离合器异响的故障诊断与排除

【技能目标】

1. 按正确的方法找出离合器异响的原因。
2. 排除离合器异响的故障。

【知识目标】

1. 了解离合器的结构、作用和工作原理。
2. 掌握排除离合器异响故障的方法。

【工具设备】

1. 准备好拆、装所用工具和器材，包括常用工具一套，游标卡尺一把。
2. 桑塔纳轿车一辆，并按故障设置要求设置故障。

【操作步骤】

1）调整离合器踏板的自由行程，如图 3-36 所示。

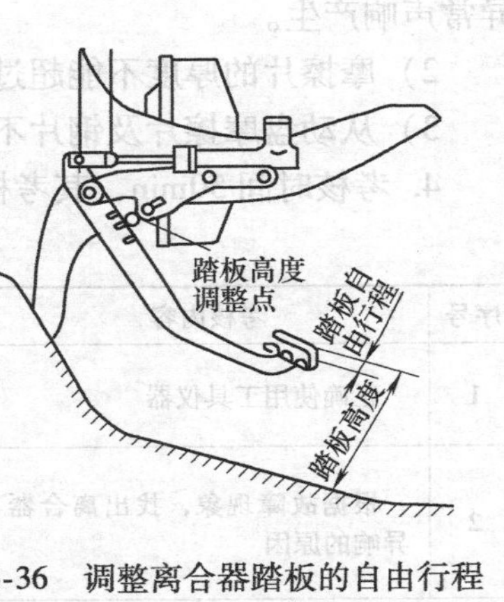

图 3-36　调整离合器踏板的自由行程

离合器踏板没有自由行程或自由行程过小，此时分离杠杆与分离轴承总是接触着，即使车停着也会有异响。

2）检查、更换离合器衬片。离合器摩擦衬片磨损后，易使离合器经常处于半接合状态，汽车在行驶中，会由于离合器分离轴承转动而引起响声。这种情况可通过调整离合器踏板自由行程予以排除。如通过调整自由行程仍不能消除，则应更换离合器衬片。当离合器从动盘摩擦片铆钉松动或外露时，会与压盘摩擦产生异响，应更换离合器衬片。

3）清洁衬片或更换衬片。离合器衬片脏污或沾油，加上摩擦生热，会逐渐使衬片硬化。这时，即使稍有打滑，也要产生异响。

4）修理或更换从动盘。离合器从动盘扭转减振弹簧折断，会产生扭转振动噪声。

5）给分离轴承注油或更换分离轴承。离合器分离轴承缺油时，将产生“吱吱”声。

6）调整分离杠杆，使其高度一致，更换损坏的弹簧。

分离杠杆（或膜片弹簧分离指端）不在同一平面时，易使减振弹簧折断，起步时将产生连续打滑，引起振动。此外，离合器弹簧折断、弹力变小，也会发生同样现象。分离杠杆的回位弹簧弹力减弱，会导致离合器分离轴承回位不好，从而造成离合器分离不彻底，产生异响。

7）更换从动盘或离合器从动轴。从动盘毂或离合器从动轴花键磨损应更换。

8）调整离合器的安装位置。离合器、变速器、发动机曲轴主轴颈轴线没对准。

【考核要求】

1. 按正确的方法找出离合器异响的原因。

2. 排除离合器异响的故障，其故障设置及选取原则见表3-17。

表3-17 故障设置及选取原则

序号	故障设置	选取原则
1	离合器回位弹簧过软或脱落	在所列故障中任选两项
2	分离轴承回位弹簧过软或脱落	
3	离合器分离轴承润滑不良或松旷	
4	从动盘摩擦片铆钉松动外露或摩擦片破裂	
5	从动盘与花键轴套铆钉松动，钢片破裂或减振弹簧折断	

3. 排除故障后应符合技术要求。

1）能迅速彻底地分离发动机与变速器之间的动力传递，并且能平衡而可靠地接合，无异常声响产生。

2）摩擦片的厚度不能超过原厂规定的使用限度。

3）从动盘摩擦片及钢片不得折断、破裂，铆钉不得松动等。

4. 考核时间50min，其考核记录及评分标准见表3-18。

表3-18 考核记录及评分标准

序号	考核内容	配分	评分标准	考核记录	扣分	得分
1	正确使用工具仪器	15	使用错误扣15分			
			使用不当酌情扣分			
2	根据故障现象，找出离合器异响的原因	30	检查方法错误扣10分			
			检查程序错误扣10分			
			检查结果错误扣10分			

（续）

序号	考核内容	配分	评分标准	考核记录	扣分	得分
3	明确离合器异响的部位（口述）	10	不能确定故障部位扣10分			
4	排除离合器异响故障（个别可口述）	20	不能排除扣20分			
			自制一处故障扣10分			
5	验证排除效果	10	不验证扣10分			
6	遵守安全操作规程，正确使用工量具，操作现场整洁	15	每项错误扣5分，扣完为止			
	安全用电，防火，无人身、设备事故		因违规操作发生重大人身和设备事故，此题按0分计			
7	分数总计	100				

评分人：　　年　月　日

【相关知识】

离合器位于发动机与变速器之间，是汽车传动系统中直接与发动机相联系的总成，用来切断和实现发动机对传动系统的动力传递。

1. 离合器的功用

1）传递转矩。

2）保证汽车平稳起步。

3）便于换挡。

4）防止传动系统过载。

2. 摩擦片式离合器的基本构造

摩擦片式离合器一般由主动部分、从动部分、压紧机构和操纵机构四部分组成，如图3-37所示。

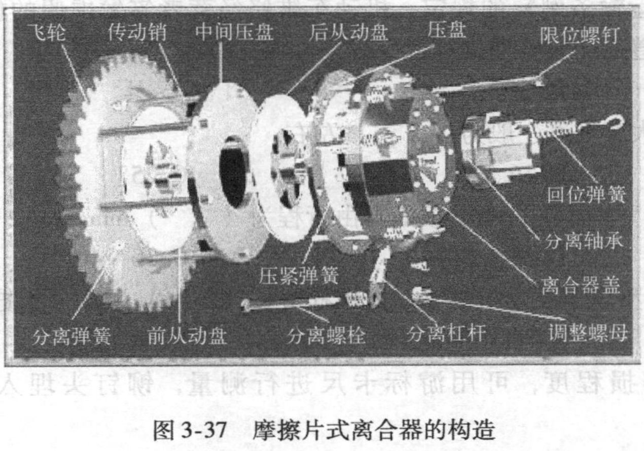

图3-37　摩擦片式离合器的构造

3. 离合器异响故障

在使用离合器时，发出不正常响声，一种是在踏下踏板时发响；另一种是在放松踏板时发响。

离合器异响多发生在离合器接合或分离的过程中以及转速变化时，例如离合器刚接合时，有时会有“沙、沙、沙”的响声；接合、分离或转速突然变化时，会有“克啦、克啦”的响声等。

离合器产生异响的原因是由于某些零件不正常摩擦及撞击造成的，根据异响声音的不同及产生的条件可判断出异响产生的部位及原因，以采取相应的维修办法。

【拓展练习】

1. 在汽车维修行业行为规范公约中，属于“规范操作，不断提高修车质量”方面的公约是（　　）。

A. 守法经营、接受监督，诚信为本、公平竞争

B. 尊重客户、热忱服务，弘扬职业道德，建设精神文明

C. 规范操作、保证质量，文明生产、保护环境

D. 自我管理、自我发展，科技兴业、开拓创新

2. 在汽车维修行业行为规范公约中，属于“科技兴业，促进行业可持续发展”方面的公约是（　　）。

A. 守法经营、接受监督，诚信为本、公平竞争

B. 尊重客户、热忱服务，弘扬职业道德，建设精神文明

C. 规范操作、保证质量，文明生产、保护环境

D. 自我管理、自我发展，科技兴业、开拓创新

3. 根据《道路运输条例》的规定，申请从事机动车维修经营业务的，应当向所在地县级的（　　）提出申请。

A. 公安部门　　B. 道路运输管理机构　　C. 工商部门　　D. 税务机关

4. 根据《道路运输条例》的规定，机动车维修经营者使用假冒伪劣配件维修机动车的，由县级以上道路运输管理机构没收违法所得，处违法所得（　　）的罚款。

A. 100 元　　B. 2 倍以上 10 倍以下　　C. 200 元　　D. 300 元

5. 根据《道路运输条例》的规定，机动车维修经营者签发虚假的机动车维修合格证，由（　　）级以上道路运输管理机构责令改正。

A. 省　　B. 市　　C. 县　　D. 乡镇

6. 载货汽车最大爬坡度一般为（　　）左右。

A. 10°　　B. 16. 7°　　C. 25°　　D. 28°

7. 桑塔纳 2000 型轿车离合器踏板的自由行程为（　　）mm。

A. 5 ~ 15　　B. 15 ~ 20　　C. 30 ~ 40　　D. 40 ~ 45

8. 桑塔纳 2000 型轿车发动机缸盖固定螺栓应按（　　）顺序分别拧紧。

A. 由里向外　　B. 由中间向两端　　C. 对角线交叉　　D. 由外向里

9. 摩擦片的磨损程度，可用游标卡尺进行测量，铆钉头埋入深度 A 应不小于（　　）mm。

A. 0. 50　　B. 0. 25　　C. 0. 20　　D. 0. 15

10. 从动盘径向圆跳动的检查为在距从动盘外边缘（　　）mm 处测量，离合器从动盘最大径向圆跳动为（　　）mm。

A. 0. 25，0. 50　　B. 0. 25，0. 40

C. 0. 20，0. 60　　D. 0. 15，0. 40

项目十　液压制动系统制动力不足的故障诊断与排除

【技能目标】

1. 根据故障现象确定液压制动系统制动力不足的原因。

2. 排除液压制动系统制动力不足的故障。

【知识目标】

1. 了解液压制动系统的组成、作用和工作原理。

2. 掌握液压制动系统制动力不足故障的排除方法。

【工具设备】

1. 准备好拆、装所用工具和器材，包括常用工具一套，汽车制动试验台一台。

2. 桑塔纳轿车一辆，并按故障设置要求设置故障。

【操作步骤】

踩动制动踏板做制动试验，根据踩制动踏板时的感觉，检查相应的部位。

1）一脚踩下制动踏板，踏板到底且无反力；连续几次踩制动踏板都能踩到底，且感觉阻力很小。

① 检查贮液室中制动液液面高度是否符合要求，如图3-38所示，若液面低于下线或“MIN”线以下，说明制动液液面太低。

② 检查制动踏板连动机构有无松脱。

2）连续几脚踩制动踏板时，踏板高度仍过低，并且在第一脚制动后，感到总泵活塞未回位，踩下制动踏板即有制动主缸与活塞碰击的响声。

① 检查主缸的皮碗是否破裂，如图3-39所示。

图3-38　检查贮液室中制动液液面高度

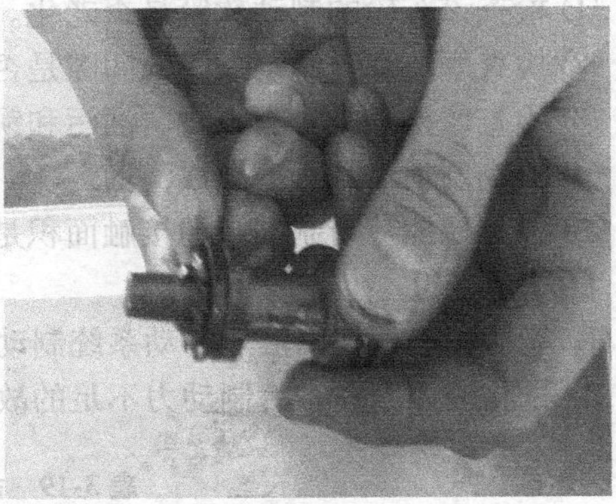

图3-39　检查主缸的皮碗

② 检查主缸的活塞回位弹簧是否过软。

3）连续踩几次制动踏板时，踏板高度低而软。

① 检查制动主缸的进油孔是否堵塞。

② 检查贮液室的通气孔是否堵塞。

4）一脚踩下制动踏板时，踏板高度过低；连续几脚踩下制动踏板时，踏板高度稍有增高，并有弹性感。

① 检查系统内是否存有气体。

② 系统内如有气体，按规定要求进行放气。

5）一脚踩下制动踏板时，踏板高度较低；连续几脚踩下制动踏板时，踏板高度随之增高且制动效能好转。

① 检查制动踏板的自由行程。

② 检查制动器的间隙。

6）踩下制动踏板，维持制动踏板高度时，踏板缓慢或迅速下降。

① 检查制动管路是否破裂、管接头是否密封不良，如图 3-40 所示。

图 3-40　检查制动管路

② 主缸、轮缸皮碗或皮圈密封是否良好。

7）安装真空增压器或助力器的车辆，踩下制动踏板时，踏板高度适当但太硬，且制动不足。

① 检查增压器或助力器的工作情况。

② 检查制动系统油管是否有老化、凹瘪，制动液粘度是否太大。

8）踩制动踏板时，踏板有向上反弹、顶脚的感觉，且制动力不足。

① 检查增压器的辅助缸活塞磨损是否过度。

② 检查辅助缸活塞、皮碗是否密封不良。

③ 检查辅助缸单向球阀是否密封不良。

9）路试车辆时，观察各车轮的制动情况，个别车轮制动不良。

① 检查该车轮的制动软管是否老化。

② 检查摩擦片与制动鼓间的间隙是否不当。

③ 检查摩擦片是否有硬化、油污和铆钉外露现象。

④ 检查制动盘是否磨损成沟槽。

⑤ 检查摩擦片与制动盘的接触面积是否过小。

【考核要求】

1. 能够正确地找出液压制动系统制动力不足的故障原因。

2. 排除液压制动系统制动力不足的故障，其故障设置及选取原则见表 3-19。

表 3-19　故障设置及选取原则

序号	故障设置	选取原则
1	制动总泵故障	在所列故障中任选一项
2	制动间隙过大	
3	制动分泵故障	
4	摩擦片沾有油污	
5	制动管路中渗入空气	

3. 排除故障后应满足技术要求。

1）汽车制动力总和与整车重的百分比≥60%（空载或满载）。

2）汽车前轴的制动力与轴荷的百分比≥60%。

3）在制动试验台上试验时，在制动力增长的全过程中，左、右轮制动力的差与该车辆左、右轮中制动力大者之比，前轴不得大于20%，后轴不得大于24%。

4）进行制动力检测时，车辆各轮的阻滞力均不得大于该轴荷的5%。

4. 考核时间60min，其考核记录及评分标准见表3-20。

表3-20　考核记录及评分标准

序号	考核内容	配分	评分标准	考核记录	扣分	得分
1	正确使用工具仪器	15	不能正确使用扣15分			
			使用不当酌情扣分			
2	根据故障现象，分析故障原因	30	检查方法错误扣10分			
			检查程序错误扣10分			
			检查结果错误扣10分			
3	排除液压制动系统制动力不足的故障	30	不能排除扣30分			
			自制一处新故障扣5分			
4	验证故障排除后的效果	10	不进行验证扣5分			
5	遵守安全操作规程，正确使用工量具，操作现场整洁	15	每项错误扣5分，扣完为止			
	安全用电，防火，无人身、设备事故		因违规操作发生重大人身和设备事故，此题按0分计			
6	分数总计	100				

评分人：　年　月　日

【相关知识】

1. 制动系统的基本组成

如图3-41所示为制动系统的基本组成。

2. 制动力不足的故障现象

1）汽车制动时，踩一次制动踏板不能减速或停车，连续踩几次制动踏板，效果也不好。

2）汽车紧急制动时，制动距离太长。

3. 制动力不足的故障原因

制动力不足的实质对液压制动来说主要是：制动介质传递的压力不足；摩擦片与制动鼓的摩擦力减小，具体如下：

1）制动踏板自由行程太大。

2）制动主缸贮液室内存油不足或无油。

3）制动液变质（变稀或变稠）或管路内壁积垢太厚。

4）制动管路内进入空气或制动液汽化产生了气阻。

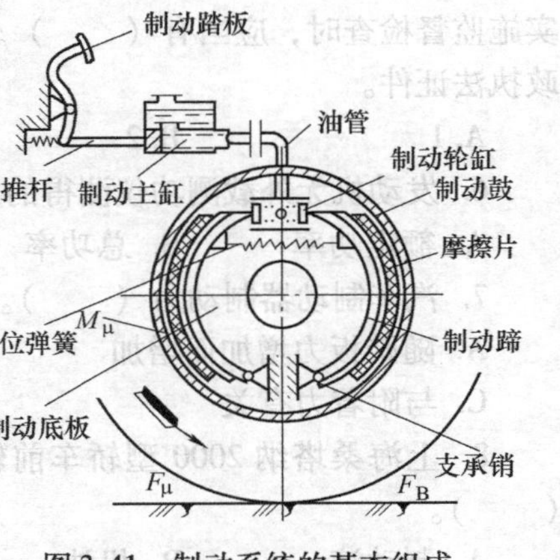

图3-41　制动系统的基本组成

5）制动主缸、轮缸、管路或管接头漏油。

6）制动主缸、轮缸的活塞及缸筒磨损过度。

7）制动主缸、轮缸的皮碗老化或磨损引起密封不良。

8）制动主缸的进油孔、贮液室的通气孔堵塞。

9）制动主缸的出油阀、回油阀不密封；活塞复位弹簧预紧力太小；活塞前端贯通小孔堵塞。

10）制动器的制动盘与制动蹄片间隙不当；制动盘与制动蹄片接触面积太小；制动蹄片质量不佳或沾有油污；制动蹄片铆钉松动；制动盘产生沟槽磨损或失圆，制动时变形。

11）真空增压器或助力器的各真空管路接头松动、脱落，管路有破裂处；膜片破裂或者密封圈密封不良；单向阀、控制阀密封不良；辅助缸活塞、皮碗磨损过甚；单向球阀不密封。

【拓展练习】

1. 根据《机动车维修管理规定》，机动车维修竣工出厂合格证由（　　）级道路运输管理机构统一印制和编号，县级道路运输管理机构按照规定发放和管理。

A. 省　　B. 市　　C. 县　　D. 乡镇

2. 根据《机动车维修管理规定》，机动车维修档案保存期为（　　）年。

A. 0.5　　B. 2　　C. 15　　D. 20

3. 根据《机动车维修管理规定》，汽车和危险货物运输车辆整车修理或总成修理质量保证期为（　　）。

A. 车辆行驶 20 000km 或者 100 天　　B. 车辆行驶 5000km 或者 30 天

C. 车辆行驶 2000km 或者 10 天　　D. 车辆行驶 500km 或者 5 天

4. 根据《机动车维修管理规定》，在质量保证期内，机动车维修经营者因维修质量原因造成机动车无法正常使用并且在 3 天内无法提供证据的，应当及时（　　）返修。

A. 按收费标准　　B. 无偿

C. 按“收取材料费，不收工时费”原则

D. 按“不收材料费，只收工时费”原则

5. 根据《机动车维修管理规定》，道路运输管理机构的执法人员在机动车维修经营场所实施监督检查时，应当有（　　）名以上人员参加，并向当事人出示交通部监制的交通行政执法证件。

A. 1　　B. 2　　C. 3　　D. 6

6. 发动机无外载测功仪测得的发动机功率为（　　）。

A. 额定功率　　B. 总功率　　C. 净功率　　D. 机械损失功率

7. 汽车制动器制动力（　　）。

A. 随踏板力增加而增加　　B. 与地面制动力同步增长

C. 与附着力有关　　D. 始终小于附着力

8. 上海桑塔纳 2000 型轿车前轮制动器的轮缸内活塞安装前，活塞外表面应涂抹一层（　　）。

A. 制动液　　B. 机油　　C. 润滑脂　　D. 防冻液

9. 汽车制动器制动力（　）。

A. 随踏板力增加而增加　　B. 与地面制动力同步增长

C. 与附着力有关　　D. 始终小于附着力

10. 桑塔纳2000型轿车后轮制动器制动蹄新摩擦片的厚度为5mm，磨损极限为（　）mm。

A. 0.30　　B. 0.25　　C. 0.35　　D. 0.2

项目十一　汽车转向沉重的故障诊断与排除

【技能目标】

1. 正确分析和判断汽车转向沉重的原因。

2. 排除汽车转向沉重的故障。

【知识目标】

1. 汽车转向系统的作用、组成和工作原理。

2. 掌握排除转向沉重故障的方法。

【工具设备】

1. 准备好拆、装所用工具和器材，包括常用工具一套，皮尺、黄油枪、压力表、车轮定位仪各一。

2. 桑塔纳轿车一辆，并按故障设置要求设置故障。

【操作步骤】

1. 转向沉重

1）检查液压泵驱动部分的工作情况。检查驱动带是否打滑（见图3-42）或其他驱动形式的齿轮传动等有无损坏。

2）检查油罐内的油面高度，看其是否达到规定的高度，如图3-43所示。如油面过低，应予以加足，使油面达到油尺上的高度标记。检查油罐内的滤清器是否堵塞或损坏，如果堵塞，应进行清洗；如果损坏，应予以更换。

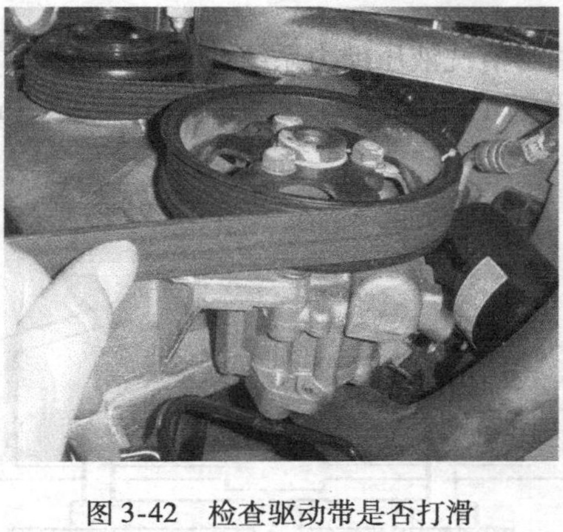

图3-42　检查驱动带是否打滑

图3-43　检查油罐内的油面高度

3）检查系统中是否混有空气。如果发现液压油中有泡沫（或液压油混浊），就可能是油路中有空气（通常通过观察回油管回油时是否夹带有气泡来判定）。空气的进入通常是液压泵的进油管裂损、接头松动以及液压泵轴上的密封环损坏等所致。如出现上述损坏，均应先给予维修，然后再排除系统中的空气。

4）检查液压泵流量控制阀及溢油阀、安全阀的作用是否良好，如图3-44所示。可用压力表接在管路上检查，如果作用不良，应将阀及弹簧卸下，进行清洗和检查，必要时更换新件。

5）检查控制阀内的滑阀，看其作用是否良好，如图3-45所示。如间隙过大或关闭不严，应更换新的转向螺杆及滑阀（配合间隙值可参照使用说明书的要求）。

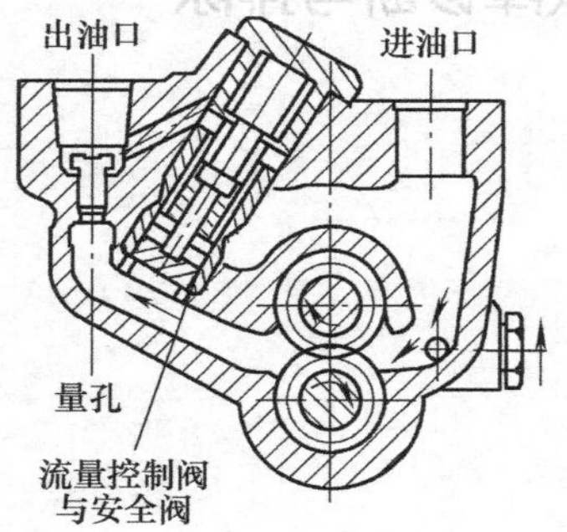

图3-44 检查流量控制阀、安全阀

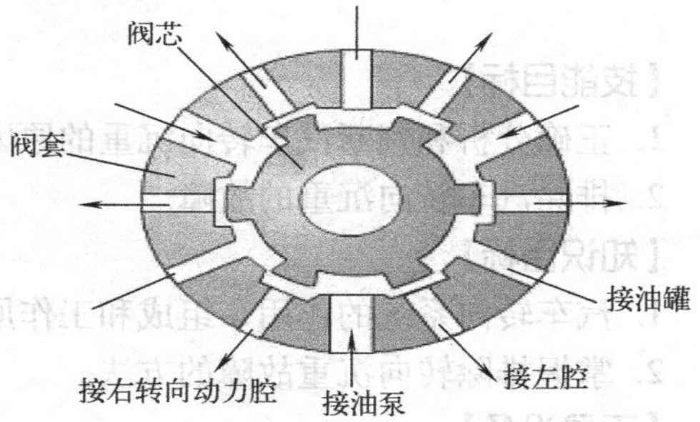

图3-45 检查控制阀内的滑阀

6）检查助力活塞上的密封环和阀体径向环槽的中间密封作用是否良好，必要时应予更换，同时还要检查液压缸表面有无损伤。

7）检查单向阀的球阀与阀座的接触是否严密。如因脏物垫起而关闭不严，应进行清洗，如因阀本身引起的关闭不严，必须更换新件。

8）检查转向器主动部分与从动部分的啮合间隙是否过小。

9）检查转向器轴轴承是否调整过紧或轴承损坏。

10）检查转向传动机构的各球头装配是否过紧或缺油。

11）检查汽车前轮定位是否失准。

2. 左、右转向时轻重不一

1）先检查液压油是否脏污，视需要更换液压油与清洗液压助力系统。

2）拆检控制阀，如图3-46所示。滑阀在中间位置时的预开缝隙一般仅有0.1~0.2mm，全开时的缝隙为1.0~2.0mm。在装配时如缝隙调整不当或紧固不牢，都会使滑阀偏离中间位置，遇此情况则需要重新按规定装配与紧固。若不属装配问题，则需考虑制造误差与损伤，视情况予以更换或修复。

3）排除系统中的空气，解决动力缸一侧有空气的影响。

3. 快打转向盘时转向沉重

1）检查转向液压泵的工作压力和流量，如图3-47所示。如达不到规定压力和流量，可更

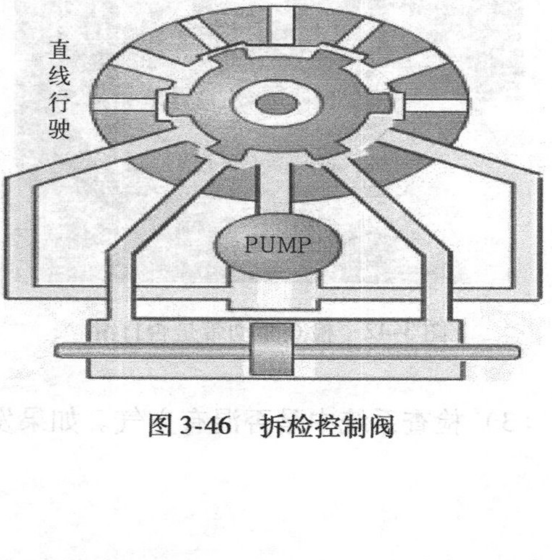

图3-46 拆检控制阀

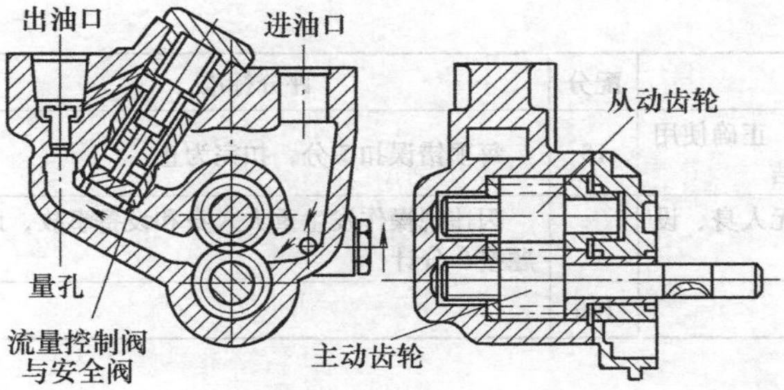

图 3-47　检查转向液压泵

换转子或液压泵总成。

2）拆卸节流阀并清洗干净。

3）精确校正液压泵传动带的张紧度或更换新传动带。

【考核要求】

1. 运用正确的方法找出汽车转向沉重的故障原因。

2. 排除汽车转向沉重的故障，其故障设置及选取原则见表 3-21。

表 3-21　故障设置及选取原则

序号	故障设置	选 取 原 则
1	转向器主动部分与从动部分啮合间隙过小	在所列故障中任选一项
2	转向器轴轴承调整过紧或轴承损坏	
3	传动机构的各球头装配过紧或缺油	
4	前轮定位失准	

3. 排除故障后应符合技术要求。

1）汽车的转向盘应转动灵活，操纵轻便，无阻滞现象。

2）汽车转向后，应有自动回正能力。

3）前轮定位符合原厂规定要求。

4. 考核时间 60min，其考核记录及评分标准见表 3-22。

表 3-22　考核记录及评分标准

序号	考核内容	配分	评分标准	考核记录	扣分	得分
1	正确使用工具仪器	15	使用工具仪器错误扣 15 分			
			使用不当酌情扣分			
2	根据故障现象，分析转向沉重的原因	30	检查方法错误扣 10 分			
			检查程序错误扣 10 分			
			检查结果错误扣 10 分			
3	明确故障部位（口述）	10	不能确定故障部位扣 10 分			
4	排除故障	25	不能排除扣 25 分			
			排除不彻底酌情扣分			
5	验证排除效果	5	不进行验证扣 5 分			

（续）

序号	考核内容	配分	评分标准	考核记录	扣分	得分
6	遵守安全操作规程，正确使用工量具，操作现场整洁	15	每项错误扣5分，扣完为止			
	安全用电，防火，无人身、设备事故		因违规操作发生重大人身和设备事故，此题按0分计			
7	分数总计	100				

评分人：　　年　月　日

【相关知识】

汽车转向系统的功用是改变和保持汽车的行驶方向。

汽车转向系统由转向操纵机构、转向器和转向传动机构三大部分组成，如图3-48所示。

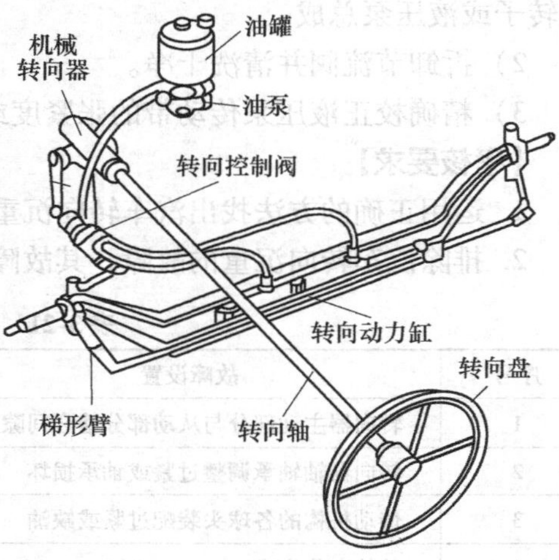

图3-48　转向系统的组成

1. 汽车转向沉重

1）故障现象。动力转向的汽车，本来转向是很轻便的，突然感到转向沉重或转向盘转不动。

2）故障原因。

① 油罐缺油或油液高度不足。

② 系统中混入大量空气。

③ 油罐滤网堵塞或管路堵塞。

④ 液压泵磨损，内部泄漏或驱动部分打滑、磨坏。

⑤ 助力器内溢油阀、安全阀机件磨损，弹簧过软或调整不当。

⑥ 助力器内滑阀与滑壁间隙过大或关闭不严。

⑦ 系统各接头、衬垫处密封不良，液压油外漏；系统内部密封元件损坏产生内漏。

⑧ 转向器或转向传动机构装配不当。

⑨ 汽车前轮定位失准。

2. 汽车左、右转向时转向盘轻重不一

1）故障现象。汽车在行驶中左、右转弯时，左、右转动转向盘感到轻重不同。

2）故障原因。

① 控制阀中的滑阀偏离中间位置，或虽在中间位置但与阀体台肩的缝隙大小不一致。

② 滑阀或阀体台肩处有毛刺、碰伤或有脏物阻滞，使液压油循环受阻致使加力不平衡。

③ 动力缸一侧有空气，造成活塞两侧压力差过大，致使左、右转向时轻重不同。

3. 汽车快打转向盘时转向沉重

1）故障现象。汽车在急转弯时，快打转向盘感到沉重吃力。

2）故障原因。

① 转向液压泵转子严重磨损，导致供油压力降低和流量不足。

② 转向液压泵节流阀卡死。

③ 转向液压泵传动带过松。

【拓展练习】

1. 根据《大气污染防治法》规定，县级以上人民政府（ ）对大气污染防治实施统一监督管理。

A. 公安部门 B. 交通部门 C. 税务部门 D. 环境保护主管部门

2. 根据《大气污染防治法》规定，省、自治区、直辖市人民政府环境保护行政主管部门可以委托已取得（ ）资质认定的承担机动车年检的单位，按照规范对机动车排放污染进行年度检测。

A. 税务部门 B. 公安机关 C. 法院 D. 工商部门

3. 根据《大气污染防治法》规定，县级以上地方人民政府（ ）行政主管部门可以在机动车停放地对在用机动车的污染物排放状况进行监督抽测。

A. 交通 B. 公安 C. 环境保护 D. 农业

4. 下述选项中，（ ）影响发动机的充气效率。

A. 润滑油品质 B. 空燃比 C. 进气终了时压力 D. 气缸容积

5. 合理选择（ ）可以提高发动机的充气效率。

A. 进气迟开角 B. 排气迟开角 C. 排气早闭角 D. 进气迟闭角

6. 为了不影响汽油发动机的动力性和经济性，应尽量减少（ ）。

A. 着火延迟期 B. 急燃期 C. 补燃期 D. 后燃期

7. 发动机负荷对汽油机燃烧（ ）。

A. 影响较大 B. 无影响 C. 影响较小 D. 可能有影响

8. 关于表面点火，说法不正确的是（ ）。

A. 是一种不正常燃烧 B. 表面点火危害小于爆燃

C. 表面点火形成原因有两种 D. 表面点火危害较大

9. 在检修机械循环球式转向器，装复螺杆螺母时，甲说："两组钢球应成组交换装入导管螺纹孔"；乙说："两组钢球放在一起挑选分组装入导管螺纹孔"；丙说："两组钢球应分别装入原来的导管螺纹孔"。说法正确的是（ ）。

A. 甲 B. 乙 C. 丙 D. 甲和乙

10. 拆卸东风 EQ1092 汽车转向器轴向调整螺母应用（ ）扳手。

A. 内六角 B. 开口 C. 梅花 D. 活动

项目十二 汽车行驶跑偏的故障诊断与排除

【技能目标】

1. 正确分析和判断汽车行驶跑偏的原因。
2. 排除汽车行驶跑偏的故障。

【知识目标】

1. 了解行驶系统、转向系统的类型、结构和作用。
2. 掌握汽车行驶跑偏故障的排除方法。

【工具设备】

1. 准备好拆、装所用工具和器材，包括常用工具一套，车轮定位仪、制动试验台、轮胎气压表、千斤顶、皮尺各一。

2. 桑塔纳轿车一辆，并按故障设置要求设置故障。

【操作步骤】

1. 车身的倾斜度大

如果车身倾斜度太大，即使车轮调整合格，仍然存在跑偏和吃胎的现象。此时应该先做大梁校正，然后再通过四轮定位进行参数调整。

2. 轮胎的气压不足或轮胎严重磨损不均匀

汽车在行驶过程中，气压出现不足会导致轮胎变形，而轮胎的变形增加了侧向力，导致轮胎运动不平衡，出现跑偏；轮胎的严重磨损不均匀也会导致行车方向跑偏。轮胎花纹磨损厚度应不小于1.6mm（否则更换）。应检查轮胎气压，所有轮胎气压一定要一致。轮胎应采用同一厂牌、型号。

3. 车轮前束值超出了最大允许范围

过大的正前束，使得轮胎外倾磨损，直线行驶性能较差。正确的前束与外倾角配合，能够减小车辆对轮胎的磨损。应检测车轮的前束，按规定标准进行前束值的调整。

调整前轮前束，如图3-49所示。

1）松开横拉杆锁紧螺母B。

2）转动六角调整螺母A，分别调整左、右轮前束。

转动横拉杆时，应保证防尘套不扭曲，否则容易损坏零件。

3）以40N·m力矩拧紧锁紧螺母B，再次检查前束值。

4）如测得的前束值在公差范围内，调整就完成了。

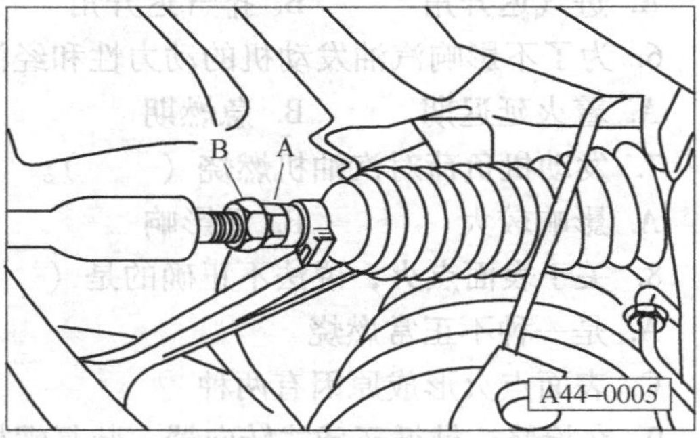

图3-49 调整前轮前束

4. 主销内倾角过小、前轮两端主销后倾角或外倾角不等

用四轮定位仪检查各参数，如不符合要求应调整至规定值。

5. 前轮轴承一边紧一边松旷

检查前轮轴承预紧度并使之符合要求。

6. 横梁控制臂受损

如果个别控制臂受损、折弯，会给主销内倾造成误差，导致跑偏。应检查横梁控制臂，如有受损应更换新件。

7. 转向系统胶结

当转向杆胶套腐烂、松垮，会影响车架导向杆与转向杆系在运动上的不协调，引起载荷偏移，车架左右轴距不平衡。应检查并更换破损件、根据给定参数调整左右轴距至规定值。

8. 车辆的几何轴线与推力角中心线不在同一平面

在车辆左、右两侧检验前后轴距，若超出给定标准，则调整至规定范围。

9. 左、右轮制动力不平衡

检查车辆制动系统，调整左、右车轮制动器，使之达到规定要求。

【考核要求】

1. 运用正确的方法，查找出汽车行驶跑偏的故障原因。

2. 根据故障原因，排除汽车行驶跑偏的故障，其故障设置及选取原则见表3-23。

表3-23　故障设置及选取原则

序号	故障设置	选取原则
1	两前轮胎气压不均匀或轮胎直径不等	在所列故障中任选一项
2	前轮两端主销后倾角或外倾角不等	
3	前轮前束过大或过小	
4	前轮轴承一边紧一边松旷	
5	左、右轴距差过大	
6	左右轮制动力不平衡	

3. 排除故障后应符合技术要求。

1）轮胎气压、轮胎型号符合原厂规定。

2）左、右前轮主销后倾角或外倾角符合原厂规定。

3）前轮前束符合原厂规定。

4）左、右轴距应符合原厂规定。

5）各轮阻滞力不得大于该轴荷的5%。

4. 考核时间50min，其考核记录及评分标准见表3-24。

表3-24　考核记录及评分标准

序号	考核内容	配分	评分标准	考核记录	扣分	得分
1	正确使用工具仪器	15	使用错误扣15分			
			使用不当酌情扣分			
2	根据汽车行驶跑偏的现象，找出故障原因	30	检查方法错误扣10分			
			检查程序错误扣10分			
			检查结果错误扣10分			
3	明确故障部位（口述）	10	不能确定故障部位扣10分			
4	排除故障	30	不能排除扣30分			
			不能完全排除酌情扣分			
5	遵守安全操作规程，正确使用工量具，操作现场整洁	15	每项错误扣5分，扣完为止			
	安全用电，防火，无人身、设备事故		因违规操作发生重大人身和设备事故，此题按0分计			
6	分数总计	100				

评分人：　年　月　日

【相关知识】

1. 行驶跑偏的故障现象

汽车行驶时，车辆不是按直线方向行驶，而是自动向左侧或右侧改变跑道，这种现象称为行驶跑偏。汽车行驶跑偏会令驾驶人无法控制车辆的行驶方向，使车辆改变了原来的行驶方向。这种状况往往会增加驾驶人的疲劳程度，容易造成汽车撞上隔离带，甚至造成汽车相撞及更大的交通事故。

2. 汽车行驶跑偏的原因

我国道路状况比较复杂，汽车的行驶状况也有很大不同。汽车行驶跑偏的原因主要包括以下几个方面。

1）汽车车身变形。

2）汽车前轮定位失准。

3）轮胎的气压不足或轮胎严重磨损不均匀。

4）前轮轴承一边紧一边松旷。

5）车辆的几何轴线与推力角中心线不在同一平面。

6）左、右轮制动力不平衡。

维修时必须要根据故障的不同特点，采用不同的检查和排除方法。

【拓展练习】

1. 关于车辆的检测诊断，（　　）说法是错误的。

A. 检测诊断技术是实现定期修理的重要保证

B. 检测诊断设备应能满足车辆在不解体情况下确定其工作能力

C. 各省、自治区、直辖市交通厅（局）应对汽车综合性能检测站进行认定

D. 经认定后的检测站可代表交通运输管理部门对车辆行使质量监控

2.（　　）不属于汽车综合性能检测站的职责。

A. 对车辆的技术状况进行检测诊断　　B. 建立车辆技术档案

C. 对车辆延期报废进行检测鉴定

D. 接受公安部门委托，进行有关项目的检测

3. 为降低工具钢的硬度，提高其切削加工性能，一般采取（　　）退火处理。

A. 完全退火　　B. 不完全　　C. 球化　　D. 去应力

4. 正火通常在（　　）中冷却。

A. 水　　B. 油　　C. 空气　　D. 盐水

5. 中温回火的温度在（　　）℃范围内。

A. 150～250　　B. 250～500　　C. 500～650　　D. 650～727

6.（　　）因素对汽车方向影响较大。

A. 车轮前束值的大小　　B. 制动间隙的大小　　C. 燃油牌号　　D. 加速性能

7. 发动机的最大功率或气缸压力低于标准值的（　　）时，应进行大修。

A. 25%　　B. 1%　　C. 5%　　D. 10%

8. 汽车制动时，左右转向轮制动器制动力不相等，会引起（　　）。

A. 跑偏　　B. 车轮滑转　　C. 翻车　　D. 车轮滑移

9. 一般中型载货汽车转向器的传动比为（　　）。

A. 14　　B. 28～42　　C. 20～24　　D. 30～34

10. 汽车转向节臂变形会造成（　　）。

A. 转向沉重　　B. 前轮摆头　　C. 行驶跑偏　　D. 制动跑偏

附录

附录A　汽车维修工国家职业标准（中级）

一、职业概况

职业定义：使用工、夹、量具，仪器仪表及检修设备进行汽车的维护、修理和调试的人员。

职业等级：本职业共设有五个等级，分别为：初级（国家职业资格五级）、中级（国家职业资格四级）、高级（国家职业资格三级）、技师（国家职业资格二级）、高级技师（国家职业资格一级）。

职业能力特征：见表A-1。

表 A-1　职业能力特征

	非常重要	重要	一般
学习能力	*		
手臂灵活性		*	
动作协调性	*		
色觉		*	
手指灵活性		*	
计算能力			*
表达能力			*
形体知觉			*
空间感		*	

二、基本要求

1. 职业道德

（1）职业道德的基本知识

（2）职业守则

1）遵守法律、法规和有关规定。

2）爱岗敬业，忠于职守，自觉履行各项职责。

3）工作认真负责，严于律己。

4）刻苦学习，钻研业务，努力提高思想和科学文化素质。

5）谦虚谨慎，团结协作，主动配合。

6）严格执行工艺文件，保证质量。

7）重视安全、环保，坚持文明生产。

2. 基础知识

（1）钳工基本知识

1）钳工常用设备、工具、量具、仪表的名称、规格、用途和使用方法。

2）测量、划线、錾削、锉削、钻孔、攻螺纹、套螺纹、刮削、研磨等钳工操作基本知识。

（2）汽车常用材料

1）汽车常用金属和非金属材料的种类、牌号、性能及应用。

2）燃料的牌号、性能及应用。

3）润滑油（脂）的牌号、性能及应用。

4）汽车常用工作液的牌号、性能及应用。

5）汽车轮胎的规格、分类、组成及应用。

6）轴承的类型、结构与代号。

7）螺纹的种类与代号。

（3）机械识图

1）机械制图的国家标准。

2）公差配合的基础知识及标注方法。

3）识读简单的零件图。

（4）电工基本知识

1）电路。

2）电磁感应。

3）正弦交流电基础知识。

4）电功与电功率基础知识。

5）电路基本元件的名称与代号。

6）常见电子元件的名称与代号。

（5）液压传动

1）液压传动的基本知识。

2）液压传动在汽车上的应用。

（6）汽车维修机具的性能和使用

1）举升器。

2）机械拆卸、安装工具。

（7）汽车构造

1）汽车的总体构造。

2）发动机的总体构造。

3）发动机的工作过程。

4）曲柄连杆机构的功用和组成。

5）配气机构的功用和组成。

6）燃料供给系统的功用和组成。

7）冷却系统的功用和组成。

8）润滑系统的功用和组成。

9）传动系统的功用和组成。

10）行驶系统的功用和组成。

11）车身的结构与作用。

（8）汽车电气设备与电子控制装置

1）蓄电池的功用。

2）交流发电机与调节器的功用与组成。

3）起动机的功用与组成。

4）汽油机点火系统的功用与组成。

5）汽车电器辅助装置的功用。

6）晶体管与晶体管电路的基础知识。

7）汽车常用传感器和基础知识。

8）车用电控单元的基本知识。

9）执行元件的基本知识。

（9）安全生产知识

1）钳工作业安全操作规程。

2）汽车维修作业安全操作规程。

（10）质量管理知识

1）质量管理的性质与特点。

2）质量管理的法规与方法。

（11）环境保护知识

1）汽车排放法规。

2）汽车修理环保知识。

（12）法律法规知识

1）公民的权利与义务。

2）劳动法常识。

三、工作要求

工作要求见表 A-2。

表 A-2　工作要求

职业功能	工作内容	技能要求	相关知识
汽车修理	汽车零件检测分类	1. 能看懂较复杂的汽车零件图。运用公差配合与技术测量的有关知识检测发动机、底盘各总成的基础零件 2. 能对汽车零件进行检测、分类 3. 能分析典型零部件的损坏原因	金属材料及热处理的相关知识
	汽车总成部件的检修	1. 能够完成发动机缸体组件的装配与调整 2. 能够完成缸盖组件的装配与调整 3. 能够完成离合器的装配与调整 4. 能够完成发动机配气机构的装配与调整 5. 能够完成鼓式制动器的装配与调整 6. 能够完成盘式制动器的装配与调整 7. 能够完成变速器的分解、组装与调试 8. 能够完成主减速器、差速器的分解、组装与调整 9. 能够完成转向器的检测与维修 10. 能够完成起动机的检测与维修	汽车各零部件的装配标准和工艺规范

（续）

职业功能	工作内容	技能要求	相关知识
汽车修理	汽车总成部件的检修	11. 能够完成交流发电机的检测与维修 12. 能够完成空调系统的检测与调整	汽车各零部件的装配标准和工艺规范
	总成的大修	能独立完成发动机及底盘各总成的大修	发动机及底盘各总成的大修标准和工艺规范
	汽车总成竣工验收	1. 能对发动机、变速器、主减速器等总成进行竣工验收 2. 能对发动机尾气排放进行检测 3. 能对发电机、起动机、空调等设备进行竣工验收	整车竣工验收标准及工艺规范

四、比重表

1. 理论知识

理论知识比重表见 A-3。

表 A-3　理论知识比重表

项目			比重(%)
基本要求		职业道德	5
		基础知识	20
相关知识	汽车修理	汽车零件检测分类	10
		汽车总成部件检修	10
			—
		总成的大修	15
		汽车总成竣工验收	5
	汽车故障诊断与排除	诊断与排除发动机和底盘异响	10
		诊断排除汽车发动机燃料供给系统和点火系统的综合故障	15
		运用仪器仪表对车辆进行检测	10
合计			100

2. 技能操作

技能操作比重表见 A-4。

表 A-4　技能操作比重表

项目			比重(%)
工作要求	汽车修理	汽车零件检测分类	10
		汽车总成部件检修	20
		总成的大修	20
		汽车总成竣工验收	10
		诊断与排除发动机和底盘异响	10
		诊断与排除汽车发动机燃料供给系统和点火系统的综合故障	20
	汽车故障诊断与排除	运用仪器仪表对汽车进行检测	10
合计			100

附录B 拓展练习答案

模块一 汽车维护

项目一：1. A 2. A 3. A 4. B 5. B 6. C 7. A 8. B 9. A 10. B
项目二：1. C 2. B 3. A 4. B 5. A 6. B 7. C 8. D 9. A 10. ×
项目三：1. D 2. D 3. A 4. D 5. B 6. C 7. A 8. D 9. A 10. D
项目四：1. D 2. A 3. A 4. A 5. B 6. A 7. B 8. B 9. B 10. B
项目五：1. C 2. A 3. A 4. D 5. B 6. A 7. D 8. A 9. √ 10. ×
项目六：1. C 2. B 3. A 4. A 5. B 6. B 7. B 8. A 9. D 10. A
项目七：1. A 2. C 3. D 4. D 5. A 6. A 7. D 8. D 9. A 10. B
项目八：1. C 2. A 3. A 4. D 5. C 6. D 7. B 8. A 9. C 10. √
项目九：1. A 2. C 3. B 4. C 5. D 6. D 7. × 8. √ 9. √ 10. √
项目十：1. A 2. B 3. D 4. A 5. B 6. A 7. B 8. C 9. × 10. ×
项目十一：1. B 2. A 3. D 4. C 5. A 6. B 7. A 8. B 9. A 10. D
项目十二：1. D 2. B 3. B 4. B 5. C 6. D 7. C 8. D 9. √ 10. ×
项目十三：1. B 2. A 3. C 4. A 5. B 6. A 7. B 8. B 9. A 10. B
项目十四：1. B 2. D 3. C 4. C 5. C 6. C 7. D 8. D 9. √ 10. √
项目十五：1. D 2. D 3. A 4. C 5. A 6. C 7. B 8. D 9. D 10. √

模块二 汽车修理

项目一：1. B 2. A 3. A 4. B 5. C 6. D 7. C 8. B 9. C 10. A
项目二：1. C 2. C 3. D 4. C 5. D 6. A 7. C 8. C 9. C 10. B
项目三：1. B 2. C 3. B 4. B 5. C 6. A 7. A 8. B 9. A 10. B
项目四：1. A 2. A 3. B 4. B 5. A 6. A 7. D 8. D 9. A 10. A
项目五：1. D 2. A 3. B 4. A 5. B 6. A 7. B 8. A 9. C 10. D
项目六：1. B 2. B 3. C 4. C 5. A 6. A 7. C 8. C 9. D 10. B
项目七：1. B 2. A 3. C 4. C 5. B 6. B 7. D 8. A 9. A 10. B
项目八：1. C 2. A 3. D 4. C 5. C 6. B 7. C 8. D 9. A 10. D
项目九：1. B 2. C 3. C 4. B 5. A 6. A 7. D 8. B 9. A 10. A
项目十：1. D 2. A 3. B 4. A 5. A 6. B 7. C 8. A 9. D 10. D
项目十一：1. B 2. A 3. A 4. B 5. C 6. D 7. D 8. C 9. C 10. B
项目十二：1. B 2. D 3. D 4. D 5. C 6. D 7. C 8. A 9. A 10. C
项目十三：1. A 2. D 3. C 4. D 5. A 6. A 7. A 8. × 9. √ 10. √
项目十四：1. D 2. C 3. B 4. B 5. B 6. C 7. B 8. D 9. C 10. D
项目十五：1. A 2. A 3. A 4. C 5. A 6. C 7. C 8. C 9. × 10. √
项目十六：1. B 2. A 3. A 4. C 5. B 6. A 7. A 8. A 9. B 10. B
项目十七：1. D 2. D 3. A 4. C 5. B 6. C 7. D 8. D 9. C 10. A

项目十八：1. C　2. A　3. A　4. C　5. A　6. A　7. B　8. B　9. C　10. B

项目十九：1. B　2. C　3. A　4. B　5. A　6. C　7. A　8. A　9. B　10. C

项目二十：1. A　2. D　3. D　4. B　5. D　6. A　7. C　8. B　9. D　10. B

项目二十一：1. B　2. B　3. B　4. A　5. A　6. C　7. B　8. A　9. C　10. A

模块三　汽车故障诊断与排除

项目一：1. A　2. B　3. C　4. D　5. A　6. B　7. D　8. A　9. A　10. D

项目二：1. A　2. A　3. D　4. A　5. A　6. B　7. D　8. C　9. C　10. A

项目三：1. C　2. B　3. B　4. B　5. B　6. C　7. C　8. A　9. D　10. A

项目四：1. A　2. B　3. C　4. A　5. A　6. D　7. A　8. D　9. A　10. B

项目五：1. C　2. B　3. C　4. C　5. D　6. A　7. A　8. A　9. B　10. B

项目六：1. C　2. B　3. A　4. C　5. A　6. A　7. B　8. D　9. B　10. C

项目七：1. A　2. A　3. B　4. B　5. C　6. A　7. B　8. A　9. B　10. A

项目八：1. C　2. A　3. C　4. A　5. C　6. A　7. D　8. C　9. B　10. A

项目九：1. C　2. D　3. B　4. B　5. C　6. B　7. B　8. B　9. C　10. B

项目十：1. A　2. B　3. A　4. B　5. B　6. C　7. A　8. A　9. D　10. B

项目十一：1. D　2. B　3. C　4. C　5. D　6. C　7. A　8. B　9. C　10. B

项目十二：1. A　2. B　3. C　4. C　5. B　6. A　7. A　8. A　9. C　10. C

参 考 文 献

[1] 国家职业资格培训教材编审委员会．汽车维修工[M]．北京：机械工业出版社，2006.

[2] 全国汽车维修工等级考试配套教材编写组．汽车维修工培训教材[M]．北京：机械工业出版社，2006.

[3] 劳动和社会保障部职业技能鉴定中心．汽车维修工操作技能考试手册[M]．2版．北京：中央广播电视大学出版社，2001.

[4] 广州市交通委员会．汽车维修工中级培训教材[M]．北京：人民交通出版社，2002.

[5] 姜年强．汽车维修工艺[M]．北京：人民交通出版社，1997.

[6] 祖国海．汽车维修工（初、中级）国家职业资格证书取证问答[M]．2版．北京：机械工业出版社，2010.

[7] 杨成可，孔宪峰．汽车发动机构造与维修[M]．北京：高等教育出版社，1997.

[8] 杜瑞丰，李忠凯．汽车底盘构造与维修[M]．北京：高等教育出版社，2002.